刘长城 ◎著

解读冯友兰
——中国哲学的发展

北京大学出版社
PEKING UNIVERSITY PRESS

图书在版编目(CIP)数据

解读冯友兰:中国哲学的发展/刘长城著.—北京:北京大学出版社,2008.5
(未名·中青年学者文库)
ISBN 978-7-301-13856-4

Ⅰ.解… Ⅱ.刘… Ⅲ.冯友兰(1895~1990)-哲学思想-研究 Ⅳ.B261.5

中国版本图书馆 CIP 数据核字(2008)第 068341 号

书　　　名:	解读冯友兰——中国哲学的发展
著作责任者:	刘长城　著
责 任 编 辑:	李廷华
标 准 书 号:	ISBN 978-7-301-13856-4/B·0733
出 版 发 行:	北京大学出版社
地　　　址:	北京市海淀区成府路 205 号　100871
网　　　址:	http://www.pup.cn
电　　　话:	邮购部 62752015　发行部 62750672　编辑部 62752824
	出版部 62754962
电 子 邮 箱:	weidf@pup.pku.edu.cn
印 　刷 　者:	北京汇林印务有限公司
经 　销 　者:	新华书店
	650 毫米×980 毫米　16 开　20.25 印张　283 千字
	2008 年 5 月第 1 版　2008 年 5 月第 1 次印刷
定　　　价:	40.00 元

未经许可,不得以任何方式复制或抄袭本书之部分或全部内容。
版权所有,侵权必究
举报电话:010-62752024　电子邮箱:fd@pup.pku.edu.cn

作者与哲学家任继愈先生在纪念冯友兰先生诞辰110周年的学术会议上(冯振琦摄于北京大学勺园,2005年11月5日)

麦城同志：

　　接到你的来信，我很感动。感谢你给我的鼓励和鞭策。你不必关怀着要当我的学生，要想着要当马克思、恩格斯、列宁、毛主席的学生。你想要些什么书，如果家乡里找不到，来信告诉我，我给你寄去。来信也可以讲一讲老家在建设方面的，革命方面的旧貌变新颜的情况。

　　附寄去我近作的一首词。

　　祝你身体健康，学习进步。

　　　　　　　　　　冯友兰
　　　　　　　　　　三月十四日

序

余敦康

记得上世纪90年代初,李慎之先生在一篇纪念冯友兰先生的文章中说过一句名言:冯先生可超而不可越,意思是,后人完全可能,而且也应当胜过冯先生,但是却不能绕过冯先生。这是因为,自从把四书五经作为基本教材的中国传统教育制度在清末解体以后,中国人要了解、学习、研究中国哲学,一般来说,必须通过冯先生为后来者架设的桥梁。李慎之先生还进一步指出,在西方的大学中,凡开中国哲学课程的,冯先生的《中国哲学史》是第一本必读书。因此,如果说中国人因为有严复而知有西方学术,外国人因为有冯友兰而知有中国哲学,这大概不会是夸张。李慎之先生的这两段话,说的都是客观的事实。从这个角度看,冯友兰对中国哲学的贡献不仅具有本民族的意义,而且具有世界的意义,由此而在海内外的学术界兴起了一种称之为"冯学"的学问,通过"可超而不可越"的方式来解读冯友兰,就是一种理有固然、势所必至、完全可以理解的现象。只要海内外的学术界始终保持对中国哲学的兴趣,"冯学"的生命力就不会衰竭,解读冯友兰必将持续不断地进行,这是可以断言的。

但是,为了解读冯友兰,首先就遇到一个无法绕开的问题,这就是如何解读"冯友兰现象"的问题。所谓"冯友兰现象",指的是冯先生毕生的哲学探索,既博大精深而又复杂多变,在推进中国哲学由传统向现代转型的过程中,成为一位最有影响也最富争议的哲学家,最关键性的争议就是如何看待冯友兰的思想历程,如何看待他1949年后的思想转变。关于冯友兰的思想历程,蔡仲德先生曾经提出了著名的"三个时期"说,认为1948年前为第一时期,即实现自我时期,1949年至1976年为第二时期,即失落自我时期,1977年至1900年为第三时期,即回归自我时期。这三个时期的历程是中国现代知识分子苦难历程的缩影,也是中国现代学术文化曲折历程的缩影,这也就是"冯友兰现象"所蕴含的典型意义。按照这个说法,为了对冯先生的哲学探索有一个总体性的把握和全面的理解,客观公允地评价冯先生在中国现代哲学史上的地位和作用,我们可以提出一系列的问题来追问。第一,究竟什么是冯先生的"自我"?如果是指第一时期所建立的新理学的体系,那么这个体系除了满足自己纯哲学的兴趣以外,是否也体现了对国家民族命运的根本关怀?第二,在长达近30年的失落自我时期,冯先生不断反复的自我检查,自我否定,究竟是出于被迫,还是出于自愿?如果说在主流意识形态的强大的压力面前,冯先生被迫放弃了自己苦心经营的新理学的体系,同时又通过各种曲折委婉的形式树立对立面,公开唱反调,自愿充当被批判的靶子,是否意味着冯先生仍然保留着一个本真的自我,并未完全失落?第三,晚年回归自我,究竟是回到了第一时期新理学体系的老路,还是总结了后半生哲学探索的成果,为未来中国哲学的发展确立了一个新的起点?除此以外,还有一些属于历史真相的具体考证问题,而每一个问题,都是富有争议的。随着对这些问题持有不同的看法,对冯学的认识和评价也就自然而然形成了不同的倾向。因此,在当前的冯学研究中,每一个研究者都把如何解读"冯友兰现象"作为重要的切入点,决不是偶然的。

刘长城先生的这部大作《解读冯友兰——中国哲学的发展》,正是按照这个基本的思路写成的,并且用了整整一章的篇幅来专门讨论"冯学与冯友兰现象"。作者没有套用蔡仲德先生的"三个时期"说,把冯先生一生所从事的哲学活动划分为四个时期。在1926年之前,以《人生哲学》为代表,属于第一时期。20世纪30年代,以两卷本的《中国哲学史》为代表,属于第二时期。从1939年到1946年所写成的《贞元六书》,属于第三时期。这三个时期相当于蔡仲德先生所说的自我实现时期,其标志性的事件就是以《贞元六书》为代表的新理学体系的建立。第四时期起自建国之初,终于先生的生命终结,长达40年之久,蔡仲德先生分为失落自我与回归自我两个时期,刘长城先生则以写作七卷本的《中国哲学史新编》为代表,合并为一个时期。这两种分期的说法虽然不同,其实是并行不悖,都是结合时代风云的变化对冯先生1949年后的思想历程作出了同情的了解,可以相互补充,彼此发明,加深我们对"冯友兰现象"的认识,澄清一些不必要的误解。

承蒙作者的好意,要我为他的这部大作写一篇序,推辞再三,盛情难却,只好勉为其难。为了写序的需要,我开始展卷阅读,结果是不能自已,一气读完,为书中引人入胜的论述所吸引,读了一遍,又回过头来读第二遍,深深感到这是当前冯学研究中的一部别有情趣的力作。本书最大的特点是没有丝毫的学究气,写得深入浅出,生动活泼,结合个人的感受来谈玄奥的哲理,娓娓道来,明白如话,可读性很强。当然,本书也有很高的学术性,围绕着许多疑难问题提出自己独到的见解,新意迭出,发人深省,使我获益匪浅。就我个人的角度说,最值得称道的,约有下列几点。第一,作者明确指出,冯先生之所以成为哲学家和哲学史家的著作并不在于《新编》,而是在于两卷本的《中国哲学史》和《贞元六书》。那是先生的学术活动的高峰期。这就是认为,尽管冯先生本人反复申言"新作应需代旧刊",但是"旧刊"仍然高于"新作",因为"旧刊"表现了高峰期所实现的自我,是迫于外力受到扭曲的"新作"所无法取代的。第二,在《贞元六书》中,作者特别强调《新事论》在新理学中的地位,认为这是新理学的施政纲领,其核心主题是探索中国到自由之路,也就是由传统社会向现代社会转型所应走的道路,体现了冯先生对国家民族命运的根本关怀。由此可以看出,新理学并非是一种不着实际经虚涉旷的玄虚的哲学,而是一种密切联系实际的高层次的思考,在当时关于中国向何处去的激烈争论中,冯先生扬弃了"全盘西化"与"中国文化本位论"的二元对立,提出了一种立足于中道的"别共殊"的主张,蕴含了丰富的时代内容,值得认真研究。第三,在对《新编》的论述中,作者淡化了哲学思想发生转变所形成的断裂,用了两节的篇幅来强调前后相承一以贯之的连续性。其中一节是说"旧邦新命系《新编》",另一节是说"共殊一线贯《新编》"。"阐旧邦以辅新命"是冯先生从早期直到晚年的志业所在,长达70余年,是一生挥之不去的民族文化的情结,因而尽管遭受到各种各样的折磨摧残,仍然以耋耄之年,衰弱之躯,矢志不移地完成《新编》的写作,来保存民族文化的慧命。在写作《新编》的过程中,冯先生并没有放弃由《新理学》和《新事论》所确立的"别共殊"的基本思路,而是作为一条主线,贯彻始终,不仅用来观察中国哲学的过去,而是展望中国哲学的未来。作者的这个看法可谓独具慧眼,透过言谈话语的表面现象深入到内在的本质。

总起来说,我觉得,这是一部值得一读的好书,拉拉杂杂谈了一些读后感,算作序言,可以勉强交差了。

自　　序

　　小时候,听家乡的老辈人常说,我们老家出了一个大人物——冯博士。因为是小孩子,并不知道什么是"博士",在朦胧的意识中,知道"博士"是了不起的,因为"博士"是个大人物。对于大人物,尽管是小孩子,也是打心眼里感到敬畏。

　　读初中时,我们的学校就在冯先生家的大宅院旁边,一有空闲,就偷偷地溜出校门,跑到冯家大院里(当时是祁仪区公所)去看冯先生亲手种植的那株腊梅,还有那棵高大的白果树(银杏)。印象中,那株腊梅从未开过花(现在回想起来,可能是在那几十年中,冯先生一直受批判的缘故吧,人物相应,大概是吧)。

　　不久,"文化大革命"开始了。有一天,我们刚下课,听说从北京来了几个人,找到了我们的语文老师冯振盛,逼着他交待他所知道的有关冯友兰的问题。我们一帮子学生围在冯老师的房门口,看见冯老师很生气的样子,话不投机,双方吵将起来:

　　"冯友兰是反动学术权威,是资产阶级哲学家,你是他的本家,你要老老实实地向我们揭发他的问题。"

　　"他反动不反动我不知道,他离家几十年了,那个时候,我还很小,什么都不知道。"

　　"你必须老实交待我们所问的问题。"

　　"我已经说过了,我什么都不知道。你们走吧,我还得给学生们上课。"

　　冯老师面带愠色,拿上课本,扬长而去,我们一帮子学生跟在老师身后……

　　这一节课,我不知道冯老师给我们讲的什么,我的思想开了小差:怎么我们崇拜的人物会是"反动分子",这是怎么回事儿?原来冯博士是哲学家,哲学家是干什么的?哲学是什么学问?不清楚,不知道。当时我还是一个初中一年级的学生,怎么也弄不清楚我们家乡的这个大人物竟然是"反动学术权威"。

在冯先生家的宅院旁，我读了四年初中（因"文革"迟了一年才拿到初中毕业证），实际上只读到初中第三册。就这样，我一个只读书至第三册的所谓初中毕业生居然在家乡当起了初中三年级学生们的语文、历史课的老师，而且一教就是五年。我这个初中第三册水平的所谓中学教师，居然在"中央[1974]5号文件"的策源地的马振抚中学，使我所教的学生的考分位居十数个同层次班的前二位，可想当时的教学水平之"高"的程度！

那是一个非常的年代。

一直笼罩在我心头的"冯友兰是反动的学术权威"的阴影尚未散去，形势急转，冯友兰"批孔"的文章在有关中央一级的报刊上大登特登，同时，我在位于冯先生的大宅院后边的新华书店里发现了冯先生所写的一本小书：《论孔丘》，如获至宝，花了三毛四分钱将之"攫为己有"。那是我平生第一次所见到的冯先生的书，如饥似渴地读，有一位公办教师想得到这本书，可惜书店里已经没有了。他向我"借"，尽管我是爱不释手，但是碍于情面还是"借"给他了（直到我考入大学时，他也没有还给我，不久这位先生就去世了）。

读了冯先生的书，心情特别激动。冯先生是我心中的巨人，是我崇拜的偶像，读了冯先生的书，才知道原来所说冯先生是一个大人物不够准确，准确地说，他应当是一个大学问家。这种大学问家，大概就是人们所说的大哲学家吧。于是我就给冯先生写了一封信。其意大致是：从小就听家乡的老人们说，您是一位大人物，大学问家，我很尊敬您，崇拜您。今读了您的书，对您的崇拜程度又有所增加，我多么想当您的学生，云云。冯先生居然回信了：

长城同志：

接到你的来信，我很感动，感谢你给我的鼓励和鞭策。你不必老想着要当我的学生，要想着当马克思、恩格斯、列宁、毛主席的学生。你想要些什么书，如果家乡那里找不到，来信告诉我，我给你寄去，来信也可以讲一讲老家在建设方面的、革命方面的旧貌变新颜的情况。

附寄去我近作的一首词。祝你
身体健康,学习进步。

　　　　　　　　　　　冯友兰
　　　　　　　　　　　3月14日①

　　冯先生随信寄来了一些书籍,其中的《黑格尔〈逻辑学〉一书摘要》至今还在我的书柜中。从此以后,我与冯先生的来往就开始了。"十年动乱"结束后,大学恢复了招生,我考入了郑州大学哲学系,我又给冯先生写了一封信,告诉他这一消息。冯先生马上给我回了信,信中说:"接到来信,很高兴。我想着你一定能考上大学的,但不知在何处上学。今得来信,果不出所料。你愿意学哲学,很好。有什么哲学上的问题,你就来信吧,在你们系里,是否有个教师叫冯憬远?他是我的学生,你也可以找他谈谈。"②

　　在后来的通信中,我把想考研究生的想法给冯先生说了,他在给我的回信中说:"我现带了一个研究生。你是今年还是明年毕业?希望你报考北大研究生,如果能考上,无论是否归我指导,都可以常在一起。"③

　　1980年暑假,我登上了北去的列车,去北京大学,去燕南园看望我所崇拜的冯先生。那是一个早上,我刚下火车,就按着冯憬远老师给我画的路线图一路转车而去,终于进入了燕南园,由于弄不清方向,先到了物理学家周培源的门口,又转到了诗人、学者冯至的门前,再找到了语言学家王力所住的燕南园60号,还是找不到冯先生住的57号,只好向一位在园中活动的老者打探(后来得知,给我指路的这位老者是美学家朱光潜先生)。

　　在冯先生的寓所——三松堂,经先生的女儿——著名作家宗璞的通报,冯先生手拄拐杖,一路蹒跚向我走来,我大步向前,紧紧地握着了先生的手……④

---

　　① 关于这封信和所附的冯先生的词,参见冯友兰:《三松堂全集》第14卷,河南人民出版社2000年12月第二版,第663页。
　　② 同上书,第673页。
　　③ 同上书,第676页。
　　④ 至于这一段回忆,可参见《冯友兰与故乡》中我的文章:《家乡学子的怀念》。

我很惭愧,我辜负了冯先生对我所寄予的期望,在1982年的研究生考试中,尽管中国哲学史专业考取了较高的分数,可是,马克思主义哲学和外语两门不及格,研究生的门槛我最终没有跨越过去。我是一个失败者。

我从学校回来了,回到了故乡。由于种种原因,研究冯先生哲学的念头始终在我的心际中萦绕,它是一个情,它是一个结。正是这个情结,驱使着我一路走来,守着贫困,耐着寂寞,同我的众多的做官的同学们相比,我自感优于他们的是我的"清静",我的"无为";是我的贫困,更是我的"富有"……

人世几回伤往事,山形依旧枕寒流。

清华大学教授王中江博士、河南省社会科学院研究员高秀昌博士主编的《冯友兰学记》中,收录了著名诗人李季的老师、冯友兰先生祁仪老家的一位早年投身革命的老干部黄子瑞先生的回忆性文章:《冯友兰家世断忆》。在该文的结尾处,黄老先生写道:"往事如烟,历历如昨,余年届古稀,不堪胜笔,又逢盛世,重建文明,余不胜欣喜。友兰先生为古老中华之民族精神之弘扬,笔耕终生,春蚕至死,蜡烛始干。家乡为纪念友兰先生,将唐河图书馆命名为'友兰书屋',曾受友兰先生奖掖的青年后学刘长城又致力于冯学研究,甚喜焉,'旧邦新命',指日可望矣。"

黄老先生以90岁高龄而谢世于几年前。凭着冯友兰先生生前所给予我的教诲,凭着黄子瑞先生生前在文章中对于我的鞭策,我没有理由不将研究冯学的担子挑起来。我深知,这副担子有千钧之重,我的力不支也。但是,我仍然不自量力,在全国乃至国际上众多冯学专家面前,面无愧色地负其重,迈动了我歪歪斜斜的脚步!

说到了研究冯学,除了上述的原因之外,还有一个不太容易启齿的"插曲",就是工作的无奈。本来我的母校曾两次来函调我回郑州大学教书,皆因一些我本人所无法左右的原因而流产。我所在的工作单位又长期无事可做,我不愿意将生命无端地耗费在"整天看蚂蚁上树"上,在时任南阳地委副书记的李清彪同志和学界同人的支持下,于1992年11月26日(即冯先生逝世2周年的忌日)在南阳成立了冯友兰研究会。南阳"撤地设市"后,又因一些原因,致使研究会一度处于停顿状态。冯友兰研究的工作之所以能够在冯先生的家乡"东山再起",与一位具有真知灼见的领导同志的支持有关。有一天,在一次小聚中,这位领导向我问到了冯学研究的情况,我如实相告,引起了他的高度重视。在这位领导同志的关怀与支持下,中国哲学史学会冯友兰专业委员会南阳分会(南阳理工学院冯友兰研究会)以新的面目重启其研究工作。这位领导同志就是魏山友。

刘长城序于山人斋
2007年6月13日

目　录

序 …………………………………………………………（1）
自　序 ……………………………………………………（1）

第一讲　中国哲学的起源 ………………………………（1）
　一、哲学是什么 ………………………………………（3）
　二、哲学本是"外来户" ………………………………（8）
　三、中国哲学的"合法性" ……………………………（12）
　四、中西哲学　各具特色 ……………………………（16）
　五、为什么是春秋战国时代 …………………………（20）
第二讲　"照着讲"与"接着讲" …………………………（25）
　一、首先应当"照着讲" ………………………………（27）
　二、怎样"照着讲" ……………………………………（30）
　三、冯先生的"接着讲" ………………………………（34）
　四、"接着讲"的得与失 ………………………………（41）
　五、余论 ………………………………………………（50）

第三讲　"三道""十派"话人生 ……………………… (54)
　　一、《人生哲学》题目之来历 …………………… (54)
　　二、《天人损益论》 ……………………………… (56)
　　三、中西比较以求同 ……………………………… (62)
　　四、一个新人生论 ………………………………… (67)
　　五、人生的无奈 …………………………………… (76)

第四讲　以"汉"为界说"两分" ……………………… (84)
　　一、"中国哲学史"的由来 ……………………… (85)
　　二、"子学"与"经学" …………………………… (92)
　　三、《中国哲学史》的贡献 ……………………… (98)

第五讲　最哲学底哲学 ……………………………… (105)
　　一、为什么是"最哲学底哲学" ………………… (106)
　　二、《新理学》的方法 …………………………… (112)
　　三、《新理学》的形上学 ………………………… (122)
　　四、新理学的逻辑建构 …………………………… (128)

第六讲　新理学的施政纲领——《新事论》 ……… (142)
　　一、《新事论》的写作背景 ……………………… (143)
　　二、中国到自由之路 ……………………………… (151)
　　三、《新事论》的现实意义 ……………………… (157)

第七讲　人生的境界 ………………………………… (167)
　　一、从《人生哲学》到《新原人》 ……………… (168)
　　二、"觉解"的人生 ……………………………… (172)
　　三、心与心之理 …………………………………… (174)
　　四、境界的层次 …………………………………… (183)
　　五、"备受煎熬"的天地境界 …………………… (192)
　　六、"高明""中庸"非两行 …………………… (201)

第八讲　新作应需代旧刊 …………………………… (207)
　　一、难产的《新编》 ……………………………… (209)
　　二、旧邦新命系《新编》 ………………………… (215)

三、抽象继承法 ………………………………… (220)
　　四、"共殊"一线贯《新编》 …………………… (222)
　　五、关于《新编》的总结 ………………………… (230)
第九讲　"冯学"与"冯友兰现象" ………………………… (243)
　　一、从中国哲学史的角度以看"冯学" …………… (247)
　　二、从"新理学"体系以看"冯学" ……………… (260)
　　三、关于"冯友兰现象" ………………………… (273)
　　四、"冯友兰现象"的反思 ……………………… (288)
后　记 ……………………………………………………… (298)

第一讲

中国哲学的起源

我们要"解读冯友兰",就不能不讲中国哲学,因为冯友兰先生的学术思想,是同中国哲学不可分割的;要讲中国哲学,就不能不讲中国哲学的发展,因为冯友兰先生的哲学是"接着"中国哲学讲的,用冯先生的话说,是"接着"宋明以来的道学讲的。这样说来,冯先生是讲中国哲学的,我们要了解什么是中国哲学,首先要弄清楚什么是哲学。请看以下的一段话:

> 我总是喜欢从广义的角度去谈论哲学,理解哲学。那么,哲学是什么呢?
>
> 在众多个定义(有多少个哲学家恐怕就有多少个有关哲学的定义)中,除马克思外,我比较喜欢两个人下的定义:
>
> "如果把哲学理解为在最普遍和最广泛的形式中对知识的追求,那么,哲学显然就可以被认为是全部科学之母。可是,科学的各个领域对那些研究哲学的学者们也发生了强烈的影

响,此外,还强烈地影响着每一代的哲学思想。"——爱因斯坦

我之所以喜欢这个定义,是因为它使哲学同全部科学研究发生了密切的联系;使全部科学研究成果成了科学推广的必要基础和背景;使全部科学研究得到了哲学智慧的启迪。我想,这也是康德哲学同德国自然科学优秀传统的相互关系;这也是德国何以会成为哲学、科学和音乐创作繁荣国度的原因之一。

另一个绝妙的定义是18世纪德国著名浪漫派诗人、短命天才诺瓦利斯下的:

"哲学原就是怀着一种乡愁的冲动到处去寻找家园……"

以上这段话,是我从人民教育出版社2003年版的全日制普通高级中学语文读本中摘录下来的。这段话的作者,在众多的哲学定义中,特意把这两个定义给选取下来,是有其特别的意义的。爱因斯坦的定义是一位科学家的定义,他是从哲学与科学的关系这一角度来定义哲学的。第二个定义就别具风味了,它是一个浪漫派的诗人给哲学下的定义,那么,此时的哲学就具有了诗情画意的绚丽,给人一种思乡的愁绪,使哲学的严谨在沉思中平添了几分诗样的浪漫。

这样一种哲思,骤然令我想起了王国维的一段话:"余疲于哲学有日矣。哲学上之说,大都可爱者不可信,可信者不可爱。知其可信而不能爱,觉其可爱而不能信,此近二三年中最大之烦闷,而近日之嗜好所以渐由哲学而移于文学,而欲于其中求直接之慰藉者也。"(引《人间词话》导读)国学大师的话,是话中有话,正如诗人的诗是诗中有诗一样。我们不知道王国维的"弃哲就文"是不是就因为哲学的"可信而不可爱"使其然,但至少是他认为哲学的庄严、沉思以令人"无情"不及文学的浪漫、想象以令人"怡情"。如果我的猜测是大抵说得过去的话,那么,我认为,王国维至少是一个人生哲学上的"悲观主义者"!我们说,诺瓦利斯在文学上是一个浪漫主义者,在哲学上,他无疑也是一个悲观主义者……

以上关于哲学的定义,一个是科学家的,一个是诗人的。我们说,他们的关于哲学的定义,都不是我们所要讲的哲学的定义。我

们在这里所要讲的哲学的定义是一位真正的哲学家所下的定义。欲知哲学家的关于哲学的定义,需要将本书全盘阅读,否则是不可能明白的。

算了,我是在写自己的文章,不能一开始就把读者的心思误引入"歧途"。还是按着我的写作思路来运行吧。

"哲学"是一个高层次的概念,"中国哲学"被包括其中。从逻辑上说,"中国哲学"是"哲学"这一概念的外延。

那么,什么是哲学呢?这个问题是颇不容易回答的,因为它是一个相当棘手的也是非常令人头痛的学术问题。我曾给我的学生们讲过:自然科学的定律、公式,是经过科学试验和严密的逻辑推理和论证而获得的,反过来,它又为科学的实践所验证,因此它一定会被世界各国的学界所公认,因为它是科学的东西。哲学就不是这样,哲学的概念不可能通过科学实验的方式和方法而获取,它的得来,是通过分析、归纳、综合等等的方法才得以完成的,而这些方法恰恰是人类高度抽象思维的结果。用冯友兰先生的话说,哲学是哲学家"纯思"的产物。而哲学家又是一个个的个人,张三的思维方式不同于李四,李四的思维方式又不同于王五;中国哲学家的思维方式又不可能与西方的哲学家的思维方式完全一致。这样看来,哲学不可能有一个为人类社会所公认的统一的定义。我们正是从这个意义上说,哲学是分为派别的,是分为不同的体系的。我们甚至可以形象地说(像本文开始所说),世界上有多少个哲学家就有多少个哲学体系和相当数量的哲学派别。

一、哲学是什么

在我们还没有正式讲这一问题之前,我先在这里给大家讲一个我所经历过的关于哲学定义的小故事:

2005年11月上旬,我们在北京大学召开了一个学术会议:纪念哲学家冯友兰先生诞辰110周年——冯友兰哲学思想国际讨论会。正当学者们热烈讨论发言的时候,有一位自然科学家面带愠色突然站起来发言,其大意是:我听了两天的会,我怎么越来越弄不清楚你们所说的哲学是什么。马克思主义哲学告诉我们,哲学是关于世界观的学问,是人类认识世界和改造世界的思想武器。你们在这里所讨论的是什么哲学,什么是"人类精神的反思",这对于改造世界有什么意义?我去年在美国参加了一个学术会议,与会的学者和科学家们对于人类生存环境的恶化和能源的短缺有一种共同的忧虑。哲学是关于世界观的学问,哲学能不能为人们生活所关切的问题提供一个科学的指导呢?你们在这里讨论"人类精神的反思"之类的哲学定义,能对人们的现实生活有多大的帮助呢?……

这位自然科学家的"突然袭击",使我们本来就相当热烈的学术讨论一下子被推向了"白热化"的高潮。我们一时的确没有办法给这位自然科学工作者解释清楚"什么是哲学"。如果我们用在前文中所说的爱因斯坦关于哲学的定义给这位科学家作释的话,可能不会引起她的"气愤"。但是,那毕竟不是冯先生的定义!

由此,自然科学家同哲学家的有关学思的分歧可见一斑。我们在这里用冯先生在他的不同著作中所说的相同的话来说:科学和哲学是种类的不同。这样说来,哲学家和科学家也不是在一个学问层次上的,科学家的哲学定义当然也就不同于哲学家的哲学定义,同样,文学家、诗人的哲学定义也不可能与哲学家同。

那么,哲学到底是什么?

1912—1915年在中州公学读书期间的冯友兰先生(左三)

诸位暂且不可着急获得这一答案,我先向大家推荐一本书,它的书名是:《哲学是什么?》(胡军著,北京大学出版社2002年5月出版)。

2002年10月,全国第五届冯友兰哲学思想讨论会在冯先生的家乡南阳召开,作为中国哲学史学会冯友兰专业委员会的秘书长、北京大学哲学系博士生导师,胡军先生当然是要到会的。在这次学术会议上,我得到了他的《哲学是什么?》这部书。我一看,该书的第一版时间是2002年5月,我所拿到的这部书是第三版,其出版时间是2002年8月。第一版与第三版的时间间隔只有3个月。由此可见人们对于"哲学是什么?"的求知之渴望程度。我们再把这一话题还原到2005年11月在北京大学的冯学学术讨论会上关于哲学定义的争论,学者们当时没有办法给这位年事较高的自然科学家就哲学一词的含义解说清楚,著名哲学家、冯友兰先生的弟子余敦康教授当场建议这位科学家读一读胡军先生的《哲学是什么?》这本书。

一年多过去了,我们不能知道这位自然科学家是否读了我们为她推荐的这部书。不过不要紧,我可以在这里借助于胡教授的这部书,扼要地向诸位说一下哲学是什么这一相当麻烦的事情。胡军在他的著作中,开篇即说:

"哲学是什么?"这是一个十分复杂和广阔的问题。不同的哲学家对之有不同的看法。更有甚者,有些看法是截然相反、相互冲突的。因此企图给"哲学是什么"这样的宏阔问题一个人所公认的确切答案或明确定义是很不明智的,也是很危险的,因为这样的做法几乎是不可能的。我们的讨论不采取这种方法。但本书的主旨就是要回答"哲学是什么"这样一个仁者见仁智者见智的问题,所以我们不但不能回避这一问题,而且有义务向读者说明"哲学"究竟是个什么样的东西。如果我们没有能力给"哲学是什么"下一个明确的和公认的定义或给一个确切的答案,那么我们是否有可能给读者诸君指出一条能够说明哲学是什么的途径,从而能够比较轻松地知道哲学到底是一个什么样的东西呢?这样的目标看起来似乎

解读冯友兰

并不宏阔伟大,然而要真正实行起来也是旅途艰险,举步维艰,困难重重。但既然作者选择了这一难题,所以也不得不硬着头皮来啃这块硬骨头,试图寻找出能够用来说明"哲学是什么"的一条道路。其实,按其本质说来,哲学就是一条道路。我们都在上面行走,只不过我们不曾注意,不了解她究竟是什么。轮到要来问她究竟是什么,我们就感到莫大的困惑……①

这是胡军教授在《哲学是什么?》这部著作中开首的一段话。在这段话里,胡先生至少向我们发布了如下的一些信息:其一,哲学这个东西是一个复杂而又棘手的玩意儿,企图想在一个短时间里弄懂她,不是一件容易的事情;其二,哲学并不是一个统一的为人们所公认的东西,不同的哲学家对之有不同的看法,就是说,世界上并没有一个统一的哲学;其三,我们又不能回避她,因为她就在我们的生活当中,只是我们"日用而不知"、"习焉而不察"而已;其四,尽管她就存在于我们的日常生活当中,但一旦引起我们对她的兴趣,去探求她到底是个什么模样的时候,我们简直无从下手。她更像一位含羞脉脉的花季少女,你多么想去接近她,但你不可能去抚摸她;你想看清楚她的面庞,但她总是"犹抱琵琶半遮面",充其量你也只不过看到她的"半面桃花",那个"庐山真面目"并不是可以轻易看得到的!

那么,我们是不是就没有什么好的办法以探得哲学是什么了?答案倒是否定的。

胡军教授接下来说:"然而希望总是会有的。因为如果一个问题很明确,且具有很明确的形式,那么寻找解决这一问题的好的方法或形式的可能也毫无疑问会是比较明确的。可以说,'哲学是什么'就是一个很明确的问题,具有一个明确问题形式。她的答案可能就藏在这一问题的形式里。"胡先生在这里已经相当明白地告诉我们,要想弄清楚"哲学是什么",首先要明确问题的"形式"。说白了,回答哲学是什么的问题,只能是形式的回答,而不可能是内容的回答。而形式的回答也正是一种逻辑的回答。用冯先生的哲学

---

① 胡军:《哲学是什么?》,北京大学出版社2002年5月第一版,第3—4页。

用语以回答这一问题,就是我们只对于"真际"有所肯定,而不特别地对于"实际"有所肯定。这种肯定,就是一种形式的肯定。我们的话说到这里,已经给大家提出了一个明确的标示,哲学是关于问题的"套子",而套子就是形式。

那么,形式的问题又是如何得来的呢?我们说,它起源于探索、追问、思考。我们大家都知道,苏格拉底是古希腊第一位真正意义上的大哲学家,他的哲学思想就是源于追问:"这是什么?——这是善","这是什么?——这是美","这是什么?——这是知识","这是什么?——这是勇敢","这是什么?——这是正义"等等。这就是苏格拉底的获取知识的方法,也是他获取知识的一种形式,我们称这种形式和方法为"精神助产术"。这种方法和形式源于对于问题的追问,在对于问题的追问中激发人们对于问题的思考。而追问、思考的综合,就是探索,探索的过程同样离不开分析和归纳。所有这一切,就是人们高度抽象思维的流变。

冯友兰先生在《新理学》中说:"照我们的看法,哲学乃自纯思的观点,对于经验作理智底分析,总括,及解释,而又以名言说出之者。"①冯先生在这里也说,古希腊哲学家已经清楚地在用"思"了,中国哲学家也非常清楚这一点:"心之官则思。"(《孟子·告子上》)我们同样可以说,冯先生"新理学"的哲学体系的建立,就是从"纯思"的观点作入手处的,他的哲学体系中的许多重要的概念都是形式的、逻辑的,都是关于问题的"套子",是空的,是没有任何内容的命题套子(作为"最哲学底哲学"的"形上学",不仅是"空"的,而且是"灵"的)。而这种形式的、逻辑的命题的获得同样地也离不开追问。从某种意义上说,冯先生的哲学思考同古希腊的苏格拉底有着惊人的相似之处。冯先生说:"思之活动,为对于经验作理智底分析,总括,及解释。例如我们见一方底物,我们说'这是方底',即是说'这'有'方'之性;或是说'这'是依照'方'之理者。"②

哲学的"思",或者用冯先生的话说叫做"纯思"(这是冯先生早年所用的哲学术语,在其晚年的著作中,先生认为,思就是思,无

---

① 冯友兰:《三松堂全集》第4卷,河南人民出版社1986年8月第一版,第7页。
② 同上书,第8页。

所谓纯不纯），用这种方法所获得的知识都是形式的、逻辑的，尽管它起源于对于经验作理智的分析，没有离开"这"。但是，一旦获得了关于对于"这"的理性认识，知道了"这"有"方"性，我们的思就离开了"这"，进入了"纯思"之中，对"方之性"，或者"方之理"而着思了。我们的"思"进入了这一状态，就是进入到了哲学的状态之中了。从这一意义上说，哲学是一种思的活动。

我们说到这里，可以对于以上所说的内容做一个简单的梳理：哲学起源于追问，在追问中进行分析、归纳、总括，所有这些都是在思中进行的，最后获得了一种关于命题的"套子"。用胡军的话说，这是关于"问题形式"；用冯先生的话说，这是形式的命题。这种命题只对"真际"有所肯定，而不对于"实际"有所肯定。

二、哲学本是"外来户"

在我们中华民族的原典中，本没有"哲学"一词。我们查阅古典文献，只有一个"哲"字。在《尚书·皋陶谟》中有"知人则哲"的句子，这里的"知"就是"智"字，因此，"知人"即是"智人"。从这一意义上说，中国古代的"智人"同古希腊的"智者"是处于同一个层次上的概念。苏格拉底并不称自己是"智者"，他称自己是"爱智者"，由于爱智，这就使他不得不经常和人辩论，在辩论中使对方陷入窘境。我们在这里所说的辩论，并不是一般意义上的诘难，而是一种获得哲学真理的方式。比如在《美诺篇》中，他问美诺，什么是美德？后者答道，男人的美德是什么，女人的美德是什么，以至于儿童、青年和老人的美德是什么，如此等等。在听了美诺的回答后，苏格拉底说道，你所说的美德固然是美德，但那并不是我所要的美德，因为我所要求的美德是涵盖一切的带有普遍性的美德，即它能适用于一切人，而不仅仅是某一个具体人的美德[①]。

在这里，美德就是一个"问题形式"。用冯先生的话说，就是并不对于男人的美德、女人的美德、儿童的美德、老人的美德给予实际的肯定，而只对于美德以形式的肯定。这就是我们在上文中引

---

① 参见胡军：《哲学是什么？》，北京大学出版社2002年5月第一版，第9页。

用胡军教授的话说苏格拉底是古希腊第一位真正意义上的哲学家的证据之一。

在另一部文献《左传》中有"赖前哲以免也"(《成公八年》)句,这里的"哲"字,有"聪明"、"聪敏"等含义。最早将"哲"和"人"联用的文献是《诗经》。在《诗经·小雅·鸿雁》中:"维此哲人,谓我劬劳。"这里的"劬劳"意为"劳苦"。再后来,在《史记·孔子世家》中有"哲人其萎矣"之句。由此看来,在中国古典文献中,"哲人"就是"智者"。而"智者"在古希腊就是"哲学家",我们中国的"智者"几乎与古希腊的智者们同时的就有许多,老子、孔子就是其中的主要代表。

尽管如此,中国古代并没有"哲学"一词。"哲学"进入中国只不过是近百年的事情。关于这一问题,我在这里引出我们当今学界两位颇有学术造诣的中年学者——北大的胡军教授和深圳大学的景海峰教授,他们各有一篇文章以说明"哲学"一词来到中国的过程。胡军的文章:《北京大学哲学系与中国现代哲学——为纪念北京大学哲学系90周年系庆而作》,景海峰的文章:《学科创制过程中的冯友兰》。以下我将这两位学者的文章中关于"哲学"的来历的考证内容综合起来,以作为我们在这里所要说明的内容。

冯友兰先生与中国公学的同学合影(后排右一)

作为西洋名词的哲学的西文写法是 Philosophy,第一次将这一学术名词翻译为"哲学"的学者叫西周,他是一位日本的学者。西周在他的著作《百一新论》(1874)中首次使用"哲学"一词,该语在日本学界迅速流行,这个时候它还没有传入中国,在 25 年之后,它才流入中国。在江南制造局译书馆 1899 年的《东西学书录》上,哲学类译著尚用"理学"一名,到 1904 年的《译书经眼录》才改为"哲理"类。戊戌以后,避祸东渡日本的文廷式(1856—1904)是当时与日本学界交往较深的人物之一,他的《纯常子枝语》中有好几处说到"哲学"的译名问题。针对下田次郎、井上圆了等日本学者的解释,文廷式认为,为了避去宋明儒家之旧号,可不用"理学"之名,但深究其义,可将其实为"哲学"者译为"智学"。大约在 1902—1906 年间,围绕学术分类和学堂章程等,就哲学概念的合法性问题,在保守的文化大员和开放的知识人之间有过种种辩论。这一辩论,为当时的西学东渐这一历史长剧增添了浓厚的一笔。早在 1883 年,井上哲次郎(1855—1944)就在东京大学开设了"东洋哲学"这门课程。按照胡军教授的说法,首次将哲学一词引入中国的是晚清学者黄遵宪,时间是 1887 年,在此之后,康有为在给光绪帝的《请开学校折》中建议在学校开设"哲学"课。但是,"中国哲学"作为一门课程正式开设是 1914 年的事情,开设"中国哲学"这门课的大学是北京大学。

我在这里引用了北大和深大两位我所敬服的中年教授关于"哲学"一词的考证,我们足以可知,哲学(作为哲学的概念)本是一个"外来户"。作为一个外来户,他在中国是安家了,到目前为止,也只不过百年的历史。百年之史,对于我们具有五千年的文明史的泱泱大国来说,他的百年之史又何足道哉!我们在这里需要特别提出来加以说明的是,"哲学"一词在它刚刚被引进之时,在被使用时,还是出现了一阵子混乱。我在这里将冯友兰先生当年在北京大学读书时的一段回忆性的文字抄录下来,作为一杯可口的香茶,以供我们大家品茗:

> 当时一般人所了解的哲学,基本上就是当时人所说的"义理之学"。中国哲学门(系)里有三门课程,一门课程是中国哲

学史，讲两年。还有诸子学和宋学，这是两门断代哲学史。宋学就是宋明哲学史，不过还是沿用宋学这个旧的名词。……给我们讲中国哲学史的那位教授，从三皇五帝开始讲起，讲了半年，才讲到周公。我们问他，照这样的速度讲下去，什么时候可以讲完。他说，无所谓讲完讲不完。若说讲完，一句话可以讲完。若说讲不完，那就永远讲不完。到了1917年，胡适到北大来了，我们那时候已经是三年级了。胡适给一年级讲中国哲学史，发的讲义称为《中国古代哲学大纲》。给我们三年级讲中国哲学史的那位教授，拿着胡适的那份讲义，在我们的课堂上笑不可抑，他说："我说胡适不通，果然就是不通，只看他的讲义的名称，就知道他不通。哲学史本来就是哲学的大纲，说中国哲学史大纲，岂不成了大纲的大纲了吗？"我说这两个故事，为的是说明，当时的教授先生们所有的哲学这个概念，是很模糊的。他们看不出哲学和哲学史的分别。也许有一种哲学，用一句话就可以讲完，如果照禅宗的说法，不说话，一句话都不说，倒是可把他的全部哲学讲完。如果一说话，那倒是讲不完了。我们的教授所说的那几句话，可能就是禅宗的这个意思。但是，哲学史并不等于哲学。哲学史是历史，历史是非讲不可的，不讲别人就不知道。既然讲，它总得有个开端，有个结尾。哲学史是写出来的历史，可以写得详细一点，也可以写得简略一点。无论详细和简略，它都不是哲学的大纲。①

我们在这里引用了冯先生在《三松堂自序》中的这一段话，旨在说明以下三个问题：其一，西洋的"哲学"大约同中国的"义理之学"相类；其二，要将哲学同哲学史相区别；其三，哲学的讲法与哲学史的讲法是不同的。这三点概括起来说，就是："哲学"作为一个外来的学术词汇，在它刚到中国这块文明热土之时，且不说一般的学人对之不理解，就是当时在北京大学作教授的"宿儒"也对于它有误读、误解的地方，大有印度的佛学初入中国时被误读、误解一样。

---

① 《冯友兰全集》第1卷，河南人民出版社1985年9月第一版，第186—187页。

我们在前面已经说过,作为一个"外来户"的"哲学",尽管在中国已经有百年的历史了,但相对于我们五千年的文明史来说,无论从哪个角度来说都仍然是一个年轻人。既为年轻人,就犹如早晨八九点钟的太阳,充满着勃勃的生机,有着无限的希望。我们这样说,是就"哲学"一词的本身说,这并不是说,中国哲学的历史也只不过百年。"哲学一词在中国"(或者说"哲学在中国")与"中国哲学"是两个不同的概念。这是我们尤其是我们当代的青年大学生所应特别注意的。从学术术语上说,我们可以说"物理学在中国",可以说"数学在中国",但是我们就是不能说"哲学在中国"。为什么?简单地说,这是由于哲学本身的性质所决定的。中国自有自己的哲学。

三、中国哲学的"合法性"

这个题目也可以叫做"中国哲学的合法性问题",或者叫做"中国有无哲学的问题"。我不太清楚这一问题提出的具体时间,早在1995年,我们在清华大学召开了一个大型的国际学术会议:"中西哲学与文化的融合与创新——纪念冯友兰先生诞辰100周年",在这个会议上,我听到清华大学张岂之教授精彩的发言,我当时作了记录。因为是会议记录,所以很不全面。后来,蔡仲德先生主编的《冯友兰研究》(第一辑)中,收录了张岂之先生的这篇文章,其中就说到了"中国有无哲学"的问题,但是,虽然说到了这个问题,并没有引起学界的足够重视。我现在把张先生的这段话抄录于后:

> 欧洲的哲学巨匠们都把哲学看成是人类文化的基石。黑格尔在柏林大学讲演小逻辑时,他建议柏林大学应当把哲学的教学和研究摆在所有学科的首位。他说:"我们这个大学是所有大学的中心,因而她必须尊重作为一切精神教育,一切研究和真理的中心——哲学。"又说:"一个国家没有哲学,就像一座雄伟壮观的庙中没有神像一样,空空荡荡,徒有其表,因为它没有可信仰的东西,可尊敬的东西。"就是这位德国古典哲学的杰出代表,在他关于哲学史的讲演中,却以他的思辨哲

学作为衡量哲学的标准,武断地说中国没有哲学。

2006年4月,岳麓书院建院1030年的时候,我们在湖南大学召开了一个国际学术会议:"中西文化交汇下的中国哲学重建——纪念张岱年先生逝世两周年"。在这次会议上,有学者在大会发言中说到了"中国哲学的合法性问题",并且说这一问题在前几年讨论得比较热烈,现在似乎降温了。同年11月,我们又在安徽大学召开了一个"中国哲学的现代转型学术研讨会",在这次会议上,学者们对于"中国有无哲学"的所谓"中国哲学的合法性问题"又旧话重提。我在这次会议上也提交了一篇文章:《中国哲学及其现代化——胡适、冯友兰、张岱年》,在我的这篇文章中,我提出了我的看法。我认为,所谓"中国哲学的合法性问题"是一个没意义的伪问题。西方自有西方的哲学,中国自有中国的哲学。正如黑格尔所说,一个国家,如果没有自己的哲学,就好像一座雄伟壮观的庙堂之中没有神像,显得空空荡荡,徒有其表。我们可想而知,中华民族是世界上少有的几大文明古国之一,而且还是唯一没有中断自己的历史的伟大民族,这样一个伟大的民族,难道会没有自己的哲学吗?我们的庙堂之高、之雄伟、之富丽、之壮观,可以说是世界上其他民族所无法比拟的;我们不仅有如此富丽堂皇、雄伟壮观的庙宇,同时其中更有老子、孔子等等的具有极高哲学智慧的神像!

那么,还是这个黑格尔,他居然武断地说,中国没有哲学。按照张岂之教授在他的文章中的说法,大概是黑格尔有他自己对"中国无哲学"的评判标准,这个标准就是"思辨性"。现在的问题是,中国哲学有没有思辨性?这似乎成为问题的关键。我们现在要问:思辨性是什么?我们的回答是:就是辨名析理。中国哲学有没有"辨名析理"的内容?我们的回答是肯定的。在先秦哲学中,名家就是辨名析理的典范,道家哲学在这个方面也毫不逊色。尤其是道家哲学,不仅具有高度的抽象性,而且更有引人入胜的文学艺术性,就是说,道家哲学将其思辨的哲理寓于寓言文学之中。我们可以说,相比较而言,儒家哲学在思辨性方面有所逊色,但是,其中的"道德哲学"并不乏思辨的哲理性。在人类文明史上,有三大哲学流派：古希腊哲学、中国哲学、印度哲学。这并非黑格尔的总结。黑格尔生活在什么时代？他生活在18、19世纪之交，而中国古代的哲学产生于公元前6世纪，那个时候，黑格尔又在什么地方？我们可以这样问一下黑格尔，你是否懂汉语？你读没有读过中国的文献典籍？我们不说其他的古书，单就《易经》和《道德经》说，黑格尔读过吗？我们更不说《公孙龙子》等名家的著作了。这正如张岂之教授在文章中所说，黑格尔所说的中国没有哲学是"武断地"。这种武断性意味着什么？是"西方文化中心论"。我们不禁要问，西方的中世纪的哲学怎么样？它不就是充当神学的婢女嘛！从这个意义上看如果用黑格尔的"逻辑"来说，我们可以说，西方中世纪没有哲学！这不是不能说的。我们也可以退一步去说，黑格尔所说的中国没有哲学的评判标准是"思辨性"，我们也可问，思辨性是评判一个国家或民族有无哲学的唯一标准吗？显然不是！

不过，我们在这里对着黑格尔的"幽灵"大发一阵子脾气，显然是不太有必要的。在中国的国粹——中医理论中，有一个术语：暴怒伤肝。我们犯不着在这里大怒。黑格尔这位先生早入西土了。还是让我们翻一下黑格尔的《哲学史讲演录》第一卷第一部分的《东方哲学》，其中有一个标题就叫做"中国哲学"。如果从这个标题来看，我们也可以说，黑格尔尽管比较"牛"，他还是承认中国有哲学的，不然的话，他在著作中设立这样的标题就是在逻辑上的不通！我想，这个以讲大小逻辑为生的哲学家不可能在这里会犯下"逻辑"方面的错误吧！毋庸讳言，黑格尔是蔑视东方哲学的，他认为真正的哲学是从西方发源的。我们说，他的这个判断并不是没有道理，在人类文化的轴心时代，古希腊的文明是举世皆知的史实，黑格尔这个人又未必真正地懂得汉文，我们中国的历史进入到了大清的统治时期，统治者采用的又是"闭关锁国"的对外政策，对外交往远不及汉唐。这个时候，又是西方资本主义正处于上升的阶段，我们东方的这个大国此时正在走下坡路，黑格尔有西方文化中心论的思想意识是可以理解的。在这里，我们还要澄清一个史实，那就是说，我们在黑格尔的著作中并没有发现他说"中国没有哲学"这句"伤天害理"的话，这是问题的一个方面。另外，我们检阅了一下近年来的有关"中国哲学的合法性问题"的讨论，在众多的文章中,我们也没有发现有其他的西方学者说中国没有哲学的话。如果我的这个分析和判断是不错的话,那么,我们可以说,关于中国哲学的合法性问题恐怕还是我们中国的学者们自己提出来的。如果是这样的话,那就另当别论了。事实上也正是这样的。我们可以看一下张岱年先生的一段话:

> 中国先秦的诸子之学,魏晋的玄学,宋明清的道学或义理之学,合起来是不是可以现在所谓哲学称之呢?换言之,中国以前的那些关于宇宙人生的思想理论,是不是可以叫做哲学?关于此点要看我们对于哲学一词的看法如何。如所谓哲学专指西洋哲学,或认西洋哲学是哲学的唯一范型,与西洋哲学的态度方法有所不同者,即是另一种学问而非哲学;中国思想在根本态度上实与西洋的不同,则中国的学问当然不得叫做哲学了。不过我们也可以将哲学看作一个类称,而非专指西洋哲学。可以说,有一类学问,其一特例是西洋哲学,这一类学问之总名是哲学。如此,凡与西洋哲学有相似点,而可归入此类者,都可叫做哲学。以此意义看哲学,则中国旧日关于宇宙人生的那些思想理论,便非不可名为哲学。中国哲学与西洋哲学在根本态度上未必同;然而在问题及对象上及其在诸学术中的位置上,则与西洋哲学颇为相当。①

张先生的这段话讲得十分清楚、明白。他首先是设问,中国自先秦以来的不同时期的学问可不可以称之为哲学;如果哲学一词是西洋的专用词,那么我们的学问则不可称之为哲学;中国哲学与西洋哲学在根本态度上未必同;中国哲学与西洋哲学在问题和对象上属于同类。但是,张先生在这里只是说到了中西哲学在"根本态度"上有不同,而这种"根本态度"并不能作为断定中国有无哲学的唯一标准。同时,张先生在这里对于"中国有哲学"是持肯定的态度的。但是,肯定归肯定,张先生还是认为"中国哲学与西洋哲学在根本态度上未必同"。我的看法是,是不是后来的有些学者们"吃饱了撑得慌",发出了一个"中国哲学的合法性"的大讨论,以期

---

① 《张岱年全集》第2卷,河北人民出版社1996年12月第一版,第2—3页。

引起一个学术热点,使本已"贫困的哲学"再度陷入"哲学的贫困"之中,也未可也!

冯友兰先生在他的《中国哲学史》(两卷本)中认为,我们中国自有哲学,只是同西洋哲学相比,我们的哲学没有"形式上"的系统,但我们的哲学有"实质上"的系统(关于这一点,我们在下一节中还要说,此处从略)。

四、中西哲学　各具特色

在世纪之交,本人一时心血来潮,用了一年多的时间,写就了一部小书,其名曰《传统文化与现代中国》(在交付出版时,将书名改定为《传统文化时述》,已由大众文艺出版社于2007年1月出版,全书约40万字,从中国哲学的源头写起,一直写到毛泽东、冯友兰,可作为大学生学习中国文化的一本选修教材)。初稿既成,我于2001年之夏,到北京请时年已是93岁高龄的张岱年先生为本书作序。张先生十分热情地接待了我。在此之前,我已先将书稿寄与他,他在审阅了我的书稿之后,伏案为我的小书作序。其序不长,但字字千金。我为安徽大学的学术会议所提交的论文《中国哲学及其现代化》中,专列一节:中西哲学,各有千秋。张先生的序,我在这一节中给以抄录。为了写作的省事起见,我将张先生的序和我的那篇文章,摘要如下,以作为我们这个题目中的一个内容。张先生说:

> 中华文化源远流长,在人类文化的轴心时代,中国出现了孔孟老庄诸子,与希腊苏格拉底、柏拉图、亚里士多德诸哲东西辉映,各具特色。嗣后经历汉、唐、宋、明,代有哲人。每一时代有每一时代的思潮。迨及近代,西方文明突飞猛进,中国落后了。经过十九世纪到二十世纪,中国人民奋发努力,力求进步……

张岱年先生的话,至少可以告诉我们如下的事实:其一,哲学是文化的灵魂,一民族有一民族的哲学;其二,中华民族的哲学与古希腊的哲学一样,都起源于人类历史的轴心时代——公元前5、6

世纪(即中国的春秋战国时代);其三,中西文化及其哲学在它们各自的学术风格上是各具特色的;其四,文化是发展和变化的,每个时代有每个时代的思潮;其五,在中国的近代,我们落后了,在各个方面(其中当然也包括哲学)不及西方。张岱年先生的话真乃是金声玉振之语,非常准确地道出了中国哲学文化的起源、发展和变化的脉络。古希腊哲学和中国的先秦诸子文化几乎是先后出现的,这几乎先后出现的时代,就是张先生在文中提到的"人类文化的轴心时代"。

古希腊的首位哲学家、米利都学派的创始人泰勒斯(约公元前624—前547),在天文学、数学、气象学方面均有贡献;在哲学方面(宇宙生成论上),认为万物皆由水而生成,又复归于水。米利都学派的另一位哲学家阿那克西曼德(约公元前610—前546),认为万物的本原不是具有固定性质的东西而是所谓的"无限者"。这一所谓的"无限者"没有固定的界限,也没有固定的形体,不具有任何形式和性质,但是,它并不是静止不动的,而是在不断地运动、分化、裂变,在这一运动的过程中,产生出对立面的东西来,并由这一对立面的相互作用而生成万物。古希腊还有一位哲学家毕达哥拉斯(约公元前580—前500),他认为:"凡物皆数。""数"是事物的原形,是宇宙的秩序,同时,"数"的奇偶变化构成"和谐"。赫拉克利特作为古希腊杰出的唯物主义的哲学家在其生卒年代上同我们中国的孔子是同时的,他是爱非斯学派的创始人,他不仅是一位杰出的唯物主义的哲学家,同时在他的思想中,具有丰富的辩证法的内容,被列宁称为"辩证法的奠基人之一"。他认为"火"是世界万物的本原,一切皆是火符合规律的燃烧和熄灭的结果,他的哲学命题是:一切皆流,一切皆变;人不能两次同时踏入同一条河流。作为古希腊的著名哲学家的苏格拉底,认为哲学的目的不在于认识自然,而在于认识自己。"认识自己"几乎可以成为这位哲学家的名字的代用语。他与我们中国的孔子一样,也是比较谦逊的,他并不认为自己是"智者",充其量自己只不过是一个"爱智者"(孔夫子虽然承认有"生而知之者",但是夫子本人并不认为自己是"生而知之"者,自己的学问是自己勤奋好学所得到的,所谓"学而不厌"、"诲人不倦"者是也)。更为巧合的是,苏格拉底一生也没有留下自己的著作,像孔子一样"述而不作"。他的思想大多被他的学生柏拉图以对话的形式,写入其著作中,这正像是孔子的弟子和再传弟子们用语录对话的形式将夫子的话记录下来一样。柏拉图是一位"理学家",他认为理是万物的本原和标准。在认识论上,认为感觉的对象不可能成为获得真的知识的源泉。那么,真的知识是怎么得来的呢?他认为,"真知"只能是靠不朽的灵魂对"理"(理念)的一种回忆。作为柏拉图的学生,亚里士多德批评了他的老师的"理念说"。亚氏的哲学命题是:"一般"不能离开"个别"而独立存在,他有唯物主义的思想倾向,提出了著名的"四因说"(凡构成具体事物者皆有四种因素:质料因、形式因、动力因和目的因)。我们可以说,古希腊的哲学家是灿若星汉,其哲学思想是智周环宇。

张岱年先生说:"在人类文化的轴心时代,中国出现了孔孟老庄诸子,与希腊苏格拉底、柏拉图、亚里士多德诸哲东西辉映,各具特色。"在人类历史的轴心时代,在孔孟老庄之前,"五行"学说就已经广为流行了。中国古代的思想家把金、水、木、火、土这五种朴素自然的物质看做是构成万物的始基(原素),以此说明客观物质世界的起源及其多样性的问题。《国语·郑语》中说:"先王以土与金木水火杂,以成百物。"《尚书·洪范》中说:"五行:一曰水,二曰火,三曰木,四曰金,五曰土。"到了战国之时,在这一五行学说的基础上,又演进了一步,于是便有五行相生相克的理论。我认为,中国古代的宇宙生成论的思想,它的起源要比古希腊的哲学思想还要早,两者在宇宙生成的理解上有着十分惊人的相类之处。我们如果将这些内容看做是人类早期的哲学思想的主要内容的话,那么我们不必"言必称希腊",中国的哲学比它还要早呢!在春秋战国之交的社会大动荡的时代,用《论语》中的话说,就是"礼乐征伐自诸侯出"的"礼崩乐坏"、"天下无道"的时代,中国产生了孔孟老庄诸子。孔孟老庄分别领引着当时学术的两大流派——儒和道。除此之外,还有"墨学",在当时并称为"显学"。我们如果再继续往下说开来,我们可以说,在人类文化的轴心时代,我们的诸子百家文化都产生了。也就是说,在春秋战国时代,中国文化(中国哲学)犹如春天的百花园,百花齐放,竞相斗艳!

诸子百家文化的提法,首见西汉的大史学家司马谈的《论六家之要指》,他将中国的学术文化分作六家。之后,刘歆在此基础上写作《诸子略》,《汉书·艺文志》将刘歆的这一思想照录其中,将诸子百家明确地概括为10家:阴阳家、儒家、墨家、名家、法家、道家、农家、纵横家、杂家、小说家。诸子百家文化并不都是哲学文化,但是,中国古代哲学就存在于诸子百家文化之中,这是毫无疑问的事情。在这些文化中,对于后世影响最大者当数儒、道两家的哲学文化。作为这两家的杰出代表——孔、孟、老、庄诸子,真的同古希腊的苏格拉底等诸哲"东西辉映"了。

　　如此说来,东西各有自己的哲学,只是"中国哲学与西洋哲学在根本态度上未必同"(张岱年先生语)。我们如将张先生的话转换成冯先生的话,我认为,在张先生看来,是我们的思维方式、叙述方式以及所关注的宇宙人生的侧重点方面不同于西洋;在冯先生看来则是,我们的哲学同西洋哲学比,缺少形式的系统,但我们有实质的系统,在宇宙人生方面,我们的哲学更关注于人生,注重于"内圣外王"之道。冯先生认为,中国哲学在其论证说明方面,比西洋哲学有所逊色,但是,这不是中国哲学家没有论证说明方面的能力,而是说中国哲学家有这个方面的能力而有意识地不去这样做。为什么?他认为,论证说明这方面的内容是属于知识论方面的东西,而中国哲学家并不是为求知识而求知识,反对空言讨论知识,注重的是如何实行之以增进人的幸福。这样,在中国哲学家的著作中,缺少"精心结撰,首尾贯穿之哲学书",他们往往是将"哲学家本人或其门人后学,杂凑平日书札语录,便以成书。成书既随便,故其道理虽足自立,而所以扶持此道理之议论,往往失于简单零碎"。正是因为"中国哲学家之书,较少精心结撰,首尾贯串者,故论者多谓中国哲学无系统"。"然所谓系统有二:即形式上的系统与实质上的系统。""中国哲学家的哲学,虽无形式上的系统;但如中国哲学家的哲学无实质上的系统,则即等于中国哲学家之哲学不成东西,中国无哲学。形式上的系统,希腊较古哲学亦无有。苏格拉底本来即无著书。柏拉图之著作,用对话体……"按形式上的系统说,只有亚里士多德的著作有,苏格拉底和柏拉图都没有。因此,冯先生说:"一个哲学家之哲学,若可称为哲学,则必须有实质的系统。所谓哲学系统之系统,即指一个哲学之实质的系统也。

中国哲学家之哲学之形式上的系统,虽不如西洋哲学家;但实质上的系统,则同有也。"①

写作到此,让我们再回首上面的"中国哲学的合法性"的争端,则不难看出,黑格尔的"武断"的确是没有道理的;我们大可不必"言必称希腊";东西哲学的叙事方式是不同的,哲学必有其实质上的系统,从实质上的系统说,东西哲学都是哲学;所谓"中国哲学的合法性问题"纯系一个"扯淡"的无意义的问题。

五、为什么是春秋战国时代

现在的问题是,中国文化和中国哲学为什么起源于春秋战国时代,而不是起源于其他什么时代?这个问题比较有趣。

胡适先生写了一部书:《中国哲学史大纲》(卷上),胡适一生尽管有许多著作,但他的"中国哲学史"只有一个卷上,没有卷下。我个人原来认为,可能是胡适后来做官而没有时间将中国哲学史进行到底,后来读了景海峰的文章,发现我的猜测是不对的。作为中国哲学史家的胡适,只有半部《中国哲学史》,台湾学者劳思光先生在他的著作中批评胡适,说他的《哲学史》里面根本就没有哲学的内容。这是学界的争论,我们暂且不去理会它(评判的标准有不同)。我在这里要说的是,在胡适先生的《哲学史》中,有一篇的题目是"中国哲学发生的时代"。在这一篇中,胡适认为,中国哲学发生的时代应当是在公元前8世纪到前6世纪这300年间。那么,在这300年间,中国社会是个什么样的情形呢?他说:

> 这三个世纪中间,也不知灭了多少国,破了多少家,杀了多少人,流了多少血。只可惜那时代的政治和社会的情形,已无从详细考查了。我们如今参考《诗经》、《国语》、《左传》几部书,仔细研究起来,觉得那时代的时势,大概有这几种情形:第一,这长期的战争,闹得国中的百姓死亡丧乱,流离失所,痛苦不堪……第二,那时诸侯互相侵略,灭国破家不计其数。古

---

① 冯友兰:《中国哲学史》卷上,北京:中华书局1961年4月版,第一章。

代封建制度的种种社会阶级都渐渐地消灭了。就是那些不曾消灭的阶级,也渐渐地互相交通了……第三,封建时代的阶级虽然渐渐消灭了,却新添了一种生计上的阶级。那时社会渐渐成了一个贫富很不平均的社会。富贵的太富贵了,贫苦的太贫苦了……第四,那时的政治除了几国之外,大概都是很黑暗、很腐败的王朝的政治。这四种现象:1. 战祸连年,百姓痛苦;2. 社会阶级渐渐消灭;3. 生计现象贫富不均;4. 政治黑暗,百姓愁怨。这四种现状,大约可以算得那时代的大概情形了。①

所以说,在这样的时代中:"政治那样黑暗,社会那样纷乱,贫富那样不均,民生那样痛苦。有了这种时势,自然会生出种种思想的反动。"这种思想的反动,在胡适看来,首先表现在诗歌当中,所谓愤怒出诗人,那个时代是"诗人的时代"。胡适通过对《诗经》中的内容的归类,他认为大概可以分为五派:第一,忧时派;第二,厌世派;第三,乐天安命派;第四,纵欲自恣派;第五,愤世派(激烈派)。胡适在对以上五派都作了分析之后写道:

> 这几派大约可能代表前七八世纪的思潮了。请看这些思潮,没有一派不是消极的。到了《伐檀》和《硕鼠》的诗人,已渐渐地有了一点勃勃的独立精神。你看那《伐檀》的诗人,气愤极了,把国也不要了,去寻找他自己的乐土乐国。到了这时代,思想界中已下了革命的种子。这些革命种子发生出来,便成了老子孔子的时代。②

我们说,胡适是一位以考证见长的学者,我们在他的书中所见到的大部分内容都是考证性质的,在他所要讲的"中国哲学发生的时代"中,他以《诗经》为蓝本,通过考证综述,得出了当时诗人中的五大派别。这是不简单的,我们应当说,这是胡适先生对中国文学史的一个伟大的贡献。不过,我们的话又说回来,这种考证对于他所要说明的中国哲学史来说,似乎并没有发生多么大的作用。

---

① 胡适:《中国哲学史大纲》第二篇,上海古籍出版社1997年12月第一版。
② 同上。

解读冯友兰

我们用冯友兰先生的话说，胡适所说的"长期的战争"、"贫富不均"、"政治黑暗"之类，未必就是当时产生哲学思想的主要原因。为什么？因为胡适所说的这种情况在中国长期的封建社会中是经常出现的事情。为什么在其他的时代就没有产生如此丰富多彩的哲学，唯独在春秋战国时代有这种情况？这个问题问得好。按照冯先生的意思，是这样的："自春秋迄汉初，在中国历史中，为一大解放之时代。于其时政治制度、社会组织及经济制度，皆有根本的改变。盖上古为贵族政治，诸国有为周室所封者，有为本来固有者。国中之卿大夫亦皆公族，皆世其官，所谓庶人本不能参与政权……贵族政治破坏，上古之政治及社会制度起根本的变化。"他的意思是说，周王朝的贵族政治发生了根本性的改变（我们若用社会形态的观点以说明这一问题，就是：社会进入了由奴隶制向封建制的过渡时期，原来贵族的地位没有了，他们原来所掌管的文化此时也不是他们的专利了），为中国哲学的发生提供了一个契机。

我们再看冯先生这样一段话："在社会大转变时期，阶级斗争十分激烈，各个阶级或阶层都要起来表明自己的态度，企图用自己的世界观改造社会，以符合自己的要求和愿望。思想战线因此非常活跃。原有的知识分子队伍发生了激烈的分化，在斗争中产生了各个阶级或阶层的思想代表和思想流派，形成了'百家争鸣'的局面。"①

我们把冯先生的上述两段话综合起来分析，可以看出它们二者的一致性。尽管这两段话形成的时间跨度长达半个世纪，我们看得出来，冯先生在《新编》中的话有明显的"阶级分析"成分。我们在这里如果排除冯先生所讲的话的政治干扰，从中找出我们所要的思想，这两段话的本质仍然是一致的。也就是说，春秋战国时期是中国社会的大变动的时期，在这一大变动的时期中，不同地位、不同阶层的人发生着急剧的分化。其中有一个阶层"士"就应当引起我们的特别注意。我们今天所说的"知识分子"在旧日里称为"士"。冯先生说："在西周奴隶主贵族的等级制度中，士是贵族中的最低阶层。他们都受过一些教育，通晓'礼、乐、射、御、书、数'

---

① 冯友兰：《中国哲学史新编》第1册，人民出版社1982年1月第三版，第93页。

等'六艺'。打仗的时候,可以作下级军官,和平时候可以作卿大夫高级贵族在政治上的助手。他们过着'食田'的剥削生活。他们的职守也是世袭的。这就是说,在贵族等级制度中,他们有固定的地位,固定的生活和固定的工作。到了春秋战国时代,这个阶层起了分化,随着奴隶主贵族等级制度的崩坏,士失去了原来的地位和职守,也无'田'可'食',只得自谋生活。在当时夺权的斗争中,还有许多原来高于士的贵族,甚至是原来的国君,都失去他们原来的地位,流亡到各地。这些大小贵族们,过去凭世袭的身份,过剥削的生活,现在靠他们对于'六艺'的知识,自谋生活。他们也成为没有固定生活与固定工作的知识分子,在各地游来游去寻找可以依附的主子,因此得到'游士'的称号。其中长于礼乐,熟悉古代典籍的,成为私学的老师,或在别人家有红白喜事的时候,替人家指点怎样行礼(相礼),借以恢复奴隶社会的礼乐……"①

　　根据冯先生的分析,我们可知,在春秋战国以前,"学"是在官府的,由于贵族政治(周王室的没落)的破坏,学风开始下移,文化也流落到老百姓中间去了。这应当是历史的事实。我们都知道,战国时期的"四君"(赵国的平原君、魏国的信陵君、齐国的孟尝君、楚国的春申君)都有"养士"之风,他们所养之士的相当一部分就是因政治局势的动荡而失去了原来的固定工作、固定收入和地位的知识分子。就是这些开了一代学风。由于贵族政治的没落和衰败,思想也大为自由。此时的知识分子的思想可以说是随心而发,恣意放纵,毫无拘束,智周于环宇之中,畅游于天地之间,天文、地理、时事、政治、社会、人生,纵横驰骋,左右逢源:或"指鹿为马",或"翻黑为白";可"坚白石三",可"白马非马";可"高岸为谷",可"深谷为陵";可"道可道,非常道;名可名,非常名";可"不尚贤,使民不争;不见可欲,使民心不乱";可"庄周梦蝶",可"方生方死"……总之,你的思想机器可以开足马力,没有什么条条框框的限制。那真可谓是思想自由的伟大的时代!

　　我们在这个题目下,写到这里,实际上只引用了两位学界人物——胡适和冯友兰的观点,在我看来,这就足以说明问题了,应

---

① 冯友兰:《中国哲学史新编》第一册,人民出版社1982年1月第三版,第94页。

当说我们已经完成了这个题目的使命。我们因此也弄清楚了诸子百家为什么产生于这一"文化轴心"的时代了。

中国文化(中国哲学)起源于中国的春秋战国时代,这是学界的一致看法,这是没有争论的。随着历史的发展,每一时代都有每一时代的思潮,历史进入了近代,我们落后了,中国传统文化也当然地完成了它的历史使命。冯友兰先生在他的两卷本的《中国哲学史》中,将中国"经学时代"的终结也限定在中国封建社会的终结时期,这是很有见地的。

现在的问题是,在中国社会进入了一个新的历史时期之后,中国哲学应当是怎样的?我们应当怎样看待我们的古典哲学?我们应当怎样建设我们中华民族的新哲学?以上这些问题,就是上个世纪二三十年代那一批国学大师、哲学家们所无法回避的重要问题。

1918年6月,冯友兰先生(二排左四)毕业于北京大学,与校长蔡元培(前排右四)、文科学长陈独秀(前排右三)及教授马叙伦(前排右五)、梁漱溟(前排右二)等合影。

第二讲

"照着讲"与"接着讲"

中国长期的封建社会终结之后,始终伴随着它的中国古典哲学也相应地完成了它的历史使命而寿终正寝了。一个新的历史时代到来了:"在新文化运动的鼓舞和推动下,随着新文学的产生,新哲学也产生了。冯友兰著两卷本《中国哲学史》最后一章的最后一节,题为'经学时代之结束',其中说:'本篇第一章所谓中国哲学史,自董仲舒以后,即在所谓经学时代中。在此时代中,诸哲学家无论有无新见,皆须依傍古代哲学家之名,如以旧瓶装新酒焉。中国与西洋交通后,政治社会经济学术各方面,皆起根本的变化。此西来之新事物,其初中国人仍以之附会于经学,仍欲以此绝新之酒,装于旧瓶之内。……历史上时代之改变,不能划定于某日某时。前时代之结束,与后时代之开始,常相交互错综。在前时代将结束之时,后时代之主流即已发现。……故中国哲学史中之新时代,已在经学时代方结束之时开始。所谓

'贞下起元',此正其例也。不过此新时代之思想家,尚无卓然能自成一系统者。故此新时代之中国哲学史,尚在创造之中;而写的中国哲学史,亦只可暂以经学时代之结束终焉。'"①

冯先生在这里所说的"卓然能自成一系统"的哲学著作,在20世纪的40年代初,果然出现了。中国哲学史完结了经学时代,进入了近代化的新时代,中国哲学史的撰写,也开始了新的一页。

我们如果用张岱年先生的话说,在这个新的时期中,出现了三个有影响的哲学家:熊十力、金岳霖、冯友兰。他们的哲学各有体系,自成一家。熊先生是"新心学"的代表人物,金先生和冯先生是"新理学"一派的代表人物。本书的主旨是"解读冯友兰",尽管这个解读是建立在对于中国哲学的发展这一基础之上的,但是,有关熊、金的哲学并不是本书的写作重点。我们以下看冯先生是如何建构自己的"新理学"的哲学体系的。

冯友兰先生在《新理学》的绪论中,开宗明义即说:"本书名为新理学。何以名为新理学?其理由有二点可说。就第一点说,照我们的看法,宋明以后底道学,有理学心学二派。我们现在所讲之系统,大体上是承接宋明道学中之理学一派。我们说'大体上',因为在许多点,我们亦有与宋明以来底理学,大不相同之处。我们说'承接',因为我们是'接着'宋明以来底理学讲底,而不是'照着'宋明以来底理学讲底。因此我们自号我们的系统为新理学。"自上个世纪40年代以来(即《新理学》一书问世之后),在学术界,形成了一个学术专用词:"照着讲"和"接着讲"。我们引冯先生的这段话,旨在揭示这一学术专用语的原始出处。"历史的发展是不能割断的,在发展的过程中,任何一个时代对于前一个时代,都不是全盘否定,而是扬弃。在扬弃中完成了承先启后、继往开来的责任。近代化时代的哲学家也沿用了宋明道学的词句,但并不是依傍于宋明道学;是'接着讲',而不是'照着讲'的。"②

关于"照着讲"与"接着讲"的学术讨论,自冯先生的"新理学"体系建立以来,就没有中断过。在旧中国时代的讨论,是纯学理方

---

① 《冯友兰全集》第10卷,河南人民出版社2000年12月第一版,第601页。
② 同上书,第602页。

面的争端。新中国成立以后,从旧中国过来的一代有名望的大学者们,面临着一个所谓"脱胎换骨"的改造时期,那种情形,是我们现在的年轻人所可想而不可知的。鉴于这样的历史背景,作为"资产阶级的哲学家",又是"反动的学术权威"的冯友兰先生,所面临的灾难是双重的(政治的和学术的),在全国解放后(1950—1980),就一直没有间断对冯先生的批判。这种批判,既有学理方面的批判,也有政治方面的批判。这两方面的批判,有时候常常是被搅和在一起的。搅和在一起时,我们说,这就不叫做批判,而是人身攻击。冯先生逝世之后,随着社会的整体转型,学术讨论走上了正常的轨道,自上个世纪90年代以来,对于冯友兰先生的学术思想研究已蔚然形成气候,"冯学"作为一门新兴的学问,和"冯友兰现象"一起(详见第九讲),出现在我们有着五千年古老文明的中华大地上,这是一件值得我们学界注意的事情。

一、首先应当"照着讲"

我们这部书的题目叫做"解读冯友兰"(原来的题目是"接着冯友兰先生讲")。我们如果用"接着冯友兰先生讲"这个题目的话,大家肯定会说本书的作者比较狂。

狂在何处?

冯先生是闻名海内外的大哲学家,有学者认为,哲学家的冯先生在中华民族的近代史上可以称之为天下第一人,堪称学术泰斗,你一个平凡的作者是什么身份,有什么资格敢在这里口出狂言!我说,诸位的这种批评倒是点中了穴位,击中了要害。不过,我也可以在这里郑重地告诉诸位,中国还有一句成语:初生之犊不畏虎!尽管我到现在也有了这样一把年纪(在青年学生中,我已经是老者了),但在学问方面,我同一个如《道德经》中所说的无知的"婴儿"一般。作为一个无知的婴儿,他首先是要学语言,在我们中国,他首先要学习汉语,学会说话。当他慢慢地有所解事的时候,他要学习我们中华民族的文化,而要学习中华民族的文化,就不能不读冯先生的书。外国人学习中国文化,也要读冯先生的书。正像学界所公认的那样:"中国人因为有严复而知道

解读冯友兰

有西方近代学术,西方人因为有冯友兰而知道有中国哲学。"西方人读冯先生的书,有点像我们学习英语一样。因为冯先生的书比较好读,同时又能学习汉文化,他西方人何乐而不读呢?作为一个中国人,我当然要了解中国文化,哲学又是文化的最高代表和集中表现,我当然要读冯先生的书。又因为冯先生的书是中国哲学的高度浓缩,是对中国文化和中国哲学的解读,所以对于这一解读进行解读,本身的学术难度就很高,并不是像我这样学术层次的人轻易可以做得到的,何谈"接着冯友兰先生讲"?这是我要将这个题目改过来的内在意思。但是,从学术发展的角度说,终究还是有人"接着冯先生讲"的,我在这里之所以"斗胆"先将"接着冯友兰先生讲"打出来,以期抛砖引玉。以此而论,我的这个"狂"并不是没有一点道理。

在一次学术讨论会上,我同中国社会科学院的一位老教授交谈起来,当他得知我是来自冯先生家乡的一个学人后,很有兴趣地给我讲起了冯先生。他说:在那一代学者中,只有冯先生的书相当好读,读起来十分亲切,像是他老先生在同你叙家常一样。有些哲学家的书就不好读,不是不好读,而是读起来相当地费劲。像金(岳霖)先生和熊(十力)先生的书,你如果没有一定的中国学术方面的知识,那是不容易搞得通的。冯先生的书就不同了,你只要具备中国文化的一般知识,你只要是喜爱哲学,你一读准通。正是因为他的书好读,我们在读后,将会产生许多联想,在某些方面在看法上会同冯先生的思想有所不同,对于这种不同的辩证,我们即可以说是"接着"冯先生讲了。事实上也是这样的。如此说来,我在这里说要"接着"冯先生讲,并不是瞎吹。但是,我们如果真的要"接着"冯先生往下讲,首先应当是"照着讲"。

"照着讲"与"接着讲"是有质的不同的。我们如果按照朱伯崑(1923—2007)(冯先生的学生、北京大学教授、著名哲学史家、冯友兰研究会会长)先生的说法:"照着讲"是哲学史家的任务,而"接着讲"则是哲学家的任务。我岂敢在这里"接着讲",我连"照着讲"都不行,因为"照着讲"是哲学史家的任务。我显然不是这个方面的"家"。我们说,朱先生所说,是对于学术研究而言,并无不妥之处。作为一般的哲学学术研究,我们首先必须"照着讲"。我们用一个通俗的比喻:你要想建筑一座大楼,你必须得有建筑这座大楼所需要的诸多材料,中国哲学中有着浩如烟海的大量的学术史料,这些史料,就是我们建筑这座学术大厦所需要的材料。"接着讲"是用这些材料按照自己的设计图纸而将大厦建成。我们学习中国哲学,第一步必须得有这些材料。要想获取这些材料,我们第一步只能是"照着讲"。

尽管如此,"照着讲"也是不容易做到的。我们还是用朱先生的话以说明这一工作的不容易:"我作为冯先生的学生,长期以来,治学以'照着讲'为宗旨,未能学到'接着讲'的本领。但'照着讲'对我来说,又谈何容易,能做到近似,已感力不从心。"①我

1920年冯友兰先生(右立者)与罗家伦(左立者)等人在纽约合影

---

① 《冯友兰先生纪念文集》,北京大学出版社1993年10月第一版,第137页。

们说,这是朱先生的自谦之辞。我们从朱先生的话语中可以得到一些有益的启示:一个学者,要想治中国文化或者中国哲学,谈何容易,中国古代有着大量的文献资料,我们用"浩如烟海"、"汗牛充栋"来形容它,也毫不过分。中国古代的学者们,终其一生研究学问,不是有一个成语,叫做"皓首穷经"?此之谓也。从这个意义上说,朱先生所说的"力不从心"也的确是他的经验之谈。我们作为后学之辈,要想弄懂一点学问,就必须得有踏踏实实的治学态度,切不可浮躁,不可哗众取宠。

二、怎样"照着讲"

我们在前一个题目中,说要进行哲学的训练,就应当针对我们的文化典籍"照着讲"(实则照着读)。我们也已经说过,我们中华民族的文化典籍浩如烟海,如果说我们年轻人都去"照着讲(读)"的话,我们哪里还有时间去学习自然科学知识?不学习自然科学知识,我们的国家又如何能够强盛?

这样的问题问得好。这里我顺便再给大家讲一个故事:我们知道科学家钱伟长院士是上海大学的终身校长(小平同志生前特批)。早在1931年,就是冯先生在清华大学当教授的时候,钱伟长考取了清华大学。他的国文考了100分,其他如数、理、化和英语加起来只有25分。其中物理大概是5分,英语大概是0分。清华大学的先生们都议论说,不久的将来,我们又将出一个国学大师(指钱伟长)。因为钱伟长的四叔是著名的国学大师钱穆先生,钱伟长从小受到叔父的良好教育,在考入清华之前,"四书五经"等许多古典早已是倒背如流。他的国文课如果不考100分那才怪呢!但是,出乎大家的意料,钱伟长一定要学习理科,尤其是物理。而他的四叔钱穆先生竟然答应了,这可难坏了当时的物理系主任——物理学家吴有训教授。吴教授最终同意让钱伟长学习物理。中央电视台"大家"栏目在采访钱伟长时,已是90岁高龄的钱老是这样说的:当时正是1931年"九一八"事变,日本入侵中国。我们靠什么打日本?我们必须有飞机,有大炮,而这些都是自然科学所要解决的,你纵使再会背"四书五经",也是白搭!由此我们可知,自然科学对于一个民族和国家的强盛有多么重要!

我们今天的中国,已经不是过去的中国了,"钱伟长时代"已经过去了。自然科学、人文科学,犹如车之两轮,鸟之双翼,缺一不可。自然科学知识是我们人类战胜自然和改造自然的手段,是属于"物"的方面;人文科学是我们作为"人"之所以为人的内在的基本条件,如果缺少了这个,可以说,人就不是一个完整意义上的人!我们现在不是常说到什么"工具理性",什么"价值判断"这些比较前沿化的名词吗?一个人如果只具备自然科学的技能,而缺失人文方面的价值判断,那么,他就是一个理性的工具,他就不是完整意义上的人。这一点是可以这样说的。

如此说来,我们还必须进行人文方面的修养。既要学习科学,又要学习人文;既要成为一个有科学技术技能的一代新人,又不能去"皓首穷经"而"钻故纸堆"。怎么办?这就有一个"照着讲"的方法问题。我们在这里所说的"照着讲"就是如何学习、阅读中华文献典籍的方法问题。

在这个题目下,我将冯先生的读书经验向诸位朋友们做一提纲挈领的介绍。

冯先生1983年在《书林》杂志(第一期)发表过一篇谈如何读书的短文。在这篇文章中,他说:他已经是87岁的人了,从7岁起就开始读书,到现在读了80年了,不能说对于读书没有一点经验。他所读的书大概都是文、史、哲方面的,特别是哲。其经验总结起来有四点:1. 精其选;2. 解其言;3. 知其意;4. 明其理。

我们先说第一点。古今中外,积累起来的书真是多极了,真乃浩如烟海。但是,书虽多,有永久价值的还是少数。可以把书分为三类,第一类是要精读的,第二类是可以泛读的,第三类是只供翻阅的。所谓精读,是说要认真地读,扎扎实实地一个字一个字地读。所谓泛读,是说可以粗枝大叶地读,只要知道他书中大概说些什么就行了。所谓翻阅,是说不要一个字一个字地读,不要一句话一句话地读,也不要一页一页地读。就像我们看报纸一样,随手一翻,看一下大字标题,觉得有兴趣的地方就大略地看一看,没有兴趣的地方就随手翻过。听说在中国初有报纸的时候,有些人捧着报纸,就像念四书五经一样,一字一字地高声朗读。照这个办法,一天的报纸,你念一年也念不完。大多数的书,其实就像报纸上的新闻一样,有些可能轰动一时,但是昙花一现,不久就过去了。所以书虽多,真正值得精读的并不多。

那么,我们怎样知道哪些书是我们值得精读的呢?冯先生说,自古以来,就有一个最公正的评选家,这就是"时间"。我们一想,可不是嘛,从时间上看,那些没有流传价值的书,随着时间的推移,都被淘汰下去了,所剩下的都是精品。我们现在所说的"古典作品"、"经典著作",像《三国》、《红楼》、《水浒》之类的文学作品,像"四书五经"之类的学术著作,不就流传下来了吗!

现在的问题是,我们对于所精选的书,又如何去读之?这是我们所说的问题的关键。冯先生的意思是说,对于与自己的专业联系比较紧的著作,要精读,精读的含义就是"解其言"、"知其意"、"明其理"。所谓"解其言",就是说,首先要弄懂它的文字,它的文字就是它的语言。而语言有中外之分,同时也有古今之别。就中国的汉语笼统地说,有现代汉语,有古代汉语,古代汉语统称为古文。详细地说,古文之中又有时代的不同,有先秦的古文,有两汉的古文,有魏晋的古文,有唐宋的古文。中国汉族的古书,都是用这些不同的古文写的。这些古文都是用一般的汉字写的。我们要想读懂它,首先要过好古文字关。这就要求我们学好古代汉语。那么,什么叫做"知其意"?有的书,那上面的古文字你是都可以认识的,但读了之后,就是不知道它说的是什么,这就叫做不知其意。中国有句老话:"书不尽言,言不尽意。"它的意思是说,一部书中所写的,总比写那部书的人的话要少,他所要说的话总比他的意思少。这是为什么?因为古人著书立说,不像我们现在这样,笔墨纸都很多。古人没有这个条件,将文字写在竹简上,能用一个字表达一个意思者,他们就决不用两个字。因此,我们读古人的书,冯先生说,要注意它的字里行间的"弦外音,味外味"。如司马迁所说:"好学深思之士,心知其意",就是这个意思。知其意之后,就没有必要局限于古书中的语言文字了,要抛开其语言文字,直取其中的"理",如果我们还是一味地抓着其中的文字而纠缠不清,那就是"死读书"了,把书读死,那就是书呆子一个。知其意之后,就必须"明其理",而明其理就必须扔掉文字这个"拐棍",独立行走。一旦达到如此之境界,你的学问就出来了。冯先生最后说:古人说过"六经注我,我注六经"。自己明白了这个客观的道理,自己有了"意",把前人的"意"作为参考,这就是"六经注我";不明白那些客观道理,没有得古人的那种意,而只在语言文字上推敲,那就是"我注六经"。只有达到"六经注我"的程度,才能真正地"我注六经"。

我们将冯先生的这篇文章的全部意思在这里给大家展开来说,可以说他已经为我们的怎样"照着讲"作了一个极好的阐释。应当说,根据冯先生的说法,我们再联系前文中朱先生的"照着讲也力不从心"说,我们可知,想成就一门学问是多么的困难啊!不过,我们不要害怕,上述两位先生都是哲学家。我们压根儿都没有想到我们这一生能成为一个哲学家。这样说来,问题就好办得多了,我们只将他们的读书经验作为我们读书的一个参考就是了。我们的青年大学生,在学好自己的专业课之余,有选择地读一些文、史、哲方面的书籍,哲学家的话对我们还是很有帮助的。当然,你如果真的想成为一个研究中国文化或者中国哲学的学者(你一旦能够在这一方面形成理论系统的话,你不仅是一位著名的学者,你同时就是一名哲学家了),你就必须按照哲学家所指的路子走,否则,你不可能成为一位哲学家。

我可以在这里肯定地说,大部分青年朋友并不想成为一个学问家,而成为一个哲学家的可能性则更小。因为干那种工作一是太辛苦,二是不可能发大财(我们在前边所说的财富同幸福的关系不大,并不是说我们不去对财富进行追求,基本的物质财富是我们赖以生存的基础,靠拾煤渣为生的人是不可能养兰花的,贾府里的焦大是不可能去爱林妹妹的)。我在这里所说的,并不是要大家都成为大学问家,事实上,一个国家,一个民族不可能要求该民族的成员都成为大学问家。我记得在一次学术会议上,张岱年先生曾经说过:我们不能有许多哲学家,大家都成了哲学家了,谁还去从事物质方面的生产活动。我们没有物质方面的保证,我们的哲学家都去喝西北风!

我们的当代青年,还是以就业为第一要着,学习科学知识的目的,首先也是为就业考虑。我在这里是说,一个青年大学生,既有自己的专业知识,同时又具备一定的文、史、哲的素养,这样的人才同只有自己的专业知识而没有中国传统文化知识的人相比,谁的就业效果好呢?我们当代的大学生、研究生们,你们可要努力啊!

三、冯先生的"接着讲"

在讲这个问题之前,在这里总括地介绍一下冯友兰先生70多年的哲学学术生涯所创作的学术著作的情况。

冯先生是1915年暑期过后到北京大学哲学门(系)读书的,于1918年毕业。之后,回到河南的开封,在一所中等专科学校教国文和修身课。时间不长,在1919年年底,到美国纽约的哥伦比亚大学留学去了,于1923年毕业,获哲学博士学位。关于冯先生的学术活动的分期问题,我们用冯先生自己的说法,可以划分为四个时期(白寿彝总主编的《中国通史》第22卷第45章中,将冯先生的学术活动分作三个时期):"第一时期是从1919年到1926年,其代表作是《人生哲学》。第二时期是从1926年到1935年,其代表作是《中国哲学史》。第三时期是从1936年到1948年,其代表作就是抗战中写的那六本书,日本已有书店把它们合印为一部书,题为《贞元六书》。第四时期是从1949年到现在,其代表作是尚未完成的《中国哲学史新编》。"[1]这一分法,是冯先生在上个世纪80年代所写的《三松堂自序》中的说法,其中所说的第四时期的《新编》,到1990年的夏天正式完成,皇皇巨著,一共七卷。在这个七卷本的《中国哲学史新编》封笔后的四个月,冯先生以95岁高龄谢世。一生功德圆满,在学术上为我们后人留下了相当完整的学术著作,实为难得。我们在这里需要补充说明的是,冯先生还有一部哲学史,就是1946年秋季他到美国的几所大学里做客座教授时用英文所写的一部《中国哲学史》。这部哲学史在后来的几十年中一直没有中文版本,到80年代后,由冯先生早年的学生涂又光先生译为中文,叫做《中国哲学简史》。冯先生一生的主要著述,我们合起来称之为"三史""六书",在上世纪80年代后,由河南人民出版社陆续结集出版,定名为《三松堂全集》(14卷)约700万言(包括数百篇

---

[1] 《冯友兰全集》第1卷,河南人民出版社1985年9月第一版,第188页。

论文以及其他著作)。

按照学术界的一般看法,冯先生的"接着讲"是指《新理学》为总纲的那六部书,但实际上并非如此。我们的看法是早在他创作《中国哲学史》时,他已经在"接着讲"了,只不过那种意义上的接着讲是以"史"的形式出现的。关于这一问题,我们可以看一下附在本书之后的金岳霖先生的《审查报告》,现摘抄如下:

> 我们可以根据一种哲学的主张来写中国哲学史,我们也可以不根据任何一种主张而仅以普通哲学形式来写中国哲学史。胡适之先生的《中国哲学史大纲》就是根据一种哲学的主张而写出来的。我们看那本书的时候,难免有一种奇怪的印象,有的时候简直觉得那本书的作者是一个研究中国思想的美国人(原稿作"美国商人",发表时,我征得金先生的同意,删去"商"字——冯注);胡先生于不知不觉间所流露出来的成见,是多数美国人的成见。在工商实业那样发达的美国,竞争是生活的常态,多数人民不免以动作为生命,以变迁为进步,以一件事体之完了为成功,而思想与汽车一样也就是后来居上。胡先生既有此成见,所以注重效果,既注重效果,则经他的眼光看来,乐天安命的人难免变成一种达观的废物。对于他所最得意的思想,让他们保存古色,他总觉得不行,一定要把他们安插到近代学说里面,他才觉得舒服。同时西洋哲学与名学又非胡先生之所长,所以在他兼论中西学说的时候,总不免牵强附会。哲学要成见,而哲学史不要成见。哲学既离不了成见,若再以一种哲学主张去写哲学史,等于以一种成见去形容其他的成见,所写出来的书,无论从别的观点看起来价值如何,总不会是一本好的哲学史。

我们根据金先生的这段话,可以看出,他对胡适先生的《中国哲学史大纲》的评价,主要是说胡先生是采用"实用主义"的写作手法,站在美国人的立场上以看中国哲学的。金先生的意思是说,一个哲学体系是需要有成见的,否则它就不是自己的哲学体系,但是写作哲学史的人不应该有成见。你写哲学史一旦有了成见,那就不是客观的哲学史,而是写作者本人的哲学思想了。但是,话又说回来，凡写作哲学史者，都是学者，他可以不是哲学家，但他不可能不是一位学者，一位思想家。否则的话，他不可能写出哲学史来！既然是学者，是思想家，他在从事史的写作中，不可能没有自己的任何成见，否则的话，他就是一个述说前人思想的"机器"。金先生的意思无非是说胡先生用美国人的实用主义的思想来套我们中国哲学，这是不合适的。

那么，他对于冯先生的哲学史是如何评论的呢？是不是也说冯先生的中国哲学史没有成见？我们接下来看金先生的这段话：

> 冯先生的态度也是以中国哲学史为在中国的哲学史（这一点，我未必同意，不是"在"中国的哲学史，而就是"中国哲学"的史，金先生是说，冯先生采用"中西结合"的方法以写哲学史——本书作者注）；但他没有以一种哲学的成见来写中国哲学史。成见他当然是有的，主见他当然也是有的。据个人所知道的，冯先生的思想倾向于实在主义；但他没有以实在主义的观点去批评中国固有的哲学（这一点，金先生的话有些绝对化了——本书作者注）。因其如此，他对于古人的思想虽未必赞成，而竟能如陈先生（指陈寅恪对于冯著的点评——本书作者注）所云："神游冥想与立说之古人处于同一境界。"同情于一种学说与赞成那一种学说，根本是两件事。冯先生对于儒家丧礼与祭礼之理论似乎有十二分的同情，至于赞成与否就不敢说了。冯先生当然有主见，不然他可以不写这本书。他说哲学是说出一个道理来的道理，这也可说是他的主见之一；但这种意见是一种普遍哲学的形式问题而不是一种哲学的主张问题。冯先生既以哲学为说出一个道理来的道理，则他所注重的不仅是道而且是理，不仅是实质而且是形式，不仅是问题而且是方法。①

冯先生在《三松堂自序》中说，陈寅恪和金岳霖两先生之所以将他的《中国哲学史》同胡适先生的《中国哲学史大纲》作比较而写"审查报告"，因为在当时只有这两部中国哲学史（除了胡著和冯著

---

① 《冯友兰全集》第1卷，河南人民出版社1985年9月第一版，第213页。

外,还有几部中国哲学史,只是没有像胡、冯的中国哲学史那样有名而已——本书作者注)。任何事情都是后来者居上,冯先生的哲学史在胡先生之后,他当然要以前车为鉴。这是冯先生的哲学史优于胡先生的主要原因之一。我们在前文中说,以我们的观点来看冯先生早年这部《中国哲学史》,我们并不完全赞成金先生在他的报告中所作的评语。我们的看法是,冯先生的中国哲学史尽管避免了胡先生的某些个人方面的成见,但并不能说冯先生在写作自己的哲学史时就没有一点自己的学术成见了。我们如果那样认为的话,正如我在前文中所说的那样,除非作者是一个纯粹的写作"机器"!既然是一位学者,是一位思想家,他不可能没有自己的学术成见,尽管"史"是客观的。

为了述说的方便,我将冯先生另一名学生金春峰先生在《冯友兰哲学生命历程》一书中的一个观点综述于下:金春峰先生认为,冯先生在创作《中国哲学史》的时候,并不是没有用实在论的观点来阐释中国哲学,其中有一个突出性的例子就是关于名家学说的说明。我们知道,公孙龙是中国古代名家的主要代表人物。他有四论:《白马论》、《指物论》、《坚白论》、《通变论》。在冯先生之前,没有人能够对名家的这些思想做过比较清楚的解释,而冯先生做到了。胡适只引用了《指物论》中的一段,且断句也不够准确(见《历程》第69页)。冯先生将这四篇非常难懂的文章用新实在论的观点做出了清楚明白的解读,那么,这种解读是否即是名家思想的本来意思,我们暂且不论。所要说明的是,这是冯先生运用新实在论的方法对中国古代哲学思想的诠释,应当说是没有问题的。不过,我们换一个角度来进行思维,先秦名家的思想非实在论的观点对它解释不可,否则,我们就是说不清楚。因为新实在论是西方的哲学思想,不是我们所固有的,从这个意义上说,冯先生在写作中国哲学史的时候,并不是没有一点自己的成见。我认为,成见是有的,就是看你能否将这一成见恰到好处地运用到对中国哲学的阐释上。运用得好,即可达到满意之效果,否则就比较"蹩脚"。金岳霖先生在他的审查报告中所说的胡适的情况恐怕就是属于此类。

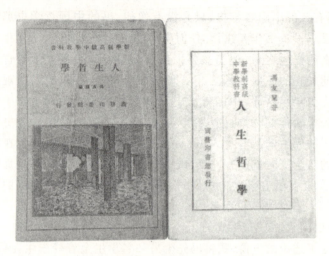

1926年由商务印书馆出版的《人生哲学》

关于冯先生的《中国哲学史》中的"接着讲"的问题,我们就说到这里。学术界一般认为,冯先生的"接着讲"的思想,主要是表现在"贞元六书"之中。

贞元六书的思想体系,是指冯先生在抗战时期所写的六部书:《新理学》(1939年5月)、《新事论》(1940年5月)、《新世训》(1940年7月)、《新原人》(1943年6月)、《新原道》(1945年4月)、《新知言》(1946年12月)。这六部书,可以称做"新理学"体系。这个"新理学"体系的核心概念用张岱年先生的概括就叫做"两个世界和四个境界"。《新理学》的中心观点是两个世界的学说,《新原人》的中心观点是四个境界的学说。但这二者又是紧密地联系在一起的。所谓两个世界,一个是"真际世界",一个是"实际世界"。"真际世界"又称为理世界。

在《新原道》的最后一章中,冯先生说:"在新理学的形而上学的系统中,有四个主要的观念,就是理、气、道体及大全。"这四个主要的观念又是从四组命题推导出来的。第一组主要命题是:"凡事物必都是什么事物,是什么事物,必都是某种事物。有某种事物,必有某种事物之所以为某种事物者。"这个"某种事物之所以为某种事物者"就是"理"。第二组主要命题是:"事物必都存在。存在底事物必都能存在。能存在底事物必都有其所有以能存在者。借

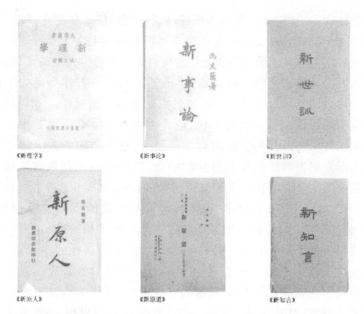

贞元六书：《新理学》、《新事论》、《新世训》、《新原人》、《新原道》、《新知言》书影。

用中国旧日哲学家的话说,有理必有气。"这个"能存在的事物必都有其所有以能存在者"就是"气"。第三组主要命题是："存在是一流行。凡存在都是事物的存在。事物的存在,是其气实现某理或某某理的流行。实际的存在是无极实现太极的流行。总所有底流行,谓之道体。"第四组主要命题是："总一切底有,谓之大全。大全就是一切底有。借用中国旧日哲学家的话说：'一即一切,一切即一'。"这样说来,大全包括一切的理和一切的事物。所谓四个境界,就是冯先生在《新原人》中所说的自然境界、功利境界、道德境界和天地境界。

张岱年先生说："'西学东渐'以来,中西哲学的结合是必然的趋势,当代中国哲学界最有名望的思想家是熊十力先生、金岳霖先生和冯友兰先生,三家学说都表现了中西哲学的融合。熊先生的哲学是由佛学转向儒学的,也受到柏格森生命哲学的影响,在熊氏哲学体系中,'中'层十分之九,'西'层十分之一。金先生惯于用英语思考问题,然后用中文写出来,对于中国古代哲学的精义也有较深的体会和感情,金先生的体系可以说是'西'层十分之九,'中'层十分之一。唯有冯友兰先生的哲学体系可以说是'中''西'各半,是比较完整意义上的中西结合。"①我们根据张岱年先生的评说,足可以看出这样一个明显的问题,就是"接着讲"。具体到冯先生的哲学体系,我们说,就是他用西方的方法来讲中国哲学。我们还用张先生的话说:"从其内容来说,冯先生的中西结合主要是中国的正统派哲学与西方的正统派哲学的结合,亦即中国的古典理性哲学与西方的古典理性主义哲学的结合,亦即中国的程朱理学与西方柏拉图主义的结合。"我们知道,西方的柏拉图是讲"理"的,在他的《理想国》中,所讲就是"理"的完美和现实的不完美的问题。"理世界"是如何得来的呢?是通过概念的推导得来的,这一种推导就是一种逻辑的分析。冯先生的中西哲学相结合的学术路向,就是把西方的逻辑分析引入对于中国古典哲学的研究。通过对于中国古典哲学的研究所积累的思想资料,以作为构建自己哲学体系的材料,从而形成了"新理学"哲学体系,这样一来,一个伟大而又著名的当代大哲学家就被孕育出来了。这是冯先生"接着讲"的成果。关于"新理学"的"接着讲"的问题,我们简单地说到这里(第五讲中要分析这一问题)。

全国解放以后,冯先生花了长达40年的功夫,终于在95岁高龄之后,以惊人的毅力完成了七卷本《中国哲学史新编》,洋洋洒洒,150多万言。(注:冯先生在上世纪60年代,曾经出版了两卷《中国哲学史新编》,因为是受教条的马克思主义的影响,同时又是依前苏联的研究模式,书一出版,冯先生本人就不满意。社会进入新时代以后,学术研究自由多了,冯先生的七卷本的哲学史,又从头再来,从第一卷开始写起,在80多岁之后,在耳目失其聪明之后的极其困难的条件下,靠助手的帮助,终于在他去世前四个月完成了。)

我们说,与其说七卷本的《中国哲学史》是一位哲学史家的著作,毋宁说它是一位哲学家的哲学著作。此话怎讲?因为这是冯先生运用中国哲学史中的丰富史料以阐述自己的哲学思想的一部

---

① 《冯友兰先生纪念文集》,北京大学出版社1993年10月第一版,第85页。

力作。它通篇贯穿一条主线:共殊关系。从这个意义上说,冯先生仍然是在运用中西结合的方法写中国哲学史,换句话说,就是利用写中国哲学史以"接着讲"自己的哲学体系,阐述自己的哲学思想。总体上说,冯先生一生的学术活动,不论是治"史",还是述"论",不论是在讲解前人的思想,还是在建立自己的体系,他始终是在"接着讲";或者说,在冯先生的学术生涯中,自始至终,都是"照着讲"和"接着讲"的统一。

四、"接着讲"的得与失

我们在这里首先要问:冯先生为什么要"接着讲"?

如果从表面上回答这一问题,我们可以说:"照着讲"是哲学史家的工作;"接着讲"是哲学家的工作。也就是说,要想成为一个哲学史家,那就照着讲好了;你如果想成为一名哲学家,你就不能只述说前人的东西而没有自己的独创。但是,问题似乎并不是如此之简单。我们并不是说,冯先生不想成为一名哲学家,事实上,冯先生自己也曾经说过,他在完成了两卷本的中国哲学史后,并不满足自己成为一名哲学史家,而是更想成为一名哲学家。我们说,"新理学"体系是使冯先生成为一名哲学家的著作,但是,"贞元六书"的写作原动力并不是首推这个原因。冯先生说:"在抗日战争时期,颠沛流离将近十年的生活中,我写了六部书……颠沛流离并没有妨碍我写作,民族的兴亡与历史的变化,倒是给我许多启示和激发。没有这些启示和激发,书是写不出来的,即使写出来,也不是这个样子。"① 冯先生这段话是什么意思?我们说,这个意思是十分明白的,是民族的振兴,民族的生存问题,是一个爱国主义者的思想追求问题。

我们可以看一下《新事论》结尾处的话:"真正底中国人已造成过去底伟大底中国。这些中国人将要造成一个新中国,在任何方面,比世界上任何一国都有过之而无不及,这是我们所深信,而没有丝毫怀疑底。"

---

① 《冯友兰全集》第1卷,河南人民出版社1985年9月第一版,第229页。

冯友兰先生(左)与燕京大学美籍教授博晨光(右)等合影

我们再看《新世训》中的自序:"承百代之流,而会乎当今之变。好学深思之士,心知其故,乌能已于言哉?事变以来,已成三书。曰《新理学》,讲纯粹哲学。曰《新事论》,谈文化社会问题。曰《新世训》,论生活方法,即此是也。书虽三分,义则一贯。所谓'天人之际','内圣外王之道'也。合名曰《贞元三书》。贞元者,纪时也。当我国家民族复兴之际,所谓贞下起元之时也。我国家民族方建震古铄今之大业,譬之筑室,此三书者,或能为其壁间之一砖一石欤?是所望也。"

我们再看《新原人》中的自序:"'为天地立心,为生民立命,为往圣继绝学,为万世开太平。'此哲学家所应自期许者也。况我国家民族,值贞元之会,当绝续之交,通天人之际,达古今之变,明内圣外王之道者,岂可不尽所欲言,以为我国家致太平,我亿兆安心立命之用乎?……昔尝以《新理学》,《新事论》,《新世训》为贞元三书;近觉所欲言者甚多,不能以三书自限,亦不能以四书自限。世变方亟,所见日新,当随时尽所欲言,俟国家大业告成,然后汇此一时所作,意名之曰贞元之际所著书:以志艰危,且鸣盛世。"

我们再看冯先生作于1933年的《中国哲学史》之自序(二):"此第二篇稿最后校改时,故都正在危急之中。身处其境,乃真知古人铜驼荆棘之语之悲也。值此存亡绝续之交,吾人重思吾先哲之思想,其感觉当如人疾痛时之见父母也。吾先哲之思想,有不必无错误者,然'为天地立心,为生民立命,为往圣继绝学,为万世开太平',乃吾一切先哲著书立说之宗旨。无论其派别为何,而其言之字里行间,皆有此精神之弥漫,则善读者可觉而知也。"

事实是胜于雄辩的,这里用不着我多唠叨。我们一看便知,冯先生的学术活动的第一动力理所当然的就是民族的振兴,他的学术创作是在为我们的国家兴旺发达而增砖添瓦。写到这里,我突然间又想起了一个故事:1946 年至 1948 年初,冯先生在美国的几所大学里讲中国哲学史,那个时候,我们都知道我们国内的政治局势:国共两党的内战如火如荼。冯先生所考虑的首先是如何回到自己的祖国。要说,以冯先生的学问,他在美国作大学教授,那种待遇可要比在中国不知强多少倍。但冯先生不干,他急匆匆地回国,在海关查验护照的时候,工作人员告诉他说,他的护照是长久性的,可以保存着它,以备再用。冯先生回答说:不必了。冯先生在回忆中提到这件事情时说:"我在国外讲些中国的旧东西,自己也成了博物馆里面的陈列品了,心里很不是滋味。当时我想,还是得把自己的国家搞好。我常想王粲《登楼赋》里的两句话:'虽信美而非吾土兮,夫胡可以久留?'到 1947 年,人民解放军节节胜利,南京政权摇摇欲坠,眼看全国就要解放了,有些朋友劝我在美国长期住下去。我说:'俄国革命以后,有些俄国人跑到中国居留,称为'白俄'。我决不当'白华'。解放军越是胜利,我越是要赶回去,怕的是全中国解放了,中美交通断绝。'于是我辞谢了当时有些地方的邀请……"①我们说,这是冯先生的一种民族情感,这是一颗爱国的赤子之心啊!因此,我们说,冯先生在从事哲学创作时,与其说是想做一名哲学家,不如说是首先考虑要做一名爱国者。我们单说这一点,冯先生的人生道德情操就足够我们学习的了。

在这里,我顺便再多说几句话:在大陆解放前夕,老蒋派专机到清华去接包括冯先生在内的一批知名学者去台湾,清华的校长梅贻琦走了,冯先生坚决不走,他留在清华,代理清华大学校长之职,迎接中国人民解放军的到来。他任命著名的物理学家周培源

---

① 蔡仲德:《冯友兰先生年谱初编》,河南人民出版社 2001 年 1 月第二版,第 345 页。

先生为清华大学安全保卫处处长,将一个完好的清华交给中国共产党。全国解放后,冯先生屡受批判,但终不后悔没有去台湾,"文革"中,冯先生所面临的灾难是毁灭性的,曾违心地作了一些检查。历史进入了新时期之后,学术活动的环境好了,有那么一些人,对冯先生说东道西,什么冯先生跟"四人帮"了,什么"效忠江青"了,什么"没有学术操守"了,如此等等,不一而足。我在这里只能简单地说上一句:这些人是"站着说话不腰疼"(关于这个问题,我们将在以下有关文字中作说明)。

这样看来,我们说,冯先生的"接着讲"具有两大方面的内在动力:首先是为民族大业着想,其次是自己尽可能成为一名哲学家。我们对冯先生在这个问题上作这样的定位,以下的问题就好讲得多了。在这里,我们再重述一下张岱年先生的话:"西学东渐以来,中西哲学的结合是必然的趋势。……唯有冯友兰先生的哲学体系可以说是'中'、'西'各半,是比较完整的意义上的中西结合。"在同一篇文章中,张先生又说:"在'贞元六书'中,冯先生表现出强烈的爱国热情……"张先生也首先是一位爱国主义的哲学家,他用这个断语以说冯先生,其实也是在说他自己。中国社会进入近代以来,我们中华民族历尽劫难,一部中华民族的近代史,就是一部中华民族的血泪史。西方人的"船坚炮利"打开了中国的大门……

我们中华民族到底怎么了?文化是分地域的,是分民族的。民族创造了自己的文化,文化反过来塑造自己的民族,以提高自己民族的素质。中华民族在人类历史上是一个伟大的民族。既为伟大的民族,就有伟大的民族文化。我们的文化为什么到了近代,反而不如人家西洋文化?我们既然不如西洋,我们就是落后,而落后就要挨打,我们挨了西方人的打。我们怎么办?我们是不是就要向人家学习?这是摆在当时中国人面前的严峻的现实问题:向西方学习,这就是答案!一代进步的中国知识分子高举新文化运动的大旗,喊出了"打倒孔家店"的口号,拥护"德先生"和"赛先生"(民主和科学)。这是中西文化的矛盾和冲突。冯先生说:"我生活在不同的文化矛盾冲突的时代。我所要回答的问题是如何理解这种矛盾冲突的性质;如何适当地处理这种冲突,解决这种矛盾;又如何在这种矛盾冲突中使自己与之相适应。我第一次来到美国正值我国'五四'运动末期,这个运动是当时的不同的文化矛盾冲突的高潮。我是带着这些问题而来的,我开始认真地研究它们。为了解答这些问题,我的思想发展有三个阶段:在第一阶段,我用地理区域来解释文化差别,就是说,文化差别是东方、西方的差别。在第二阶段,我用历史时代来解释文化差别,就是说文化差别是古代、近代的差别。在第三阶段,我用社会发展来解释文化差别,就是说,文化差别是社会类型的差别。"①这是冯先生1982年9月10日重返母校哥伦比亚大学接受母校赠予他名誉文学博士学位时的一篇答词中的一段话。这段话,正好说明了我们在上面所说的意思。

我们现在再来看冯先生在美国留学时发表在芝加哥《国际伦理学杂志》32卷3号上的那篇文章:《为什么中国没有科学》,这篇文章的副题是"对中国哲学的历史及其后果的一种解释"。他在文章中说:"中国落后,在于她没有科学。这个事实对于中国现实生活状况的影响,不仅在物质方面,而且在精神方面,是很明显的。中国产生她的哲学,约与雅典文化的高峰同时,或稍早一些。为什么她没有在现代欧洲开端的同时产生科学,甚或更早一些?本文试图通过中国自身来回答这个问题。"接下来,冯先生对中国的道家哲学、墨家哲学、儒家文化分别作了分析,其所得的结论是:中国之所以没有科学,不是中国人"为之而不能",而是中国人"能之而不为"。为什么不为?因为这里面有一个价值取向的问题。就是说中国人的价值观不同于西方,中国人求幸福于内心,而西方人求幸福于外在的自然。他在文章中引了孟子的话以说明这样的观点:"求则得之,舍则失之,是求有益于得者也。求在我者也。求之有道,得之有命,是求无益于得也,求在外者也。"②所以人应当求其在我者。在我者即"我"之内心,"我"之内心自然有天赋的"天理",他可以从中获得真正的幸福:"尽其心者,知其性也。知其性,则知天矣。存其心,养其性,所以事天也。夭寿不二,修身以俟之,所以立命也。""万物皆备于我矣。反身而诚,乐莫大矣。"

我们可以用这个时期的思想以说明冯先生在哥伦比亚大学答

---

① 《冯友兰全集》第1卷,河南人民出版社1985年9月第一版,第338页。
② 《孟子·尽心上》。

词中所说的第一个阶段,即"用地域来解释中西文化之差别"的阶段。关于第二阶段和第三阶段的差别问题,其实质是一个问题的两个方面,即文化类型的不同而已。这就是"类"的差别。这个"类"文化之别,正是中西文化差异之根本所在。

冯先生用新实在论的逻辑分析法以写作他的"新理学"系列著作,其中的关于"类"的问题就是一个突出的特点。这就是说,中西文化的差别是"类"的差别(冯先生在《新事论》中用这一观点以阐述社会文化,写得相当精彩,我们留待下文分析)。作为"贞元六书"的《新理学》是"六书"之纲,它是纯哲学的,所谓"纯哲学"就是说,它是对于哲学概念仅作形式的、逻辑的分析,使这些概念具有普遍意义的性质。用冯先生的话说,这些纯哲学的概念,只有逻辑的意义,只有形式的意义,并不对"实际"进行肯定,不对实际去积极地说什么。但是,这些概念的获得,是始于经验的,也就是说,从经验的东西到实际,从实际到真际。而真际之理的获得,起源于对"类"的分析。

他的分析是这样的:我们说,"这"是什么?答曰:"这"是桌子。桌子具有许多"性"。譬如说,它是"方"的,它有"四隅"。我们从中分析出"这"有"方"性。然后,我们的"思"可以离开具体的桌子以说"方"。我们并不知道到底有多少物具有"方之性",但是,所有的方之物都逃不了"方之性",我们一说到"方",即知它必有"四隅"。即便是没有"方之物"也不影响"方"之"有",一旦具有了方之物,它必有方之性。所有具有方之性之物,从方的意义上说,就是"方之类"。方并不因为存在有方之物而"有方",即使没有方之物也不影响方之"有"。我们用冯先生的话说:

> 就我们用思之程序说,总括在分析之后。例如有一方底物,我们的思将其分析,见其有方性。再将所有有方性底物,总括思之,即得方底物之类之观念。我们不知,亦不能知,实际上方底物,果有多少,但我们可将其一概总括而思之。此阶段之思是及于实际者。……于有类之观念后,我们又可见,我们于思及某类,或说及某类时,并不必肯定某类即有实际底分子。如果我们只思及某类或说及某类,而并不肯定其中有实际底分子,则我们所思,即不是某种实际底物之类而是某之

类。……所谓某之类,究极言之,即是某之理。①

在这一阶段的思,是由实际的物过渡到类,由类再过渡到某类,进而达到了"理"。就是说,我们由知"类"而知"理"。在这里,"类"和"理"是同一个层次上的概念。方之类就是方之理。方之类之有是"真"的但未必是"实"的。我们继续着思这个方之类,如果方之类只有"真"而"无实",那么,它就是一"空类"。我们的"思",一旦达到这个阶段的时候:"我们的思,在此阶段即只对于真际有所肯定,而不对于实际有所肯定。"②我们将冯先生的"思"(或者说"纯思")的秘密在此作一点阐释,不知道读者朋友是否已经从中看到了一些关于哲学思维的程序。不管怎么说,冯先生是通过对于类的分析而达"理"进而达"真际之理"进而达"大全"(总所有的理谓之大全)的。这种对于概念和命题的分析,获得了具有普遍意义的概念或命题的"套子",很有些像《易经》中的卦象符号。《易经》中的卦象符号就是命题的"套子"。但《易》是整体思维和观物取象的结果,冯先生的分析是逻辑的、形式的,这种分析的方法是来源于西方的新实在论的。

我们在这里只就"类"的观念以说"新理学"在建构其体系时的意义,从"类"作为切入点以分析概念和命题,进而得到如上所说的四组推理中的四个观念,由此则构成了整个"新理学"的逻辑框架。

冯先生的新理学体系问世之后,曾受到来自三个方面的批评:西化论者批评它过于保守,是"正统派"的;在上个世纪三四十年代,马克思主义者则进一步将"正统派"与维护旧的意识形态和社会体制联系在一起,说它是旧制度的维护者;保守主义者认为,冯先生过于"西化",是用西方的新实在论来套中国哲学,说新理学实际上已经同中国传统哲学没有了什么内在的联系。

现在看来,冯先生如果不想得到来自任何一方的批评,我认为,他最好的办法就是不写书,不要建立自己的哲学体系。但这不是冯先生的初衷。我们看这些批评,其观点是截然相反。我们说,到底是保守还是西化? 这是违反了矛盾律的呀! 这真真是叫人无

---

① 《冯友兰全集》第4卷,河南人民出版社1986年8月第一版,第25页。
② 同上。

所适从。如同一个人走路一样,你向前走得快了,他批评你快;你走得慢一点,他批评你是磨磨蹭蹭;你如果是站在那里不走,他还是有话要说。正像我们在某一个文艺节目中所看到一个故事情节:你给我倒的茶水太热,我说太烫,你想烫死我呀;凉了又说太凉;不热不凉也不行。公正地说,一种意见,一种观点,一个体系,一种思想,不管它是左、中、右,总是少不了人们的批评,古来如此,这是正常现象。我们现在看来,在上个世纪的三四十年代,冯先生对于这些来自不同方面的批评置之不理,照走自己的路,让那些批评者去说三道四吧,这个办法实在是太高明了。冯先生曾经说过,他们这些人不懂。你如果对于不懂的人进行批评,那只能是对牛弹琴!除了不懂的,我们说,肯定还是有人懂的,他既然懂,为什么还要提出批评?其实,要将话说穿了,倒也十分简单,因为各自所站的角度不同,哲学立场不同。在这里,我不愿意费这么多口舌,我们还是用东坡翁的一首诗以作答吧:

横看成岭侧成峰,
远近高低各不同。
不识庐山真面目,
只缘身在此山中。

我在这里对批评者提出了批评,但我决不是说,人家对冯先生新理学的批评没有任何道理。我现在提出来一点意见,供大家笑纳。

我们知道,冯先生说,他的新理学是"接着"宋明以来的理学讲的,而不是"照着"宋明以来的理学讲的。我们一般的理解应当是接着讲要比照着讲有所发展才是。我们同时又知道,宋明理学之理是"天理",而天理和人理是统一的,这也是我们中国哲学的传统。关于这一点,中国哲学自有其非常丰富的内容。《中庸》中说:"天命之谓性。"人之性、物之性,统归之于一个"天理",人、物各有其所得,所得者即谓"性"也。就是说,在天为理,在物为性。又说:"惟天下至诚为能尽其性;能尽其性,则能尽人之性;能尽人之性,则能尽物之性;能尽物之性,则可以赞天地之化育;可以赞天地之化育,则可以与天地参矣。"又如《孟子》中说:"尽其心者,知其性也;知其性则知天矣。存其心,养其性,所以事天也。夭寿不二,修身以俟之,所以立命也。"又说:"万物皆备于我矣。反身而诚,乐莫大焉。强恕而行,求仁莫近焉。"我们在这里仅举几例,则足以说明中国哲学历来就是主张"天人合一"的。

现在的问题是,冯先生的"理"似乎并非这样,它是一个"类",某类之事物之所以为某类事物者则为某之理。从这个意义上说,"天"与"人"分属于不同的类,当然亦有不同的理。这样看来,天和人不可能合一。在程朱理学中进一步说,人之理中仁义礼智信等观念是本来就有的,这个本来就有的东西就是"天",就是"天理";人具有这些品质又正好说明了天与人的合一。比如大程子说:"天人一也,更不分别。"(《二程语录》卷二)又说:"学者须先识仁,仁者浑然与物同体,义礼智信皆仁也。……此道与物无对,大不足以名之。天地之用,皆我之用,孟子言万物皆备于我,须反身而诚,乃为大乐。"又比如像朱子所说:"人之所以为人,其理则天地之理,其气则天地之气……"(《朱子全书》卷四十七)这些当然都是中国哲学的传统,而冯先生将中国哲学传统中的这一观念给改造了,正像有些学者所批评的那样,在冯先生的人之理中,抽去了潜含的人的社会性的东西,把人性给抽空了。我认为这一点批评倒是有人家的道理。如果这个批评是正确的话,那么,冯先生的"接着"宋明以来的理学讲,使原本富于社会内容的宋明理学变得空洞乏味。这大概就是新理学之"失"吧。

但是,凡事物均有其两面性。"塞翁失马,安知非福"。中国哲学的思维方式是整体的、直觉的、混沌的。许多概念不清晰,富于暗示,在不少方面是"只可意会而不可言传",任你展开想象的双翼,在浩渺的云天飞翔吧。我们在这里就说"人之理"和"天之理"之间的关系。中国哲学怎么可能知道人之理就是天之理呢?你总得有一个分析和论证才对,不能武断地就说天人合一吧。但是,中国哲学所缺少的就是这一方面。我认为,什么叫"直觉",这就是直觉。这种所谓的直觉,就是对于宇宙本体的一种体验,一种把握。这种把握并不是建立在对于事物的逻辑分析的基础之上的,而是人的本能的一种"顿悟",所谓"然哉!然哉!"并不知其所以然。这当然也有它好的一面,中国哲学能给人以丰富的情感,觉得人真乃万物之灵,最为天下贵,这是人的至尊。但是,概念不明晰毕竟不是作为高级动物的人类的思维所固有的状态,否则,科学就不能进步。冯先生将西方的逻辑分析法引入中国哲学,使概念明晰起来,这正是中国哲学走向近代化的一种有益的尝试。从这个意义上说,这是新理学体系的"得",这是一大成功。

五、余　论

"照着讲"是数典,是继承;"接着讲"是创新,是发展。哲学是时代的精华,是一定的时代里人类思维的最高成就。"接着讲"不能离开"照着讲",它必须以"照着讲"作为前提条件。从这一意义上说,任何一个新的哲学体系,既有"照着讲",更有"接着讲"。一个新的哲学体系,是"照着讲"与"接着讲"的有机统一。

岳麓书院建院1030年之时所召开的学术会议的横标就是"中西文化交汇下的中国哲学重建",据说这个题目是书院院长朱汉民教授出的,我们说,"重建"一词说的就是"接着讲"。只是我们现在所说的"接着讲"是在"中西文化交汇下"的"接着讲"。这个"中西文化的交汇"已经有些年代了,冯先生们那个时代就已经"交汇"了,甚至可以说在冯先生们以前就已经"交汇"了。用张岱年先生的话说叫做"西学东渐"。这个"交汇"一开始并不是那样的和谐,并不是那样的"温良恭俭让",而是风和雨的交汇,是血和泪的搅拌。在这样的交汇中,中华民族付出了非常惨痛的代价。由此可见,文化这个概念并不是那样的善良和温柔,其中不乏刀枪剑戟的比拼。就是在这样的文化交汇中,我们大量的白银源源不断地外流,我们的圆明园没有了,满清的大厦处于风雨飘摇之中,林则徐倒在了"大英帝国的枪口"之下……

一代仁人志士,胸怀救亡图存之鸿鹄大志,开始了向西方学习的艰难探索:有"中体西用"者、有"师夷之长技以制夷"者、有"教育救国论"者、有"洋务派"的运动、更有深挖国学资源之内涵以重振我民族精神者,还有乡村理论建设者……洪秀全从西方学来了基督教神学,在中国建立了一个短命的天朝;孙中山先生从西方引进了"进化论"的哲学,在中国进行了一场资产阶级的革命;严复翻译回来了《天演论》,使我们知道了什么是"优胜劣汰",什么是"弱肉强食"，什么是"适者生存"；梁漱溟先生从文化保守主义的立场出发，在蔡元培先生的邀请下，到北京大学要做"孔家的事情"；胡适先生从美国搬运回来了实用主义的哲学，高举起了新文化运动的大旗（新文化运动的右翼）；陈独秀和李大钊满怀激情，以宣传马克思列宁主义（新文化运动的左翼）；冯友兰先生用新实在论的哲学方法同中国固有的文化相结合，以重建中国哲学……我们说，不管他们引进的是正确的还是错误的西方文化，发掘中国固有的文化，他们都是我中华民族的精英，是一代杰出的人物，我们应当对他们怀以十分崇敬的心情。他们在思考，他们在关注我们民族的命运，我们用鲁迅先生的话说，他们堪称我中华民族的"脊梁"！

从哲学与时代的关系说，每一个时代都有每一个时代的哲学，而每一个时代的哲学又都是在前代的基础上重建起来的。我们可以说，哲学是与时俱进的，它并不是死滞的东西。

春秋战国时期是文化百家争鸣的时期，是中国哲学的源头。其实，三任稷下学宫"祭酒"（相当于我们今天的大学学院的院长）的荀子在战国后期已经在总结前人的学术思想以重建中国哲学了。在我们看来，要说重建中国哲学，还应当数荀子为开创性人物。到了汉代，又出了一个大哲学家董仲舒，尽管他向年轻的汉武帝出了一个"罢黜百家，独尊儒术"的主意，但是，董子所说的"儒"已经不是先秦的儒了，我们看他对于《春秋公羊传》的研究而作的《春秋繁露》，那是"儒"吗？我们说，不是！它更像阴阳家的东西，那是一种神学目的论的构建，先秦的儒学中能有"神"！孔子尽管对"天"是敬畏的，他言天命，但他对于神鬼始终是持回避的态度，所回答的问题也闪烁其词，语焉不详："祭如在，祭神如神在。""慎终追远，民德归厚矣！""天何言哉？四时行焉，百物生焉！天何言哉？"他首先从人文关切的角度，从道德伦理的角度以说"天""神"的。到了董仲舒那里，就成了神学目的论了。这个转折很大，但董子所打的旗号仍是"儒"。我们说，这是董子在对中国哲学的重建，用冯先生的术语，就是董子已经开始在"接着讲"了，这算是中国哲学重建的第二个重要的代表人物。他为什么这样做？我们同样可以说，这是时代的需要。因为汉初，黄老哲学占据了政坛，成了文、景时代帝王的治国思想。到了武帝时代，是需要有所作为了，但单靠"儒学"还是打动不了这个年轻的刘彻,还需要附上阴阳五行学说,用阴阳的相生相克这一套理论来游说"天子",这个二十来岁的皇帝才能够心服口服。

魏晋时期的玄学,是对以前文化的改铸,为什么崇尚清谈、玄谈?因为那个时候时局动荡,人们不敢大声说话,门阀士族阶层互相倾轧,斗争是你死我活的,士大夫阶层只好顾左右而言他,讲一些玄远不沾边的空话、废话,于是,玄学就应运而生了。

隋唐以后,佛学大倡,总不能让外来文化占据着中国人思想的主要空间,于是,李姓皇帝就开始动起了心思,那个道家文化的创始人老子,那个作为道教的教主的老子——李耳,就成了李世民的老子了,李姓皇帝说,李氏的祖先,起于柱下(老子曾是周王朝的柱下史)。为了认李姓这个老祖宗,李世民不远千里,从长安骑着骆驼来到我们的周口鹿邑以祭祖,很有点像我们今天的海外游子们不远万里,回到故土寻根一样。所以说,在盛唐,尽管有佛学文化,同时道家文化也同样是"国教"。那个武则天企图把佛教凌驾于儒教(我们在这里权且这样说,因为儒学是否可称做"教——宗教"的问题,学术界尚有争论)、道教之上,流弊甚远,以至于到后来发生了韩愈等人的"谏迎佛骨"而被贬的历史悲剧。中唐以后,出身于中小地主阶层的一代精英人物,如韩愈、柳宗元、李翱者,他们一心要恢复儒学的权威,以重振大唐之雄风……于此又可知哲学与时代的关系。

历史进入了宋代,为什么会理学大倡?这也是有其相当深刻的历史背景的。这个时候的理学,也不是对先秦儒学的简单继承,而是援佛入儒,是儒道共融。我们说,朱子第一次将儒、释、道真正地打通了,但他所打的旗号既不是释,也不是道,而是儒。我们说,儒学作为中国自汉代以来两千多年的中国官方文化的正宗,是有其深刻的学术背景的。

中国进入近代以来,我们的文化抵不过外来的文化,到了"新文化运动"时,一代精英人物高举"民主"、"科学"的大旗,要打倒孔家店,我们认为,这是有道理的。在当时看来,不打是不行的。正如陈独秀所认为的那样,他们当时所反对的孔子并不是孔子本人,而是历代统治者所崇拜的经过改头换面的孔子。经过历朝历代的改造,孔子的本来面目早已是不复存在,他成了一个政治的偶像了。我们说,陈独秀先生的说法到现在看来仍不失其真理性的睿智。

冯友兰先生是一留美学者,出于一片爱国的热心,犹如一颗受伤的赤子之心,真有如"疾痛时而倾怀于父母"的依恋,用西洋哲学的方法论以重建中国哲学,其用心是良苦的,其精神是值得敬佩的。在那样艰苦的条件下,冒着敌人的炮火,在祖国的大西南一隅,在颠沛流离之中,手中资料又是相当地匮乏,以"接着讲"的虔诚,以非凡的超人记忆,以通晓明白的话语,以娴熟的驾驭语言的能力,写出了"贞元六书"。取《易经》中之"元、亨、利、贞",以示"贞下起元",以盼望中华民族的春天的到来。我们说,这是冯先生写作"六书"的民族情结。当然,作为学术思想体系,自然是有许多有待商榷之处的。冯先生是一位伟大的建筑师,他建造的中国哲学的大厦,是一件超凡的工艺品,供后来的工艺鉴赏家们鉴赏把玩。

冯先生的"接着讲",开启了中国学术的一代范例,推动中国哲学向着近代化(现代化)的道路前进,他是中国哲学的里程碑!

1948年2月,冯友兰先生放弃了国外的优厚待遇,毅然回国。这是经过夏威夷时的留影。

第三讲

"三道""十派"话人生

我们按照冯友兰先生在《三松堂自序》中的说法,在1926年之前,他的学术活动可作为第一时期,这个时期的代表作是《人生哲学》。说到冯先生的《人生哲学》,它有一个比较曲折的经历。冯先生在《人生哲学》中,将古今中外在他看来可以纳入到自己的系统中的哲学家进行了归类,分别以"三道"(损道、益道、中道)"十派"予以解说。

一、《人生哲学》题目之来历

我们已经说过,冯先生是带着中西文化的矛盾和冲突去美国留学的,他试图从哲学和文化上说明这种矛盾冲突的原因。他从1919年底离开中国,于来年初到了美国,进了哥伦比亚大学研究院。他到了研究院之后,那种中西文化的矛盾与冲突在他的脑海里则更加突显了出来。他在《自序》中说:"那时正是美国在第一次世界大战胜利后的繁荣时期,西方的富强和中国的贫弱,更成了鲜明对比。当时我经常考虑的问题是:自从中国与西方接触以来,中国节节失败,其原因究竟在哪里?西方为什么富强?中国为什么贫弱?西方同中国比较起来,究竟在哪些根本之点上比较优越?"①冯先生就此问题思考的结果,就是《为什么中国没有科学》这篇文章所论说的情况。这篇文章所解说的中国无科学的原因,我们在前文中已经作了探讨,故在此处从略。

　　冯先生说,他在这篇文章中所说的一些原因,实际上就是当时比较流行的一些说法(这些说法就是当时像李大钊、陈独秀、梁漱溟等学者们常说的——本书作者注),认为东方的文明是"精神文明",西方的文明是"物质文明"。用马克思在《共产党宣言》中的话说:西方进入资本主义社会以后,世界上的局面是"西方控制东方,城市控制乡村。"现在的问题是,这"两个文明"是不是可以打破?就是说,这个所谓东西方的界线是不是可以打破?不分东西。更进一步说,这种东西方地域上的对立,是不是在文化上也是这样?

　　冯先生对于这个问题进行思考,并在这一思考的基础上写就了一部书,当时这部书的书名叫做《天人损益论》。这部书是冯先生用英文写就的,在1923年写成,作为他在哥伦比亚大学的哲学博士论文,于次年(1924年)在我们国内出版,出版的时候更名为《人生理想之比较研究》。随后,出版社想用这部书作为当时高级中学的人生哲学的教科书,让冯先生用中文将这部书再写一遍。用中文写出来的《人生理想之比较研究》就定名为《人生哲学》。

　　这里需要指出一点是,在作为博士论文出现的《天人损益论》中,没有"一个新人生论"这最后两章,这后来的两章是冯先生于1923年在山东曹州一所中学里所作的演讲。这个演讲,当时出版社出版了一个《百科小丛书》将之收入,题为"一种人生观"。在出版作为高中教科书的《人生哲学》时,"一种人生观"作为书中的最后两章给附上去了。冯先生说,《天人损益论》是一部学术论文,它不是一本教科书,后来将它作为高中的教科书,这里边产生了两个

---

① 《冯友兰全集》第1卷,河南人民出版社1985年9月第一版,第189页。

后果:一是将它作为教科书,使《人生哲学》的思想得以广泛地传播;二是学术界认为它是一部教科书而没有将之作为学术著作看待,因此对之缺乏必要的研究。

二、《天人损益论》

冯先生认为,哲学的主干是关于"人"的问题。这个思想不仅表现在他早年的博士论文中,而且在他后来的所有的学术著作中也是首尾一贯的(他特别认为,道学就是讲人的,道学就是人学)。

我们以下从他的"哲学与人生"、"哲学与人生哲学"的分析中以说明这一思想。

我们要想弄明白什么是人生哲学,就必须首先弄清楚什么是哲学。这个问题说起来相当麻烦,也是相当困难的。我们在本书开始的时候,就已经首先介入了这个令人相当头痛的学术问题。什么是哲学?北大哲学系的胡军教授在他的《哲学是什么?》这部书中,用了很大的篇幅来解说这个令我们头痛的问题,我这个"弄"哲学的人,读之到后来,还是似是而非的。我们说,哲学这个东西(严格地说,它又不是个东西,它不是个东西,到底是个什么东西?我们说,它就是一个不是什么东西的东西。如此说来,它应当还是个东西。只不过它是一个我们不能轻易用一般的语言可以说得清楚的东西而已),你纵然有千口万脑,也不能令它得以统一。我们先看冯先生在《天人损益论》中对哲学的理解吧。他说:

> 欲明何谓人生哲学,须先明何谓哲学。但关于何谓哲学之问题,诸家意见,亦至分歧;本书篇幅有限,势难备举众说,今姑将个人意见,约略述之。
>
> 人生而有欲;凡能满足欲者,皆谓之好。若使世界之上,凡人之欲,皆能满足,毫无阻碍;此人之欲,彼人之欲,又皆能满足而不相冲突;换言之,若使世界之上,人人所谓之好,皆能得到而又皆不相冲突,则美满人生当下即是,诸种人生问题,自皆无从发生。不过在现在世界,人所认为之好,多不能得到而又互相冲突。如人欲少年,而有老冉冉之将至;人欲长生,

而民皆有死。又如土匪期在掠夺财物,被夺者必不以为好;资本家期在收取盈余,劳动者及消费者必不以为好。于是此世界中,乃有所谓不好;于是,此实际的人生,乃为甚不满人意。于是,人乃于诸好之中,求唯一的好(即最大最后的好);于实际的人生之外,求理想人生;以为吾人批评人生及行为之标准。而哲学之功用及目的,即在于此。故哲学者,求好之学也。①

我们抬眼一看,非常明白。冯先生在这里所说的哲学,正如他所说,是他个人的看法,是一家之言,而且这个哲学之定义,与其说是哲学的定义,毋宁说就是人生哲学的定义。此话怎讲?人生是什么?在一般人看来,不就是想求好、求富、求贵、求年少、求不死吗?如果这些都能够得以满足的话,那不就是美好的人生吗?可是,事实上得不到,为什么?正如冯先生所举例说:你想富,想得财物,你去抢人家的财物,那个被抢者认为好吗?这就是说,要在各种利益之中以求其平衡,以寻求一个利益的双方乃至各方都可以接受的意见,或者说方案、办法、协议,那么,这种平衡就是哲学的功用及其目的。这个"好"的系统和程序就是哲学。

我们如果说,冯先生的这个关于哲学的定义有些简单化了的话,我们可以看他继续推论:人生之好,多不容易实现。因为一个人的好的生活,是在人所生活的人群之中才可得以实现的,而不是在人群之外。这就是说,人必须生活在社会之中。你的好,你的富就必须以不妨碍别人的好,别人的富有为前提,能在此种社会关系中求得一个平衡,那是最理想的了。因此,我们必于诸好中求"最大最后的好",于人生中求理想的人生,那就必须得有一个评判的标准。所以,冯先生又说:"人生理想,即是哲学。所以批评人生,虽为哲学之所由起及其价值之所在,但批评之自身未即是哲学,而批评之标准方是哲学也。"我们分析到这里,可以看出,冯先生所说的"哲学批评之标准"用我们现代的话语来说,就是一个"价值判断"的问题。价值判断就是价值观,而价值观同人生观密不可分。

---

① 《冯友兰全集》第 1 卷,河南人民出版社 1985 年 9 月第一版,第 349 页。

这两者的高度统一，就是世界观。

生活中不是常有这样的事吗：一个曾经手握大权的人，或贪财，或贪色，或求名，或为官。财、色、名、官之"欲"忒大。比如说"财"吧，他搞了满满一箱子钱，有好几十万乃至上百万元吧。他自我感觉说可以了，不敢再弄了，对这个"欲"应当有所节制。但就在此时，又有人送来了一大笔钱。此时，原来的那个储钱箱已经满了，那只好另备一箱。此时又想，这个箱子弄满算了，可不敢再弄了……这样不再干了！不再干了！结果是永无止息。最后案发，乖乖，已经弄了几千万了。结果呢，死刑判决一下，一切都完了。记者采访他时，他挂在嘴边的话就是：放松了世界观的改造，没有树立正确的价值观、人生观（这类案子确有诸多的实例）。最后记者再问，如果现在要让你进行人生新的选择，你会做怎样的选择？答曰：没有"如果"。问曰：假如有"如果"的话，你将如何？答曰：我将选择做一个平民百姓，我现在感觉自由是不能用金钱所能买得来的。

1944年5月，冯友兰先生（左二）与来访的印度哲学家罗拉丹瑞盛南爵士（右二）及其他印度学者合影。

关于自由的问题，中国哲学中可是有相当丰厚的文化遗产可以为我们所汲取的，比如说，像庄子不为重利所诱，不去楚国做那个宰相（这个例子我在下文中还要说）、晋代的陶渊明先生不为五斗米而折腰的故事，都是颇有意味的。试看一个人失去自由之后，那将是怎样的痛苦呀！贪官们，我不知道一个不谙政道的书生，在这里对于你们的规劝是否是多余的话？再比如说，有一个做官的，光情妇就弄了100多个，在法庭上，此人接受审判时，颇有一些"面不改色心不跳"的"英雄气概"，最后人家也是用世界观中的人生观和价值观以作答。你看，这样的回答是否有哲学的味道？

那么，这个哲学是单纯的哲学呢？还是"人生哲学"？我的看法是，与其说，它是哲学，毋宁说它是人生哲学（大家不要误解我的良苦用心，我并不是说，所谓"人生哲学"就是我们所举的例子中的那些官所说的。因为人生哲学也不是一个，不同的人对人生有不同的看法，因而就有不同的人生哲学嘛）。"贪夫殉财，烈士殉名，夸者死权，众庶凭生"，这四种情况的行为不同，正是因为他们对于人生理想有异的结果。你如果此时说，哲学对于我们来说，很抽象，很玄远，我说不是这样，它很具体，也很近。这个东西，我们睁开眼睛就可以看到它，甚至我们伸手即可抓到它（像朱自清先生的那篇散文中所说的"时间"，时间这个东西，你是看不见也摸不着的。从这个意义上说，它很抽象。但是，我们睡觉的时候，它从我们的枕边溜过，洗脸的时候，它从我们的指缝中跑掉了）。它对于我们也很实用（冯先生曾不止一次地教导我们说，哲学是无用之学，但冯先生后边还有话说……我在这里暂且不告诉大家，你要想得知此谜底，请耐心地将我这部小书读完，答案自然就有了）。

我们还是按着冯先生的思路往下慢慢地道来。我们已经说到了此时的哲学具有价值判断的功能和意义。这个意义就在于它的"批评之标准"。而标准又不是一个，各人有各人的人生哲学，故而各人有各人的"批评标准"。如果说，各人的对于人生的批评标准就是各人的人生哲学的话，那是不是将意味着有"无数"个哲学或者"人生哲学"？如果有的话，那么，这个世界上将会有无数个哲学家？而事实上并不是如此，真正的哲学家并不是无数个，而是数个，而真正"有数个"哲学家之中成为真正的"家"者则更少，可谓凤毛麟角。这又是为什么？冯先生的回答是这样的：

人人皆有其理想人生,有其哲学,则何以非人人皆哲学家?答:普通人虽皆有其理想人生,有其哲学,但其哲学多系从成说或直觉得来。哲学家不但持一种哲学,且对其哲学,必有精细的论证,与有系统的说明,所谓其持之有故,其言之成理。哲学家与普通人之区别,正如歌唱家与普通人之区别。人当情之所至,多要哼唱一二句;然歌唱家之唱,因其专门的技术,与普通人之唱固自不同。故普通人虽皆有哲学,而不皆为哲学家。①

照冯先生这个说法,哲学是一种理论的系统,人生哲学也是一个理论的系统。人人都有对于人生的评判标准,对于人生哲学各人都有自己的一套看法,有的看法还是挺好玩的,挺有意味的,但他就不是哲学家。

我们随着冯先生的哲学思路继续前行,进一步开掘"哲学与人生哲学"的关系。现在又有人要问了,既然人要在诸好之中求最大最后的好,他必须得对世间之事做出一定的科学之判断:"普通多谓哲学之目的,在于综合科学,以研究宇宙之全体,今如此说,岂不缩小哲学之范围耶?答:如此说法,并不缩小哲学之范围。哲学之目的,既在确定理想人生,以为吾人在宇宙间应取之模型及标准,则对于宇宙间一切事物以及人生一切问题,当然皆须作甚深的研究。严格的说,吾人若不知宇宙及人在其中之地位究竟'是'如何,吾人实不能断定人究竟'应该'如何。所以凡哲学系统至少必有其宇宙论及人生论。哲学固须综合科学以研究宇宙之全体,然其所以如此者,固自有目的,非只徒为'科学大纲'而已。"②

我们得就这段话再作些解释。我们必须注意,其所说的缩小哲学的范围的话的意思。冯先生是说,按照一般人的看法,哲学乃研究宇宙的全体,你在这里将之归结到人生哲学中去了,这不是缩小了哲学的范围了吗?哲学固然与人生哲学联系很紧,但它本身并不就是哲学,如果是"哲学"的话,我们又何必在其前头加上一个"人生"以作限定呢?如果是那样的话,将哲学限定在人生哲学的

---

① 《冯友兰全集》第1卷,河南人民出版社1985年9月第一版,第352页。
② 同上书,第353页。

范围内,则缩小了哲学的范围。实际上并不是这样,因为尽管哲学的目的在于确立一个理想的人生标准,因为人是在宇宙中生活,在社会中生活,他不能够撇开宇宙和社会而孤立地论人生,他必须要对宇宙有深入地研究和探讨才行。所以从这个意义上说,人生哲学既没有缩小哲学的范围,也没有将人生哲学同哲学割裂、对立起来。

如此说来,哲学之目的既是"在于综合科学",以研究宇宙之全体,那么,它就有三大部分:其一,物理学(Physics);其二,伦理学(Ethics);其三,论理学(Logic)。这个哲学之三分法,是古希腊哲学的分法。自柏拉图以后,一直到中世纪之末,就是这个三分法,也可以说是普遍流行的学术观点。这个三分法,用后来的哲学术语说,就是"宇宙论"、"人生论"和"知识论"。如果就这个三分法,再分下去的话,就可以得到关于哲学的几个方面的内容:本体论和宇宙论;心理学和伦理学(狭义的)、政治哲学;知识论和论理学(狭义的)。我们此时可以不管其中的许多部分,我们从中可以看出,宇宙论和人生论始终是相即不离。用我们今天的话说,就是世界观和人生观紧密相联。像我们现在讲马克思主义哲学所常说的"有什么样的世界观就有什么样的人生观"一样,我们说,这二者是统一的。在这个问题的最后,冯先生说:"哲学以其知识论之墙垣,宇宙论之树木,生其人生论之果实;讲人生哲学者即直取其果实。哲学以其论理学之筋骨,自然哲学之血肉,养其人生论之灵魂;讲人生哲学者即直取其灵魂。质言之,哲学以其对于一切之极深的研究,繁重的辩论,以得其所认为之理想人生;讲人生哲学者即略去一切而直讲其理想人生。由斯而言,则人生哲学又可谓为哲学之简易科也。"①

在此处我们需注意,尽管人生哲学同哲学相即不离,但此二者并不是一回事。其一,二者不可互代;其二,人生哲学是哲学的核心;其三,讲人生哲学不能就人生而论人生,必须对于宇宙作深入之研究不可;其四,讲人生哲学就是讲哲学。

现在我们可以就以上所分析的内容作一个总括了。冯先生在

---

① 《冯友兰全集》第1卷,河南人民出版社1985年9月第一版,第355页。

他的学术活动的第一时期中,对于哲学作了一个界定,只不过这个界定是侧重于人生哲学的。首先认为,哲学者,乃求好之学也;其次,在对于"好"的进一步诠释中,将"好"定位在"理想人生"这个层面上。而理想人生就是理想人生,它不是一个思想的系统,既然它不是一个思想的系统,那它就不是哲学。因此,必须将这一理想的人生上升为哲学系统,就有了对于理想人生的批评标准,哲学是对于理想人生的批评。但到此问题还没有完。我们一定要追问,你的对于理想人生的批评标准从何得来?又怎么能够认定它是理想的人生?这就必须进入一个更高的"思"的层次,将人生同宇宙联系起来,理想的人生并不是孤立的。否则的话,人则不成其为人,一个孤立的人,则失去了人的本质;他既失去了人的本质,从根本上说,他就不成其为人了,他只能是一个生命的个体,那也就没有什么哲学的意义了,更谈不上人生哲学的意义了。将人生同宇宙联系起来,也就是将人生哲学与哲学联系了起来。因为人生哲学是哲学的核心(哲学以其知识论之墙垣,宇宙论之树木,生其人生论之果实),所以说,人生哲学就是哲学之简易科。

我认为,冯先生的这个论证是严谨的,是周密的,在逻辑上是无懈可击的。在冯先生的学术活动的第一时期,冯先生的哲学是与科学联系在一起的。换句话说,在冯先生哲学思想的早期,他的哲学活动有科学的成分(哲学与科学不可分割并不是冯先生的"新理学"的哲学系统),其哲学的指导思想或者说哲学的方法是实用主义的方法。

三、中西比较以求同

在冯先生学术活动的第一时期的代表作中,他将中西哲学中有关人生哲学的内容放在一起,进行分析和比较,这样就有"三道"和"十派"的人生论的出现。60多年以后,冯先生在《三松堂自序》中回忆说:

> 我认为人所经验之事物,不外天然的及人为的两类。自生自灭,无待于人,是天然之物。人为的事物,其存在必待于

人,与天然的事物恰恰相反。实际的世界有好亦有不好;实际的人生,有苦亦有乐。此为事实,无人不知。哲学史中大哲学家亦无不知。其所争辩,全在于对此事实之解释及评论。哲学史中,有一派哲学家以现在之好为固有,而以现在之不好为起于人为。依此说,则人本来有乐无苦,现在诸苦,乃其自作自受。诸宗教中之哲学,大都持此说法。又有一派哲学家,则以现在之不好,为世界之本来面目,现在之好,则全由于人力。依此说,则人本来有苦无乐,以其战胜天然,方有现在之情形。中国哲学史中,性善与性恶之辩——即一派哲学家谓人性本善,其恶乃由于习染;一派则谓人性本恶,其善乃由于人为(即荀子所谓伪)——为一大问题。而希腊哲学史中,"天然"或"人定"之争——即一派哲学家谓道德根于天然,故一而不变;一派则谓纯系人意所立,故多而常变;欧洲近古哲学中,有神与无神之辩——即谓宇宙系起于非物质之高尚原理抑系仅由盲力——亦为难解决之问题。凡此诸争辩,其根本问题即是好及不好之果由于天然或人为。既有如此相反之哲学,则其实现之之道,亦必相反。上所说之哲学,其一派谓人为是致不好之源;人方以文明自喜,而不知人生苦恼,正由于此。若以此说,则必废去文明,返于原始。本老子所谓"日损",我名此派哲学曰"损道"。①

　　我们所说的冯先生的"三道"中的第一道,称之为"损道"哲学。这个"损道"的名称是取自于老子《道德经》中的名词。在《道德经》第48章中:"为学日益,为道日损,损之又损,以至于无为。无为而无不为。取天下常以无事,及其有事,不足以取天下。"我们知道,老子是主张自然无为的,研究学问(为学)在于增加人们的知识,因此叫做"日益"(下边我们讲冯先生的第二道的"益道"也是取于此)。那么,研究"道"就不同了,它要求我们对于外界物质的追求尽量地少,少到不能再少,最后达到清静无为的境界。达到了这个境界反而可以做好一切事情。《道德经》的第48章,就是讲这

---

① 《冯友兰全集》第1卷,河南人民出版社1985年9月第一版,第191页。

样一个主题的。冯先生将中外哲学中属于这个自然无为的哲学思想统归于此道。在这一道中，共有三个派别：中国道家哲学的老庄派、古希腊的柏拉图的理想派、佛学和叔本华的虚无派。

冯先生将第二道哲学称作"益道"，益道是什么意思？就是说，现在的世界虽然有不好的地方，但它同人类的过去相比，已经好多了，之所以仍有苦恼，那是人类尚未十分进步的结果。我们人类不能把我们的幸福只寄托于人类的过去，而应当面向未来，我们应当努力奋斗，以人力战胜天然，我们应当对于人生取一个乐观的态度。在这里，冯先生取老子的"为学日益"的"益"以作为"益道"之名，我们看来，也是很合适的。因为按照老子的意思，"为学日益"中的"学"就是增加人们对于社会和自然的实际知识，用今天的话说，就是让人们学习自然科学和人文科学的知识。人类一旦有了这些知识，人就可以同自然作斗争，从中取得我们人类所需要的必要的物质，这不就是"益"吗？在这一道中，也有三个哲学流派可为代表：作为道家哲学的前身的杨朱，是快乐派的代表人物（杨朱这个人物，他并没有给我们留下什么哲学著作，关于他的所谓快乐的思想，散见在有关的典籍之中）；墨家的代表人物墨子，乃功利派的代表；在西方近代哲学中，冯先生选取了两个人物以为代表，笛卡儿和培根。

冯先生将第三道称之为"中道"。他注重于这一中道（我们的看法，冯先生的哲学思想即属于这一派别），他在《自序》中回忆说：

> 至于属于所谓中道诸哲学，则如儒家所说天及性，与道家所说道德颇同，但以仁、义、礼、智亦为人性之自然。亚里士多德继柏拉图之后亦说概念，但认为概念即在感觉世界之中，此世界诸物之生长变化，即所以实现概念。宋元明诸哲学家，颇受所谓"二氏"之影响，但不于寂灭中求"静定"，而谓静定即在日用酬酢之中。西洋近代哲学，注重自我，于是"我"与"非我"之间，界限分明。黑格尔之哲学，乃说明"我"与"非我"是一非异；绝对的精神，虽常在创造，而实一无所得。①

---

① 《冯友兰全集》第1卷，河南人民出版社1985年9月第一版，第192页。

我们对于这一段话,得多做些说明。首先要说,属于"中道"哲学者,有四个哲学流派:其一为中国的儒学,这个"儒"乃先秦之儒;其二是古希腊的亚里士多德;其三是中国的宋明之儒,就是所谓"新儒家";其四是黑格尔哲学。冯先生说,孔孟之儒(这里边没有荀子之儒),在讲"天"与"性"方面同道家所说的道德同,仁义礼智等也在人性之中。这并不是说儒家就同于道家了,而是说"儒"与"道"仅在言"天"和"性"方面两家相同,那就是说,人的道德中具有此四端(仁义礼智),在这个方面与道家哲学中所说之道德起于相同的根源(都是自然的产物,而非人为的创造)。也仅仅是在这个方面,此两家是相同的。这是说的"儒"。

关于这一点,冯先生在《天人损益论》的第八章的开首对儒、道两家在"道"的问题上有一个比较论说,他首先引用了《易·系辞》中的一段话:"一阴一阳之谓道;继之者善也,成之者性也;仁者见之谓之仁;知者见之谓之知;百姓日用而不知;故君子之道鲜矣。显诸仁,藏诸用,鼓万物而不与圣人同忧;盛德大业,至矣哉。富有之谓大业;日新之谓盛德;生生之谓易;……"冯先生接下来解释说,这就是儒家所说的道与性的关系,正如道家所说道与德之关系;道指全体之自然,而人物之性,则所分于道之一部分也……故曰"成之者性也。""仁者见之谓之仁;智者见之谓之智";则老子所说"道可道,非常道;名可名,非常名"也。道"生而不有,为而不恃,长而不宰";故"百姓日用而不知"也。老子亦云:"天地不仁,以万物为刍狗";盖天地本无心于为仁;亦无心为万物忧;万物特自然而生耳。道家谓道无为而无不为;孔子亦云:"天何言哉?四时行焉;百物生焉;天何言哉?"由此可见儒家所说之道与天,其性质与道家之所谓道,正复相同。① 冯先生在这里所说的"天"就是道家的"道",它们都是一个最高的范畴。在儒家看来,"天"生百物,四时运行;在道家看来,道生一,一生二,二生三,三生万物。德者得也,万物各得"天"或"道"之一部分而成之。从其所得于"天"或"道"者而言,这就叫做"继之者善也";从其成物而言,这就叫做"成之者性也"。对于这种"天"或"道"的如此伟大的功劳,是"百姓日用而

---

① 《冯友兰全集》第1卷,河南人民出版社1985年9月第一版,第458页。

不知"。在这个问题上,儒、道两家是相通的。

但是,除此之外,儒、道两家就不同了。它们的不同,就是道家一味地崇拜自然,主张无为。儒家并不是不爱自然,并不是不崇拜自然,而是在此基础上发挥人的能动性,所谓"夫大人者,与天地合其德,与日月合其明,与四时合其序,与鬼神合其吉凶,先天而天弗违,后天而奉天时。"(《易·文言》)儒家是在尊重自然天道的基础上将人的作用参与其中,如《孟子》、《中庸》中的"赞天地之化育","则可以与天地参矣"即是,实行了"天"与"人"的和谐,其实质就是天人合一。这样一种思想,在冯先生的早期学术思想中,叫做"中道"。

这是关于儒家的中道。我们以下再说一说中道中的第二派别——亚里士多德的哲学。冯先生认为,作为亚氏的老师,那个柏拉图所宣扬的是"两个世界"的系统,一个是"理"的世界,一个是现实的世界,而且认为理的世界是完美的,现实的世界是不完美的,现实的世界是"理世界"的一个摹本。人们的理想生活是应当对于完美的"理世界"的追求,我们有这样一个美好的理念之前景,而这种美好的理念世界也就是概念的世界。亚里士多德则不是像他的老师那样以看待这个问题,他认为,现实的世界就是理想的世界。他对于他的老师推崇的概念世界多所批评,但是,在其批评的过程中,又重建自己的概念。同为概念,柏拉图的概念与亚氏的概念有不同:柏拉图的概念仅存在于理念的世界之中,而亚氏的概念就在现实的世界之中,概念不但在现实的世界之中,现实世界诸物也不是"理世界"的摹本。

在冯先生看来,"中道"哲学中的第三派就是宋明哲学,宋明哲学又可称为道学(我们常常用"理学"以代之,现在看来并不妥当),这一派的哲学很丰富,它将儒、释、道三家都打通了,是中国哲学发展的顶峰,是以"人"为中心的天、地、人的和谐统一的大哲学,也是冯先生终生所服膺的学问。"中道"哲学的第四派就是黑格尔哲学。黑格尔哲学也是讲"理世界"的。只不过黑格尔用的是"绝对理念"或"绝对观念"(又可称之为"绝对精神")。他如果只强调理世界的话,他就与柏拉图没有多大区别了。他认为,绝对精神在自我发展阶段,是一种纯粹的逻辑运动,在它的运动程序完成之后,就外化为自然了,由理的世界转向了现实的世界。在黑格尔看来,这两个世界并没有矛盾,是统一的,所谓"我"与"非我"并不是对立的,是一"非异"。

在冯先生的早期学术活动中,他并不总是认为中西文化存在着地域的差别,他试图从中西哲学中寻到它们之间的共同的东西。"三道""十派"的理论研究就是这个方面的一个有益的尝试,这种区别的本身是否得当,则是另外一个学术问题,但这并不影响冯先生做这种研究的意义。

四、一个新人生论

我们如果将本节所述的"三道""十派"看做是冯先生在"述"前人的人生哲学的话,那么,在这个题目下,这个新的人生哲学观就是冯先生的"作"。冯先生是既"述"又"作"。如我们在前文中所说,冯先生的这个新人生观,是他在山东曹州一所学校里所作的人生观问题的一个演讲,在他的《人生哲学》作为教科书出版时补在书后的两章。这两章,表现出了冯先生在"五四"以后的新文化运动的立场。

冯先生的一个新人生观的写作,有一个重要的背景——科学和玄学的论战。

科学和玄学的论战,应当说,是"五四"思潮的一个延伸。"在中国,'五四'思潮包括两个方面:一方面,认为传统文化阻碍中国现代化,须全盘否定,即所谓'打倒孔家店'。另一方面,认为引进西方的民主和科学,即足以解决中国现代化的全部问题,不仅解决政治和经济问题,也解决文化和道德问题,解决人们精神上安身立命的问题。就打倒旧文化来说,'五四'时期,新文化派把矛头集中在对旧礼教、'三纲'进行猛然批判,没有深入到人生观、哲学等等价值观的核心层次。1923年人生观上的"科玄论战",可以说是'五四'思潮的继续与深入。科学派试图在人生观这一哲学与道德价值的深层领域,驱逐传统文化与'哲学'。这一战胜利了,他们认为,'玄学'这一传统文化哲学的最后据点,也就被缴械了。"[①]

[①] 金春峰:《冯友兰哲学生命历程》,中国言实出版社2004年12月第一版,第24页。

关于"科玄论战",冯先生自己也有过说明:

> 民国十二年,中国思想界中一件大事,自然要算所谓"人生观之论战"了。"丁在君先生的发难,唐擘黄先生等的响应,六个月的时间,二十五万字的煌煌大文"(《科学与人生观》胡适序第16页),构成了这"论战"。而且,这一战不比那一战,这论战里所包的问题,据唐擘黄先生调查,共有一十三个之多。因为所包的问题多,所以,这个论战格外热闹,但是因为太热闹了,所以使读者"如堕五里雾中",不知道论点所在。胡适之先生说:"这一次为科学作战的人——除了吴稚晖先生,——都有一个共同的错误,就是不曾具体地说明科学的人生观是什么,却抽象地力争科学可以解决人生观的问题。"不但此也,那一方面人也没有具体地说明非科学的人生观是什么,也却只抽象地力争科学不可以解决人生观的问题。……所以这次论战虽然波及的问题很多,而实际上没有解决一个问题。①

关于这个问题,本书作者在大学读书的时候,老师曾作过解说,也不知道是先生没有讲清楚,还是做学生的我理解迟钝,说实在话,我也是"如堕五里雾中"。大学毕业之后,反正也没有再研读学问,这个问题一直被搁置下来了。到后来,由于工作的无奈,研究起冯先生的学术思想了,关于科玄论战的问题才又被提到了我的思想的议事日程之中。这不,今天果然就派上了用场。

大凡一种学问,尤其是社会科学方面的学问,在我看来,无非有两个方面的内容:其一是学问的本身,也就是说,某学问的内涵是什么;其二是这一学问在当时所处的背景,就是说为什么会在此时提及这个问题?我们在这里说一个例案:凡年龄在50岁上下的这代知识分子大约都知道上世纪70年代后期的那场"真理标准问题"的大讨论。这件事情,在当时,我们未必看得清楚它所指向的历史意义。我们单从学问的层面上说,它并没有什么特殊的地方。因为一般的知识分子都清楚,马克思主义哲学的基本观点就是"实践是第一的观点"。马克思主义哲学的突出特点有两个:一是它的

---

① 《冯友兰全集》第1卷,河南人民出版社1985年9月第一版,第551页。

实践性;二是它的阶级性。就这样一个马克思主义的常识性问题,为什么还要兴师动众地引起社会性的大讨论?而且争辩的双方是"剑拔弩张"?当时我并不理解这个问题。当时我正在大学读书,给我们讲哲学原理的先生——我所尊敬的廖春景老师,在课堂上滔滔不绝,引经据典,妙语如珠,其中并不乏浓烈的政治意味(政治斗争中的两派对立),尽管廖老师讲得深入浅出,我这个头脑迟钝的家伙还是有些不明白先生所讲的政治意义。上个世纪20年代的科玄论战同我们在70年代后期的"真理标准问题"的讨论很有类似之处。

我们现在将"镜头"回放在20年代的科玄论战的"战争"场面上:1923年2月14日,张君劢在清华学校演讲《人生观》,4月12日,丁文江在《努力周报》发表《玄学与科学——评张君劢的人生观》,科学与玄学之战由此拉开了序幕。我现在手头上没有这方面的第一手资料,只是转述前人和同时代人关于这个问题的叙述,肯定有不尽如人意之处,还望大家见谅。

冯友兰先生在西南联大

张君劢认为,科学不能解决人生观的问题,他自称他这一派为"玄学派"。站在他的对立面的主要是丁文江、王星拱、胡适、吴稚晖等。这一派认为科学才能解决人生观的问题。这一派称为"科学派"。这场讨论持续了半年之久,讨论结束后,双方的文章收集起来,结集出版,胡适写了"出版序言",对讨论作了总结。

在科学派看来,我们高举"新文化"的大旗,引进了"德先生"(民主)和"赛先生"(科学),给把持中国思想文化界长达两千多年的旧文化以致命的痛击,声势是造出来了,但是,就是没有深入到人们的灵魂深处。人的灵魂深处就是"人生观"。因为人生观同价值观密不可分。中国人的价值观长期以来都是受到旧文化(主要是儒家文化)的熏染而形成了一种思维的定势。观念的改变是一个根本的改变,而要想使新观念在人们思想中扎下根来,必须有一个深刻的思想革命,而这一"思想革命"就是人生观的问题。

问题的确是找准了,但是,科学是不是真能解决"人生观"的问题,这则是另一个问题了。我们先说张君劢所说的科学不能解决人生观的问题的主要点。他说:"科学为客观的,人生观为主观的;科学为论理的(形式逻辑的)方法所支配,而人生观则起于直觉;科学可以以分析方法下手,而人生观则为综合的;科学为因果律所支配,而人生观则为自由意志的;科学起源于物质之相同现象,而人生观则起于人格之单一性。"[①]"人生观之特点所在,曰主观的,曰直觉的,曰综合的,曰自由意志的,曰单一性的。惟其有此五点,故科学无论如何发达,而人生观问题之解决,决非科学所能为力,惟赖诸人类之自身而已。而所谓古今大思想家,即对于此人生观问题,有所贡献者也。"[②]

针对张君劢的观点,胡适提出了批评。胡适的批评主要是针对张君劢所说的"直觉"。我们知道,中国哲学的一个主要的思维方法就是所谓的"直觉"。我们在前文中说到中国哲学在对于宇宙人生的整体上的把握时,说到了直觉,但并未对之作学理的深层次的探索,故而在此对它做个交待。

---

① 《科学与人生观》,台北:问学出版社1977年版,第9页。
② 同上。

关于"直觉",有不同的解释,由于本书范围之所限,我不能在这里将之展开讨论。我这里只说一家之观点,就是冯先生的学生、中国社会科学院的研究员蒙培元先生的解释:"究竟何谓直觉?这又是一个难以说清的问题。梁漱溟所说的直觉,受到柏格森的影响,以生命的本能、冲动来说明,并与情感有直接关系;熊十力所说的直觉,是指本心、性智而言的,是与习心、量智相对而言的,是破知见、破情见的,但又不离见闻知觉等等作用。直觉(又称'证会')是不可思议的,是超脱思议的,但又不是'弃绝'思议的。直觉是能所冥契、性相无分的,但又有心与物(境)两个方面的作用。"①我们将蒙先生的关于"直觉"的解说给抄将下来,我们可知,这个学术名词的艰涩难懂性。蒙先生在这里没有自己的解释,他用新儒家的两位人物关于"直觉"的说法,以作为自己的解说。这是很高明的做法。因为这个东西不好解,我们何必引火烧身呢?不过,蒙先生在这里是说明冯先生的"负的方法"时引入了"直觉"这一概念的。在冯先生那里,是以不说为说的"烘云托月"法为"负的方法"的,"负的方法"高于理智的分析。冯先生认为,直觉就是"契会冥合",是一种极高的境界。这种极高的境界离不开直觉,从这个意义上说,冯先生的"负的方法"与直觉是处在同一个层次上的。

为了更好地说明这个问题,我们不妨将《辞海》中关于"直觉"的注解给摘录下来:"西欧十七到十八世纪的唯理论者把直觉看做理智的一种活动,通过它即能发现作为推理起点的、无可怀疑而清晰明白的概念(笛卡尔);或高于推理并完成推理知识的理智能力,通过它才能使人认识到无限的实体或自然界的本质(斯宾诺莎);或认识自明的理性真理的能力(莱布尼茨)。现代西欧资产阶级的一些哲学家(如柏格森),则从非理性主义的观点出发,把直觉和理智对立起来,强调人的直觉和动物的本能类似,运用直觉即可直接掌握宇宙的精神实质。"我们在这里将直觉的概念给抄下来,或许可以从中看到一些眉目。辞海中的这个注解,我们一看就知道,它还带有一些对现代西方"资产阶级"的评判的时代烙印,说明这个

---

① 胡军主编:《传统与创新:第四届冯友兰学术思想研讨会论文集》,北京大学出版社2002年4月第一版,第21页。

注比较"老"喽。通过这个注,我们可知,直觉一词,它原来的使用者是西方人(中国哲学中的一个主要方法是直觉,只是在那个时代,学者们只是"日用而不知","习焉而不察")。我的看法是,不要用西方那些过于艰涩的术语,它实际上就是人类理智的一种顿悟,它是一种理智的活动,这一理智的活动甚至是高于推理的,是对于无限的实体的一种本质的把握,只有柏格森才将它同理智对立了起来。

我们现在再回过头来看胡适先生批评张君劢的"直觉"。但是,胡适也没有给直觉一个明确的定义,他只是正面论说科学可以解决人生观的问题。按照胡适的说法,对于人生观问题,除了科学的解释之外,一切形形色色的"非科学"的解释,或是迷信的、或为错误的、或是有害的。只有用科学的方法,在科学的基础上建立的人生观,才是有益的,才是"现代化"的,才可以与现代社会相适应。为此,胡适提出了一个科学的人生观的十个内容,大致意思是:"叫人知道宇宙无穷;宇宙中的万物之运动变迁皆是由于自然,无上帝、神等超自然的主宰;人只是动物的一种,与别的物只有程度差异,无种类的区别;人、生物、社会、历史是进化的,变迁的,其原因是可以用科学的方法求出的;个人——小我有死而大我——族群人类永存,为人类全种而活是活着的意义,是最高的宗教。"等等。

我们将"玄学派"的人生观和"科学派"的人生观都作了一点说明。现在要让我们来作一个裁判,这两种观点到底谁的比较对?这对于我们来说,还真算是一个难题。要么这样,在我们还没有为它们下判断之前,我们看一下冯先生所树立的一个新人生观的内容如何?我们将冯先生的一种人生观加以总括,大抵是这样的:首先,说明人生的真相。他用设问的形式以回答这个问题,其结论是:人生就是人们的实际生活。实际生活的一切作为就是人生。人生的真相就是一个人的具体的人生。其次,说明人生的目的。人生的目的是什么?冯先生回答得也是比较令我们"失望"的,人生就是生,它是没有一个目的的东西。因为人生的全体,就是天然界的一件事物,既为天然界的一件事物,它有什么目的?其三,要说人生有一定的目的,那么,这一目的就是"生"。人为了"生",他必须得活动,他不活动就死。人不想死,所以他必须活动。人生必有欲望,有情感。为了生存,必须要有事业。因此,人之生与动物之生不同,人为了生必须要有目的地去进行活动,去从事事业的建设。其四,人都有许多愿望:富有、美满、幸福、平安,等等。一人之欲的实现以不妨碍他人之欲的实现,这个社会才可得以和谐,而为了达到这一点,要注意"中"、"和"、"通"。其五,实际是对于前面所说的"中、和、通"作人性方面的注释。最后,欲使人生得以实现,要注重理智的作用,要有合适的生活方式和方法,以诗的形式和宗教的手段来娱乐人们的情操,等等。

我们再回头看一下作为玄学派的张君劢的观点。张所说的"科学为客观的,人生观为主观的。"我们认为,这一说法是正确的,科学的东西当然离不开作为主体的人的观察和思考、实验和分析,但是,这些方面的工作必须以尊重客观的物象为前提,因此,它的本质是客观的;而人生观从根本上说,是人对于人生的一种认识,一种看法,这种认识和看法的理论系统就叫做人生观,从这一意义上说,对人生持不同态度的人的人生观是各不相同的。所谓"贪夫殉财,烈士殉名,夸者死权,众庶凭生"者是也。"有钱能使鬼推磨",这是金钱崇拜者的人生观;"权力崇拜者"的人生观是"权力至上",为了能官升一级而不择手段;有的人把名节看得非常重要,应当说这一点本是无可厚非的,因为名节与一个人的人格紧密相关。但在封建时代,程朱理学所宣扬的"饿死事小,失节事大"的观念,把名节推向了极端,那是不可取的。张君劢所说的"科学为因果律所支配,而人生观则为自由意志的",这话也是对的。他所总结的人生观的五个特点,大体上也不是不可以这样说的。总之,张君劢对于人生观的看法基本上是可取的。

再看一下"科学派"在人生观上的观点。在这里,只能以胡适的观点作为这一派的代表以说明之。为了述说的方便起见,先将我们的观点说出来:我的看法是,在人生观问题上,科学派的观点是不可取的。我们既然肯定了玄学派的观点,我们不可能说科学派的观点也是正确的,否则的话,我们的看法在逻辑上是不通的。我们已经说过,科学未必能解决人生观的问题,我们的主要立论点就是:科学是客观的,而人生观是主观的。从理论上讲是这样,在社会实践中也是这样。物质财富的增加不一定能使人在道德修养上有明显的提高。住着自己的别墅,开着自己的"奔驰"、"宝马"的人的人生观不一定就比为起码的生存条件而忙碌的"打工者"的人生观健康,换句话说,就是富豪者的人格不一定就比"弱势群体"的人格伟大。我在这里所说的,并不是对富有者的人群的认识存有"不良的心态",更不是对于这个群体的"嫉妒",他们之中不乏有高尚情操者,有崇高人格者。我们的意思无非是说,正确的人生观的树立与财富没有必然的联系,与科学没有必然的联系。人生观与道德修养有着紧密的联系。

我们现在简评一下冯先生所立的一个新人生观的思想。冯先生认为,人乃宇宙中的一件事物:"人生虽是人之举措设施——人为——所构成的,而人生之全体,却是天然界之一件事物。犹之演戏,虽其中所演者都是假的,而演戏之全体,却是真的——真是人生之一件事。人生之全体,既是天然界之一件事物,我们即不能说他有什么目的。"①但是,人必须要生,而生必须有"欲"的冲动,有情感的欲望。但欲望又不能超出必要的限度,必须要有"理智"予以节制。这样一种节制,就是在社会中求得一"和",而"和"的目的就是使诸欲得到最大限度的满足,这种满足是有条件的,那就是"中"。所谓"中",就是在人与人之间,欲与欲之间,有一个恰到好处的处理。"中"与"和"做到了很好的统一,这就是知识上的"通"。知识上的"通"就是科学上的"真"。这些恰到好处的处理,是需要人的理智。理智的处理,离不了"诗与宗教",离不了"手段"。我所理解的冯先生所说的"诗与宗教",其大概是说,作为理智的人需要有情感,而诗可以怡情,人有时只靠理智还不行,当人们在遇到了在理智之内所无法排解的困惑时,他需要信仰,他需要宗教给人以精神的慰藉。如此而已,等等。

根据冯先生以上所讲的意思,我个人的看法是:冯先生在对待科玄论战的态度也是"持中"与"守和"的。从人与天地万物的关系上说,人之生也是毫无目的可言的,这是自然无为派的观点;但人不同于自然界中的其他物,人生的目的就是为了"生",而为了生,则必须有生的目的,围绕着这一生的目的而从事一切事业(我认

---

① 《冯友兰全集》第1卷,河南人民出版社1985年9月第一版,第553页。

为,冯先生在这里所说的"生"主要是"生存"之意),只有到了这一步,才能够谈得上"科学的人生观"这个概念。从这个意义上说,冯先生的人生观是倾向于科学派一方的,但是,同科学派的人生观还是有大的区别的。

所以,有学者认为,冯先生在科玄论战之中,是站在科学一派的立场上的。我不太同意这个说法。冯先生固然认为,人生的许多需要是靠科学才能获取,在处理"中""和""通"的问题上必须有理智和科学,但不能够因此就断定冯先生在科玄论战中是完全站在科学派一边的。我们至少可以说,他比较倾向于科学派,但对于玄学派的某些观点是持以同情的态度的。或者说,冯先生在人生的"生"这个方面是重科学的,在人生的"观"这个方面是重"玄学"的。从根本上说,冯先生所立的一个新人生观是以"中道"为主的人生观。

1951年印度德里大学授予冯友兰先生名誉文学博士学位,印度总统兼德里大学校长普拉沙德向他授学位证书。

事实上也正是这样,我们现在来看一下冯先生晚年在回忆中所说的话,则一目了然:"在《人生哲学》中,我把所谓十派平列起来,好像是没有什么偏向。实际上我的偏向是很明显的,那就是'中道'。在《人生哲学》最后两章,第十二、十三章,我提出了'一个新人生论'。这就是我在当时所认为是'中道'的人生论。我说：
'今依所谓中道诸哲学之观点，旁采实用主义及新实在论之见解，杂以己意，糅为一篇，即以之为吾人所认为较对之人生论焉。'"①60多年后，冯先生在《中国哲学史新编》第七册中，重说20年代的那场"科玄论战"，他对于这两派仍然是各有批评。他对于张君劢的批评是："张君劢的议论，认为人生观是多样的，没有一个唯一的标准的人生观，科学也不能解决人生观的问题。……就他所举的那五点说，他的思想可以说是混乱已极。他的那一箭，可以说是'银样蜡枪头'。"对于科学派的一方的丁文江，冯先生认为，"丁文江以保卫科学自命，其实他对于科学的性质并没有真正的了解。""丁文江所说的'科学的方法'，是把各种不同的现象汇合起来，以求其贯通，这正是实用主义的方法。""丁文江和张君劢的论战，可以说是一场混战，因为说来说去，说到最后，'最大的敌人'又成为最大的朋友了。"②

总之，人生观的问题是一个一时半会儿说不清道不明的问题。我们如果单从概念上说，还是可以说的，但关键的问题并不在于学理上的解说，而在于实际人生中的一种生命之体验。

五、人生的无奈

我写作到此，可以说是将冯先生在第一个学术活动时期的思想作了一个粗线条的描绘，至于说是点中要穴，抑或是隔靴搔痒，自有读者评说。

人生的问题，古今中外，无论是文学，无论是哲学，抑或是诗，是剧，都有以它为主题，演绎出了无数的或惊心动魄、或感天动地、或悲壮凄凉、或缠绵悱恻、或卿卿我我……的故事。但那都是人生，是一个人生的过程，是人生的流变。它本身并不就是人生观，用冯先生的话说，那就是"生"，而"生"是无所谓有目的的。人生观是一个理论的系统，从它是一个理论的系统说，它本身也无所谓什

---

① 《冯友兰全集》第1卷，河南人民出版社1985年9月第一版，第196页。
② 冯友兰:《中国现代哲学史》，广东人民出版社1999年8月第一版，第123页。

么目的,它是人们对于人生问题所做出的评价。但评价必须以人生为基础,于是,人生的演绎本身就包含了人生观;在演绎人生的过程中,人生观即"潜移默化"于其中。从这个意义上说,人生就是人生观。

对于"生"的问题,历代哲人,众口一说。《论语·先进》中说:"季路问事鬼神。子曰:'未能事人,焉能事鬼?'曰:'敢问死。'曰:'未知生,焉知死?'"儒家在鬼神、生死问题上,一般是不多做评说的。尽管儒家在对于"生"的问题上没有什么高见,但对于"人生"的问题是有其独见的。

人生就是人活着,人活着有其活着的道理。道理就是指导人怎么活的一种理论。这样一种理论,我们也可以称之为关于"人生观的理论"。我们说,作为儒学的创始人的孔子所说的"生"并不是我们普通意义上所说的"活着"。普通意义上所说的"活着"就是"活着",就是一个自然人的生命的延续。自然生命的延续则谈不上什么生命的意义。人的活着,在儒家看来,应该是"如何"活着?"如何活"就是如何实现人生的价值和意义。而要实现人的价值和意义,有一个重要的前提,就是首先要弄清楚人"是"什么?人是生物?是动物?还是社会的主宰?在儒家看来,人是社会的人,它有"人之所以为人"的责任。既然是社会的人,它就不是一个一般意义上的有生命的动物:"仁也者,人也。合而言之,道也。"(《孟子·尽心下》)我们现在就"仁"进行追问,什么是"仁"?这个问题在《论语》中倒是有好几种解释,我们给予归纳,大抵是:"爱人";"克己复礼";"仁德";"仁义";"人道"等等。那么,人为什么会具有"爱人"等等的属性呢?这是由于人的本质所决定的。其理论就是孟子著名的"四端"说:"恻隐之心,人皆有之;羞恶之心,人皆有之;恭敬之心,人皆有之;是非之心,人皆有之。恻隐之心,仁也;羞恶之心,义也;恭敬之心,礼也;是非之心,智也。仁义礼智,非由外铄我也,我固有之也……"(《孟子·告子上》)

写作到此,我们可以回顾一下孔子时代的历史,孔子为什么一生急急惶惶,周游列国而不辞劳苦,绝粮于陈蔡,腹中空空,仍弦而歌之?他为什么不顾他人对自己议论(楚之狂人的讥讽),而不改自己的初衷?他对于事业为什么如此的执著?一句话,就是他看到了自己肩上的责任。"士不可以不弘毅,任重而道远。仁以为己任,不亦重乎?死而后已,不亦远乎?"(《论语·泰伯》)这就是"士"的责任,就是后人顾亭林所说的"天下兴亡,匹夫有责"。孟子也是这样,为了推行他的"仁政",煞费苦心,游说诸侯。他深知,天将降大任于斯人也,他不吃这个苦,又能让谁人去吃这个苦?自古以来,儒家文化就特别注重人的责任。中国古代这样的例子真是多极了。咱们就说一说杜甫吧。这位伟大的诗人,一生可是没有享到什么福啊,在成都那个地方搭了一个草庵子,算是自己的家了(我们不要看现在成都的杜甫草堂,修缮得相当可以,那是后来人的扩建),衣不遮体,食不果腹,我们看他老先生在那里写下了多少诗?他一生中的相当一大部分的诗都是在那个时段中创作的,其诗忧国忧民,无时无刻不将穷苦百姓系于心中,尽管自己也是其中的一员。你看他的《茅屋为秋风所破歌》,自己在如此的窘境之中,还在心系天下的大批"弱势群体":"安得广厦千万间,大庇天下寒士俱欢颜";听到了官军收复了蓟北,我们且看他欣喜若狂的心情。还有像范仲淹老先生,无论"居庙堂之高",还是"处江湖之远",始终是心系天下、国家,人民、民族、国家常在胸中。这就是一位真正的中国人的责任

  同儒家相比,老子就不是这样。人家李耳先生则有自己的想法,人家"见周之衰,乃遂去"(《史记·老子韩非列传》),骑了一头青牛,出洛阳向西而去,好不游乎悠哉!要不是那个把守关隘的令尹喜一定要他留下过路费(我看有点像我们现在的"车匪路霸")("关令尹喜曰:'子将隐矣,强为我著书。'"),他连那本五千言的《道德经》也懒得写去(现在看来,我们真还得感谢这个关令尹喜,不然的话,我们的文化可就逊色得多了)。(写到这里,忍俊不禁,我想在这里顺便说一下关于老子写作《道德经》五千言的事儿。冯先生认为,有三个老子:老莱子、李耳、太史儋;《道德经》也不是出于一人之手。对于这个问题,我的大学同学,现在华北水电学院任党委书记的朱海风教授则认为,那部《道德经》很可能是老子在我们的家乡周口出发时就已经写就了,古人旅行那么辛苦怎么可能在路上写就呢?这是后话,学者们谁如有心思,可以就此来一个考证,岂不快哉!)

我们再看庄子,这位庄老先生比起李耳来,更有甚者。人家老子还是周之史官,至少也相当于我们现在的国家图书馆的馆长,那可是正部(省)级的待遇。不过,话又说回来了,那又算得了什么!一个王朝都灭亡了,何谈你一个"国家图书馆的馆长"?不过,老子是理智的,没什么可牵挂的,出关而西去,"莫知其所终"。庄子可没有老子的待遇,没有做过什么"官",不过史书记载他曾当过"漆园吏"(这个东西到底是不是一个官,还大有可疑,我在安徽大学开会时,曾就这件事请教过钱耕森老先生,钱教授认为所谓"漆园吏"就是管漆园的小官)。这个官有多大?有人认为,可能比我们现在的乡长还要小一级,那大概是"村"一级的干部。那这个官衔比起老子的正部级可是相差十万八千里!但是,他们的思想境界是同样的高。这就是说,一个人的精神境界的高低,同他的官级的大小是没有必然的联系的。我的看法是,一个人的境界的高低,不但同他的官级没有必然的联系,而且还同他的知识的多寡也没有必然的联系。

我们说,庄子并不是没有做官的机会,也不是说,他就不能做高官、大官。他不但有做官的机会,而且还可以做大官,甚至比老子的"正部级"还要高一级。比如说,楚威王就想请庄子到他们国家去做宰相,这个官职可是相当于国务院总理。楚王还派使者带上了厚礼前往聘请。你看人家庄子是怎么说的:"千金,重利;卿相,尊位也。子独不见郊祭之牺牛乎?养之数岁,衣以文绣,以入太庙。当是之时,虽欲为孤豚,岂可得乎?子亟去,无污我。"(《史记·老子韩非列传》)庄子说,让我去你们国家当"国务院总理",同时还给我开了一张上千万元的支票。我说,这个礼倒是很重,这个官位也是一人之下,万人之上的高位。可我要对你们说的是:你们总是见到了那头用于祭祀的牛吧,在没有将它宰杀之前,它好不享福!等到杀它的时候,它就是想做一个在烂泥中打滚的小猪也办不到了。你们赶紧走吧,不要用这些什么金啊、官啊来污辱我。我宁肯做一个在烂泥中打滚的小猪。

与庄子相比,他的好朋友惠子的表现就截然相反。惠子在梁国做了个宰相。因为梁国离庄子的老家不远,这一天,庄子去梁国见老朋友惠子,故意放出风说:庄子这次来,是为代惠子做梁国的宰相的。惠子则信以为真,赶紧下令,让国人在国中搜查了三天三夜,大有我们今天的公安部下紧急通缉令以捕要犯一样,将庄老先生给弄去了。庄子给惠子讲了一个故事:我听说南方有一种鸟,很高贵,它从南海起飞到北海去,不是高贵的树它不栖息,不是精美的食物它不吃,不是上等的矿泉水它不喝。怎么突然出现了一个猫头鹰叼了一个死老鼠从它面前飞过。这只高贵的鸟故意虚张声势:猫头鹰,你听着,你是不是拿你的梁国来吓我呀!

因为庄子没有做官,他就比较穷。穷到什么程度?一是没有吃的,二是没有穿的。没有吃的,只好去向监河侯借粮。没有穿的,一件破大褂子是补了又补,一双鞋子破烂得无法抬脚,只好用一个烂绳子系着。就是这身打扮,从魏王面前过。魏(就是惠子做宰相的梁国)王十分吃惊:先生怎么如此之"惫"?庄子回答说:"贫也,非惫也。士有道德不能行,惫也;衣弊履穿,贫也,非惫也,此所谓非遭时也。"

啊呀,我们费了好大的劲,终于算是找到了庄子为什么不去做官的原因了。我们简而言之,庄老先生之所以不去做官,主要是生不逢时。在那样一种动荡的年代里,庄子实在是感叹生的无奈啊!既然已经有了"生"了。不做官也可以,因为人各有自己的人生观嘛。你看人家惠子就不是这样。做官与不做官,各有自己的选择。我们不能说惠子是一个"官迷"。我们说庄子之所以不做官,目的是求得一个精神的自由。求得一个精神的自由,就是人家庄子的人生观。类似于道家人生观者当然也不乏其人喽。我们看那位只做了两个多月县令的陶渊明先生,忍受不了那种官场上的龌龊,干脆去他娘的,不为五斗米折腰,挂冠而去。生活倒是穷困一些,但精神比较自由,你看人家"采菊东篱下,悠然见南山"的旷怡之情,那可不是一个小小的县令整天为你那个"小城镇建设"而处心积虑的心境(当然,小县令所得之好处那是陶老先生所望尘莫及的)。还有那个大诗人李白,他可是和杜甫不同啊:"我本楚狂人,凤歌笑孔丘。"你们看,同是人,同是名人,同是诗人,他们对待人生的态度就不同。这是儒、道两家的不同。这里边就有一个人生观的问题⋯⋯

冯先生在他的学术活动的第一时期中,在"三道""十派"的人生哲学中,将老庄一派列为"损道"中的"浪漫派",这里,我是有一

1951年北京大学哲学系欢送毕业同学时师生合影。站排左起：沈有鼎、张岱年、王宪钧、金岳霖、邓以蛰、任华、冯友兰。

点个人的看法的。我认为，冯先生将老庄列入"损道"中，这是非常好的，要说他们是浪漫派，我多少是有点意见的。"浪漫"一词要是依我们现在的看法，那是相当舒服的一派，既然要舒服，他必须得有物质上的保障，否则的话，他如何得以浪漫？可是，庄子们精神上是自由了，但他们的物质生活条件可不行啊。这样一种浪漫，如果算是浪漫的话，用我们民间土话说，就是"穷烧"！不过，我们的话又说回来了，穷烧也是一种浪漫，或者说是另类之浪漫，这种浪漫，也可以叫做快活、快乐。有些时候，这种快乐是不需要很多的物质财富作为基础的。在这个问题上，儒家的人物也有这种情况。像《论语》中载："子曰：'饭疏食、饮水，曲肱而枕之，乐亦在其中矣！'"这是孔夫子的快乐的生活方式。同时，夫子还赞扬他的高足弟子颜回："贤哉，回也！一箪食，一瓢饮，在陋巷，人不堪其忧，回也不改其乐。贤哉，回也！"（《论语·雍也》）

总之，中国哲学，从它的源头说起，一直到今天，在我们学术界中，比较一致的看法是，主导中华民族思想的无非就是儒、道两家的哲学。我们在这个题目下，谈无奈之人生，也就以此为限，没有将其他派别拉扯进来，我认为，这就足以能够说明问题了。我们所要说明的问题就是"人生的无奈"。"生"是不可预料的，可以说，"生"对于被生者来说，是一个无知。但是，人一旦被生出以后，就不能再用"无知"以解释之，不能将人生混同于自然界中之一物。人乃万物之灵，人最为天下贵。《荀子·王制》中说："水火有气而无生，草木有生而无知，禽兽有知而无义；人有气、有生、有知亦且有义，故最为天下贵也。"应当说，在人生观的问题上，儒家的观点是可取的，它是积极的，道家的人生观是比较消极的，只图个人的精神自由，放弃了人对于社会的责任。

著名学者季羡林先生是这样谈人生的：

根据我个人的观察，对于世界上绝大多数人来说，人生一无意义，二无价值，他们也从来不考虑这样的哲学问题。走运时，手里攥满了钞票，白天两趟美食城，晚上一趟卡拉OK，玩一点小权术，耍一点小聪明。甚至恣睢骄横、飞扬跋扈，昏昏沉沉、浑浑噩噩，等到钻入了骨灰盒，也不明白自己为什么活这一生。

其中不走运的则穷困潦倒，终日为衣食奔波，愁眉苦脸、长吁短叹。即使是日子还能过得去的，不愁衣食、能够温饱，然而也终日忙忙碌碌，被困于名缰、被缚于利锁。同样是昏昏沉沉、浑浑噩噩，不知道为什么活这一生。

对这样的芸芸众生，人生的意义与价值从何谈起呢？

我自己也属于芸芸众生之列，也难免浑浑噩噩，并不比别人高一丝一毫。如果想勉强找一点区别的话，那也是有的：我，当然还有一些别的人，对人生有一些想法，动过一点脑筋，而且自认这些想法是有点道理的。

我有些什么想法呢？话要说得远一点。当今世界战火纷飞、物欲横流，"黄钟毁弃，瓦釜雷鸣"，处在一个十分不安定的时代。但是，对于人类的前途，我始终是一个乐观主义者。我相信，不管还要经过多少艰难曲折，不管还要经历多少时间，人类总会越变越好，人类大同之域绝不会仅仅是一个空洞的理想。但是,要想达到这个目的,必须经过无数代人的共同努力。……在人类发展的长河中,我们每一代人都有自己的任务,而且绝不是可有可无的。如果说人生有意义和价值的话,其意义与价值就在这里。

但是,这个道理在人类社会中只有少数有识之士才能理解。鲁迅先生所称的"中国的脊梁",指的就是这种人。对于那些肚子里装满肯德基、麦当劳、比萨饼,到头来终不过是浑浑噩噩的人来说,有如夏虫不足以语冰,这些道理是没法谈的。他们无法理解自己对人类发展所应当承担的责任。

话说到这里,我想把上面说的意思简短扼要地归纳一下:如果人生真有意义与价值的话,其意义与价值就在于对人类发展的承上启下、承前启后的责任感。①

季先生已经把话说到这种份上,作为晚辈,我是无话可再说的了。季先生是文化史学者,懂数种语言,在纪念冯先生诞辰百周年的国际学术讨论会上,我第一次亲聆季先生的发言。那个时候,他已经是80多岁的老人了,但走上台来,步履稳健,精神矍铄。讲起话来,其声朗朗,句句真情,不乏幽默诙谐。我今回忆季先生的演讲,其大意是:我是冯先生的学生,但并不是冯先生的好学生;我不是学习哲学的,所以,我对于哲学完全是一个门外汉;我去德国留学,如果没有冯先生的批准,我是不可能去的。这件事情,在冯先生的记忆中可能是早被淡忘了,但是,对于我个人来说,如果没有冯先生的批准,我可能走的是另一条人生之路。从这个意义上说,我之所以能够走上学术的道路,完全是由于冯先生的原因。我现在可以自豪地告慰冯先生于地下,您的这个学生还没有给先生丢脸……

季先生说他对于哲学是"门外汉",这显然是自谦之辞。我们从以上季先生的话语中,可知他对于哲学与人生的深层次的了解。季先生是用自己一生的生活体验,以践履中国传统哲学中的人生哲学的道路的。

---

① 参见《读者》卷首语,甘肃人民出版社,2006年,20期。

第四讲

以"汉"为界说"两分"

冯友兰先生哲学活动的第二个时期的代表作就是20世纪30年代所写的《中国哲学史》(两卷本)。这个两卷本《中国哲学史》的完成,在当时学术界的影响是相当大的,也是使冯先生成为一名著名的哲学史家的奠基之作。因为在当时,写作《中国哲学史》的并没有几人。在冯先生之前,有几位学者写了关于这方面的著作:一个就是胡适先生,我们在前文中已经说过,胡适所写的《中国哲学史大纲》(上卷)在1919年由商务印书馆出版。尽管它不是一部完整的《中国哲学史》,但它毕竟是中国哲学史。再一位就是谢无量先生,谢先生所写的《中国哲学史》在1916年由中华书局出版,这部哲学史分为三编(上古、中古、近世)。除此之外,最可引起我们注意的还有两部中国哲学史:一是陆懋德先生的《周秦哲学史》;另一位是钟泰先生的《中国哲学史》。另外,还有一位叫李石岑的先生,有一部《中国哲学十讲》,可能是与冯先生的《中国哲学史》成书时间差不多。在此之后，范寿康著有《中国哲学史通论》。在当时影响最大的中国哲学史著作就是胡适的《中国哲学史大纲》和冯先生的《中国哲学史》。

一、"中国哲学史"的由来

中国哲学史与"哲学"这一名词紧密相关，没有哲学一词的引进，何谈中国哲学？没有"中国哲学"，何谈"中国哲学史"？

关于哲学一词，我们在本书的第一讲已经作了说明，此处略而不论。冯先生在《三松堂自序》中说：

> 我在三十年代的主要工作，就是写那一部两卷本的《中国哲学史》。这个工作在二十年代后期就开始了，所以要从二十年代后半期说起，顺便讲一些当时中国哲学史研究工作的情况。
>
> 在"五四"时期的新文化运动中，在中国哲学史的研究方面，出版了一部具有划时代意义的书，那就是胡适的《中国哲学史大纲》卷上。胡适于1917年到北京大学，暑假后开学，他就担任了哲学系一年级的中国哲学史这门课程。当时印发讲义，到1919年2月，就正式出版了《中国哲学史》卷上……

胡适的这部书在当时影响大，按照冯先生和有关研究中国哲学史的其他学者们的说法，不外以下原因：首先是著名的教育家蔡元培先生为本书亲笔作序。为了叙说的省事，我在这里将蔡元培为胡书作序中的主要内容抄录下来。蔡元培说胡适的《中国哲学史大纲》有几处特长：

> 第一是证明的方法。我们对于一个哲学家，若是不能考实他生存的年代，便不能知道他思想的来源；若不能辨别他遗著的真伪，便不能揭出他实在的主义；若不能知道他所用辩证的方法，便不能发现他有无矛盾的议论。适之先生这《大纲》中此三部分的研究，差不多占了全书三分之一，不但可以表示个人的苦心，并且为后来的学者开无数法门。
>
> 第二是扼要的手段。中国民族的哲学思想远在老子、孔

子之前,是无可疑的。但要从此等一半神话、一半政史的记载中,抽出纯粹的哲学思想,编成系统,不是穷年累月不能成功的。适之先生认定所讲的是中国古代哲学家的思想发达史,不是中国民族的哲学思想发达史,所以截断众流,从老子、孔子讲起。这是何等手段!

第三是平等的眼光。古代评判哲学的,不是墨非儒就是儒非墨。且同是儒家,荀子非孟子,崇拜孟子的人又非荀子。汉宋儒者,崇拜孔子,排斥诸子;近人替诸子抱不平,又有意嘲弄孔子。这都是闹意气罢了!适之先生此编,对于老子以后的诸子,各有各的长处,各有各的短处,都还他一个本来的面目,是很平等的。

第四是系统的研究。古人记学术的,都用平行法,我已说过了。适之先生此编,不但孔墨两家有师承可考的,一一显出变迁的痕迹。便是从老子到韩非,古人划分做道家和儒、墨、名、法等家的,一经排比时代,比较论旨,都有递次演进的脉络可以表示。此真是古人所见不到的。

现在我们就蔡元培的《序》简单说几句。

蔡先生极力称赞的是胡适的考证。我们都知道,胡适是擅长考证的。在"极左"的年代里,我们曾批判胡适反对马克思主义,说他提倡"多研究些问题,少谈些主义",从他的实验主义出发,主张渐进的一点一滴的改革,反对各种所谓的"根本解决"。这个我们先不去说它。做学问没有考证的功夫,那是不行的。再就是说他比较扼要地抓着了问题的实质,讲中国哲学史就从老子、孔子讲起,不要像以前的北大的老先生们,从三皇五帝讲起,讲了差不多一个学期了,还没有讲到周公。其实,那些老先生根本就不知道什么是中国哲学史,像我们在前讲中所说的那样,将"哲学"和"哲学史"混而不分。这样两相对比,胡适的办法可是好多了。关于平等的眼光这一点,冯先生也是大为赞赏的。冯先生在回忆中说,过去的人写书,将古人的话用大字顶格写下来,自己的话用小字低两格去写。这就是说,古人第一,自己第二。这就是崇古。不过,蔡元培在这里所说的还不止是这个意思,他的主要意思是说,中国古代不是非儒就是非墨,说他不好,就是不好,没有好的。胡适在他的著作中,将中国古代的哲学思想统统放在一个平等的位置上,还历史一个本来面目。再就是说胡著的系统性。从蔡先生的这几点书评中看,胡著真是相当的好。

其次,我们认为,在胡适之前,也有人写出了或为中国哲学的断代史,或为通史之类的哲学学术著作,它们基本上没有胡适那样开放的眼光,没有用实用主义的方法以贯穿全书;或者他们没有像胡适那样,出国留洋,也就是说,他们并没有胡适那样的名气。这个原因,并不是我在这里瞎猜,其实,我们现在还是这个样子。我们说像胡适先生,因为是名人,将讲课的讲义拿给出版社,马上可以印刷成书,又有大教育家蔡先生的序,这样看来,名人、名校、名序,清一色的"名",如果它不能产生轰动效应,那才是怪事一桩!这样的书就是真如台湾学者劳思光所说的:胡适的哲学史没有一点哲学的内容(我在这里顺便说几句,这位号称哲学家的台湾学者劳思光先生,出版有三卷四册的《新编中国哲学史》,在该书的前面之序言和后序中,始终武断地说胡适的书没有一点哲学成分,同时也说冯先生的书哲学成分不多,他是如荀子所说的自有他的"蔽",此处略而不论),也不妨其引起学界的轰动。

1963年,冯友兰先生(前排中)与中国科学院社会科学部中国哲学史组的同事们合影。

胡适的中国哲学史之所以在当时能够引起学界轰动,主要还在于它"开启了整体结构上的中学西解的理路,成为学术界公认的该专业的奠基之作。"①海峰先生所说,真乃是画龙点睛之笔,可谓一语中的。

景先生认为,蔡元培先生为胡著所作的序,的确准确地说明了这一问题。他说:"这些特点确实是胡适以前的中国学者所不能具备的,只有经历过西方哲学的严格训练之后,方有可能为之。胡适的长篇序言揭明了他的哲学史观,即弄清特定思想派别的沿革变迁,追寻这些沿革变迁的线索和原因,然后客观的、批判的评价之。他将西方哲学史通行的分类方法较完整地移植过来,按照宇宙论、知识论、伦理学、教育哲学、政治哲学、宗教哲学这六大板块来清理中国思想,评述先秦诸子的学说。最具冲击力的是,在杜威实验逻辑的影响下,胡适批判地阐述了孔子、荀子的正名主张,以及墨家在逻辑方面的思想,努力对后期墨家残缺不全的、零碎的文献材料做了综合的、重构式的研究,令他同时代的学者大开眼界。这本特别重视逻辑方面的著作,本因它是从胡适本人的博士论文《先秦名学史》累积加厚而来的,但一朝成为典范,它就为往后的中国哲学史确定了一个重要的指向,即哲学史就是思想的逻辑发展史,只有符合逻辑的学说和经得起逻辑推敲的理论,才是哲学史所要关注和加以描述的对象。"②

我们将深圳大学景海峰教授的这段话给抄录下来,是很有意义的。从这里,我们既可以看出,哲学一词的来历,我们同时还可以看出,胡适是如何用哲学一词来对于中国古代的学术进行归类和排队的。中国哲学史也只有到了胡适这个时候,才能有一个像样子的"中国哲学史"。这样说来,我们也基本上清楚了在本讲开始所说的那几位学者所作的"中国哲学史"为什么不能在当时广为流布的根本原因了。

那么,胡适既然能够用西学的方法写出如此像话的中国哲学史卷上,他为什么不把这一开创性的工作做完呢?我过去认为,是

---

① 景海峰:《学科创制过程中的冯友兰》,胡军主编:《传统与创新:第四届冯友兰学术思想研讨会论文集》,北京大学出版社2002年4月第一版,第80页。
② 同上。

胡适先生后来忙于在老蒋那里做官而没有什么时间去继续写作他的中国哲学史大纲卷下,现在看来,我的看法是不对的。景海峰先生的说法倒是合情理的:"过于西方式的逻辑眼光,阻遏了胡适对先秦以后中国哲学发展史的继续书写,他长久不能完成《中国哲学史大纲·下卷》,原因固然有很多,但这显然是重要的一个方面。"①

依这样看来,真是应了我们中国古代流传下来的话:成也萧何,败也萧何。他的《中国哲学史·卷上》之所以在中国学界产生出如此的轰动效应,是在于他将西学的理路引入对于中国哲学史的研究和写作;他之所以不能完成他的《中国哲学史大纲·卷下》仍然是由于他的过于西学化了的成分。我们如果按照景先生的说法,胡适之所以没有将"中国哲学史"进行到底,是他将西学强调到了极端。一旦走向极端,事物就要发生质变。看来,还是"中道"哲学比较可行。那么,最终用中西结合的好方法以全面完成《中国哲学史》写作这一历史重任的就是冯友兰先生。

冯友兰先生并不是看到了胡适之先生没有将"中国哲学史"进行到底,自己有意识地去主动地完成胡先生的工作。我们看这样一段话:

  在1923—1926年这几年之间,我的主观志愿是想向中国介绍西方哲学。客观的机缘使我作了一些向西方介绍中国文化的工作,最后归到研究中国哲学史。这个最后的机缘是1927年燕京大学给我一个任务,讲中国哲学史。

  在这个时候,讲中国哲学史,又多了一层难处。随着马克思主义在中国的传播,在历史工作中,唯物史观也流传开了。对于中国社会史、中国经济史的研究,正在展开,各方面不同的意见,开始论战。我没有参加这些论战,也没有跟着研究。但是,唯物史观的一般原则,对于我也发生了一点影响。就是这一点影响,使我在当时讲的中国哲学史,同胡适的《中国古代哲学史大纲》有显著的不同。②

---

① 景海峰:《学科创制过程中的冯友兰》,胡军主编:《传统与创新:第四届冯友兰学术思想研讨会论文集》,北京大学出版社2002年4月第一版,第80页。
② 《冯友兰全集》第1卷,河南人民出版社1985年9月第一版,第203页。

按照冯先生在《自序》中的回忆,他之所以完成了中国有史以来第一部完整意义上的《中国哲学史》,有两个客观方面的原因:其一是他在燕京大学讲中国哲学史。这样一讲,就必须得对它进行研究,你如果没有研究,你就无法去讲。因为在当时,中国哲学史这门学科还没有真正地建立起来。不像我们现在,有那么多版本的中国哲学史教材,你就是没有个人的研究,你只要拿上课本即可登台演讲,自己没有研究,可以照本宣科嘛!在冯先生那个时代不行;其二是冯先生写作中国哲学史所面临的新情况。因为马克思主义传入中国来了,这是一种新思想,当时在中国的影响就非常之大,像这种情况,在学术界是不能无动于衷的。我们凡了解冯先生的人(包括我本人在内)都比较熟悉他的品格。冯先生是一位虚心接受新思想、新事物的学者,他非常谦虚、虚怀若谷,他的胸怀是海纳百川的胸怀(冯先生之所以在历次的政治运动中,永无休止地检查自己,这与他的这一气质也有一定的关系)。当然,他在当时写作中国哲学史,也可以排除马克思主义的影响,这也没有什么了不起。熊十力先生就公然说自己不赞成马克思主义的唯物论,那也是可以的。但是,冯先生则不同,所以,这个时候写中国哲学史,就是多了这一层难处。这毕竟是一个开创性的工作,在学术界,以前没有人这样做。从这个意义上说,冯先生的《中国哲学史》(两卷本)是在马克思主义传入中国后的第一部完整意义上的中国哲学史,它同胡适的哲学史一样,堪称奠基之作。

其实,冯先生在写中国哲学史时,他所面临的难处还不止是他所说的那些。因为胡适之先生已经有半部中国哲学史了,在写作方法上应该怎么办?弄不好,很容易"砸锅",落一个"出力不讨好",挑战性极强。为使冯著成为这种特定情况下的真正的中国哲学史,冯先生就为自己的写作确定了两个原则:一为哲学性原则,一为民族性原则。这两个原则是被包含在他的《中国哲学史》的自序和绪言之中的。在绪论开始即说:"哲学本一西洋名词。今欲讲中国哲学史,其主要工作之一,即就中国历史上各种学问中,将其可以西洋所谓哲学名之者,选出而叙述之。"这就是"哲学性"原则,而且这个哲学性是采用西洋的哲学名词。既然所写的是中国哲学史,就必须强调这一写作的"哲学"内容。在中国,本没有"哲学"这一概念,但是,不等于说中国没有哲学。中国有的是哲学,只不过它没有用"哲学"一名而说出者,我们用"哲学"一名来述说中国的学问,像魏晋人的玄学、宋明人的道学、清人的义理之学,同西方的哲学是"约略相当"的。

关于民族性的原则,就是说,中国哲学是以它的特别面目而出现的,它不注重这个哲学的"形式",但它有自己哲学的特别面目,这一特别的面目就是中国哲学的"实质",用冯先生的话说,就是,中国哲学没有形式的系统,但是它有实质性的系统。讲中国哲学史就是要在这无形式的系统中讲出其实质的系统。因为实质的系统是决定事物本质的东西。实质的系统是一个深藏于其整个义理学说之中的东西,我们要讲中国哲学史,就是用西方的哲学形式和方法,以深挖这一中国哲学的实质内容。如果说,中国哲学有弱点的话,这个弱点就是它没有像西方哲学那样有其形式的系统,但不能够因此而认为中国无哲学。

以上所说的两大原则,我们主要地还是取自于景海峰教授的说法。在我看来,冯先生在创作中国哲学史时,除了上述两大原则之外,还有一个完全不同于胡适先生的原则,即对于史料的选取原则。这个原则,我们也可以说是关于创作的方法问题。这个问题,用冯先生自己的说法就叫做"释古"的方法(同胡适先生的"疑古"方法相对立)。胡适先生是一个"疑古"派,就是说他在考证上,一旦发现某某史料并不是那个时代的史料,而是后人假托前人而为者,他一概不用。冯先生并不是这样,他是一个"释古"派,就是说,某史料一经考证并不是那个时代的史料,而是后来某一时代的作品,冯先生不是将之弃之不用,而是还它一个本来的面目,将之放在它应该放的那个时代。我们说,冯先生的这一方法,是科学的。

我们认为,冯先生这一写作中国哲学史的原则(上述的三个方面),是英明的,更是值得我们赞扬的。因为当时时值"西学东渐",中西文化的交流成为时代发展的大势,古老的中国文化需要注入一些新的活力了。实践证明,冯先生的工作是成功的。正如张岱年先生所说,冯先生的哲学是真正意义上的中西结合。

我们再回过头去,将台湾学者劳思光所批评的话拿出来品评一番。劳说:"就此而论,冯友兰先生的《中国哲学史》,就比胡先生的书略胜一筹。……但冯友兰的《中国哲学史》，虽有哲学成分，却仍然并未接触到中国哲学的特性。它是一本哲学史，但并非一本成功的哲学史。"[1]他的这个论断一出来，就遭到学界的质疑，为此，他即在本书第一卷的后面作了一个"后序"，其中有一个题目："关于胡、冯之书"。他说："我曾经批评胡适先生及冯友兰先生的《中国哲学史》，主要论断是：胡书根本缺乏'哲学'成分，只有'史'的成分；冯著虽有'哲学'成分，却又未能接触中国哲学的特殊问题；因此，胡、冯二氏的工作，基本上是不成功的。""对于我这个论断，有人觉得我应加解释，应举出证据。因为如果只提出一个论断，似嫌空泛。"劳在说明胡著时，并没有举出实例，反而又将提问题的人推向了前沿，你们自己从胡著中找出"有哲学"的陈述和论点来。在回答关于冯著中的所谓"不成功"时，他有两句话："一般地说，冯书中所有的哲学成分，主要只是新实在论的观点与早期柏拉图的形上学观念。因此，其具体的表现，即有两点：首先是'普遍'与'特殊'的划分；其次是'主体性'之否认。"[2]

现在的问题已经大白了，他批评冯先生的主要是两点：其一是冯先生用西学的方法以写中国哲学史；其二是主体性之否认。对于这两点，我们只需要说几句话就行了：如果冯先生不采用中西结合的方法，冯先生的《中国哲学史》就不能成为一部成功的哲学史了；所谓"主体性之否认"者云，那则更是一个不成问题的问题，我们不说冯先生是不是真的对于主体性否认了，单说劳思光所推崇的主体性，就同冯先生的哲学理路不对！冯先生的哲学是理性主义的哲学，而劳所代表的属于"心学"一脉。本不是一个学术路向。这正像一个走小路的步行人硬要说汽车在公路上跑不对一样。那这样的话，我们就无话可说了。

二、"子学"与"经学"

冯先生对于《中国哲学史》分期，不同于胡适的《大纲》中的分

---

[1] 劳思光：《新编中国哲学史》第1卷，广西师范大学出版社2005年10月第一版，第2页。
[2] 同上书，第306页。

期。胡适将中国哲学史划分为古代哲学(先秦)、中世哲学(汉—北宋)、近世哲学(南宋—清)三大阶段。他计划是三卷,第一卷是先秦哲学。汉以后,他就没有写下去了。

冯先生将中国哲学分为两个时期,以汉为界,实行两分法:先秦为"子学"时代;汉以后一直到中国古代哲学的终结(清)为"经学"时代。当时只有胡著和冯著的中国哲学史有影响,所以,我们今天一说到中国哲学史,一般只说及这两部书。这两部哲学史的分期方法,有一定的区别。胡适的划分法,完全受到西方学术思潮的影响。我们知道,在西方哲学史中,他们的上古时期应当是古希腊哲学的繁荣时期,这个时期作为哲学的上古时代是没有问题的。而西方的中世纪的哲学并不发达,因为在这一时期,神学占据了统治地位,"哲学是神学的婢女"。欧洲的近代哲学是相当发达的,像德国古典哲学、法国颇有影响的百科全书派哲学、英国之先驱哲学,等等。这一时期西方哲学之所以发达,是因为17、18世纪的西欧,正是资本主义经济的发育时期,商品和货币的威力令沉睡千年的欧洲焕发出了勃勃之生机。所以说,它哲学的发达是与社会的发展密不可分的。

我们说,在中国哲学史的发展过程中,是不同于欧洲这样的情况的。因为中国的中古时代,并没有发达的资本主义,所以,它的哲学也是一仍旧贯。正是这样一种原因,我们说,胡适的中国哲学史的分期法是不可取的。

冯先生的中国哲学史分期,自有他的道理。他将先秦哲学认定为"子学时代",这一点不仅与胡适的看法相同,同时,也与西方哲学的分期相同。这三方有一个共同点,都将哲学的繁荣阶段认定为第一时期。这一点我们应当给予肯定。

在中国历史上,自汉以后,长达两千多年的历史,冯先生将这一长段中国历史的哲学统归之于"经学时代",这种分法如果没有自己在学术上的真知灼见,一般是没有这个胆识的。任继愈先生在评价冯先生两卷本《中国哲学史》的分期时说:"《中国哲学史》旧著分为'子学时代'和'经学时代'。子学时代的断限约为四百年,经学时代断限约为两千多年。没有真知卓识,是不敢这样处理的。子学时代的特点是建造,经学时代的特点是阐述。子学时代奴隶制解体，封建制尚在形成中，新兴的阶级及集团各有自己的社会力量，必然要有自己的代言人。秦汉以后，政权统一，政教合一的格局越来越完备，很多哲学'以述为作'，借古代经典为招牌，装进新的内容。冯先生称之为'旧瓶装新酒'，从而形成经学时代的特点。这两大段落的划分，还是经得起考验的。"①

任继愈先生是一位哲学家，我在读大学的时候，我们中国哲学史这门课程所用的大学通用教材就是任先生主编的《中国哲学史》（四卷本），那部中国哲学史是用当时所流行的马克思主义的观点为指导而编成的。我们说，冯先生在他的第一部中国哲学史里，尽管受到了马克思主义唯物史观的一些影响，但始终不是以马克思主义作为指导思想来著中国哲学史的。任先生能用以上的评价说冯先生这一哲学分期，这足以说明冯先生的两卷本的《中国哲学史》的学术地位及其价值。

任先生在他的文章中还说：秦汉开始，中国建立了大一统的封建政权，高度集中的中央政府管辖着广大分散的农村。政治上要求高度集中，不集中就不能维持国家的统一；经济上却出于小农经济的本性，只能极端分散。政治上的高度集中与经济上的极端分散这一对矛盾贯穿了两千多年。强化集中统一，严格等级制，是中央政府的要求；希望自给自足，不要政府过多干预，使小农生产安居乐业，是自然经济的特点。在朝的强调集中统一，在野的强调分散自由。这一对矛盾直到鸦片战争（1840）才告一段落，此后中国历史进入近代阶段。为了更好地协调政治的集中统一和经济的极端分散这一对矛盾，从汉代董仲舒开始，历魏晋唐宋元明清，一直在解决这个问题。这一大段（两千多年）恰恰是冯先生《中国哲学史》中所指的经学时代。整个经学时代，学派寿命最长的有两家：以孔孟为旗帜的儒家和以老庄为旗帜的道家。儒家偏重在朝，道家偏重在野。在朝讲孔孟，在野讲老庄。有时同一个人，做官时讲孔孟，不做官时讲老庄。这两大流派都有广泛的社会基础。朝廷的势力总是大于农民，所以，孔子的势力大于老子。《六经》中留下注释最多的是儒家的《周易》，先秦诸子中留下注释最多的是《老

---

① 《冯友兰先生纪念文集》，北京大学出版社1993年10月第一版，第93页。

子》。冯先生的哲学史叙述的流派中,儒家占的篇幅最多,道家所占的篇幅较少,也是符合历史实际情况的。

当然,对于冯先生的哲学史中的两分法,也有学者提出一些不同的看法:有学者认为,在"经学时代",在思想主流方面实际上是有变化的,对于两千多年的思想,一语以蔽之——经学,不足以显现魏晋之玄学、隋唐之佛教、宋明之道学的特殊地位;二是在解经的方式上,宋明道学家已经跳出经学的圈外,与两汉经学只是形式上的相同,而实质相异;三是中古人讲学的目的大都为"来世"或"出世",而宋明道学纯以"救世"为归宿,至功利派和实学思潮更是以"经世致用"为目标了。所以,经学时代的划分过于笼统,不利于说明思想的细部问题。①

这种看法,颇具代表性。就这一问题,本书作者要说一下自己的看法了。提出不同意见者所说,冯先生的中国哲学史将子学时代限定在上下四百年,而将经学时代拉长到两千多年,这是时间上的不均衡;另外,在写作和评论中,子学时代着墨多,经学时代寥寥数笔,有一带而过之嫌,因此显得头重脚轻,虎头蛇尾者云。我们说,中国哲学、中国文化起源于先秦,起源于春秋战国时代。这个时代,如我们在前讲中所说,是中国文化的轴心时代,各种思想蜂起,如雨后之彩虹,斑斓绚丽。此时期,各种思潮对于宇宙人生的阐述,鞭辟入里,妙语联珠,可以说是达到了中国古代人类思维的顶峰。语言是思维的载体,文字又是语言的载体。语言不可能有太大的变化。我们今天的白话同古代的古文,只是形式的不同,没有实质的不同。中华民族的哲理思想是用中华民族的语言和文字反映的,它是中国哲学思想的载体,该说的哲理我们的祖先们早已都讲了,你还有多少创新?我们说,创新是科学的而不是语言的。人类历史的实践证明,科学的创新是日新月异的,而语言和哲学思想的创新是极其缓慢的,是用"世纪"甚至是"几个世纪"作为计算单位的。这是问题的一个方面。

其次,人类社会进入汉代以后,思想归于一统了,那种极端的思想,那种不利于政治统治的思想和言论,当局根本不允许它存

---

① 李世繁:《评冯著中国哲学史》,原载《燕京学报》第 26 期。

在。换句话说,就是你没有办法将你的有悖时代发展的思想代代流传下去,没有办法以著书的形式将它保存下来。

再次,哲学是社会时代的产物,也是社会时代的精华。汉代以后,社会归于一统了,作为指导社会前进的意识形态,必须是建立在能够为维护大一统的社会局面而服务的一统哲学这一基点之上。而新的哲学系统的建立又不能割断历史,它只能就前人的思想精华进行加工、糅合,而这种加工、糅合的结果,就是"以述为作",其所"作"即在"述"中。

1982年冯友兰先生访问美国,与《中国哲学史》两卷本英译者卜德先生重逢。

从这个意义上说,冯先生写中国哲学史,将笔墨着重于先秦的"子学"是无可厚非的。另外,"以述为作"也是中华民族文化的传统。如果我们要溯本穷源,我看从孔子那个时候起就是以述为作了。夫子自己就讲:述而不作,信而好古。我们看,孔子终生没有留下自己的著作。到了汉代,出现了像董仲舒这样的大哲学家,他的思想不也是以《春秋公羊传》为底本而作《春秋繁露》吗？我们说宋明时期的大理学家朱熹,一生著作等身,其中有相当部分也是对儒家经典的注释。那个明末清初的大哲学家王夫之,终生著书数百卷,大多也是以"注经"的形式出现的,自己的学术思想就被包含于其中。要不,怎么会有"六经注我,我注六经"的说法呢？王夫之要述说自己的思想,也是"六经责我开生面",并不是抛开六经而独行。冯先生的"贞元六书"使他成为一名哲学家,而"六书"也是在"述"前人思想的基础上以阐发自己的思想体系的。由是观之,我们说冯先生将子学时代大写而特写,这是应该的。

对于经学时代的哲学,并非着墨不到位,它只需点出哪些是某哲学家的新见即可,冯先生在这方面做的还是到位的。不足的地方,就是佛学部分的写作简略一些。冯先生自己也认识到了这一点。他在《三松堂自序》中回忆说:"我的《中国哲学史》这部书也有两个大弱点。第一点是,讲佛学失于肤浅。中国佛学的发展也就是有如书中所讲的那些问题。那些都讲了,可是像一个大拼盘,菜并不少,排列也整齐,但是缺乏内部的联系。这是因为我对于佛学没有学通,所以也不能讲透。佛学的资料浩如烟海,不是几年所能完全搞通的。我就是元好问所说的第二流的画家,没有亲到长安,可是硬要画'秦川景'。只好临摹别人的画,拼凑起来,虽然也是应有尽有,可是不免于'暗中摸索'。"①冯先生所说的第二个弱点是明清这一部分,失之于简略:"像王夫之那样的大家,书中亦是捎带而过。这是因为,当时时局紧张,日本大举入侵的形势已成,北京的沦陷,迫在眉睫。我急于使研究工作告一段落,早日出版,以免稿子在战争中损失。"②

关于这两点弱点,半个世纪之后,冯先生在创作《中国哲学史新编》(七卷本)时,一一都给予补充和完备。

至于说李世繁老先生所说的宋明道学实际上已经跳出经学这个圈子之外的问题,那是一个学术方面的争端,并不是一个写作的手法的问题。作为学术之争端,不是我们在这里作寥寥数语就可

---

① 《冯友兰全集》第1卷,河南人民出版社1985年9月第一版,第210页。
② 同上。

以说明得了的问题。简而言之,并不是宋明道学就真的跳出了经学圈子之外了,从实质上说,宋明道学的主干是理学一脉,而理学无论从哪个角度去讲,它终是以儒家的经典作为其底本的,作为其思想的始基的,在这个基础上,同时将释、老之合理思想成分给吸收了进来,从而建立了一个体大思精的哲学体系,作为中国封建社会后期的哲学思想和意识形态。我们从这个意义上说,冯先生将理学作为经学的一个组成部分,是天经地义的,是不容置疑的。这个问题定下之后,所谓在中古以后,大多是讲"来世""出世"的问题,不解自明。

一般认为,讲"来世"的哲学是指佛学;讲"出世"的哲学是指老学。这两者都是对于社会现实生活的一种逃避,从逃避这一角度论,它们是无法同儒家哲学的积极参与意识相抗衡。我们读冯先生的《中国哲学简史》可知,冯先生一贯认为,中国哲学既不是讲来世的,也不是讲出世的,尽管此二者都有它们的一定道理,但它必不是中国哲学的主流。中国哲学是既入又出的(就是"极高明而道中庸")哲学。

三、《中国哲学史》的贡献

我们如果笼统地说冯先生中国哲学史的贡献,比较容易说。它是中国有史以来第一部比较完整意义上的用中西结合的方法所创作的中国哲学史。我们说,这是第一部完整意义上的中国哲学史,主要有两点:其一,它是一部完整的哲学通史;其二,它是用中西结合的方法以创作的。这两点,是前人所没有做到的。有的哲学史家只有半部中国哲学史(如胡适);有的是全部,但要么不是用中西结合的方法去创作,要么不是将中国哲学史中的全部派别都写出来,而是只突出了儒家一家的哲学思想,还有的是中国哲学的断代史。

如前所说,在中国历史进入到"新文化运动"的时期之后,中国固有的文化,从根本上受到了致命的打击,从根本上产生了动摇。文化保守主义者像康有为(康是一位比较复杂的历史人物,他的前期思想是改良主义的,变法失败以后,他的思想日趋保守,在新的形势下,他逆历史之潮流而动,企图将孔教立为国教,因此被历史抛向了后边。我们说,在当时的条件下,立孔教为国教是不合时宜的,今天香港孔教学院的汤恩佳院长向全球宣传孔子思想,对于弘扬中华民族的文化很有意义,此二者不可同日而语)、梁漱溟等,总是将中国的改革和进步寄希望于我们固有的文化之中。当时还有全盘西化派,认为中国的一切都不好,没有可取的,我们要想生存和发展,要"保种",就应当向西方学习,在对待我们的传统文化上采取的是历史虚无主义的态度。

冯先生则不同,他清楚地看到了这一点。中华民族之所以是中华民族,正是因为有自己的文化。自己的文化为什么不如人家西洋文化进步呢?这是冯先生所思考的文化方面的主要问题。他不就是带着这样的问题去美国留学的吗?他到了美国之后,更加认识到我们文化的落后状况了,可以说是心急如焚,他就从我们的文化中寻找我们落后的原因,结果认为中国之所以没有近代意义上的科学,是在于我们的固有文化有问题:我们的文化是求幸福于内心的文化,而西方的文化是求幸福于外在自然的文化。但到后来,他改变了这个观点,求幸福于内、于外并不是东西文化的根本差别,这才有他的比较中西文化的《天人损益论》的博士论文的出现。

在他的博士论文中,冯先生是站在文化"中道"的立场上的。从根本上讲,冯先生是拥护中国传统的儒家哲学的,这一点是没有疑问的。正是由于冯先生的思想经历了这样一个历史发展的过程,才使他有一个清醒的头脑,能够理智地认识中国固有的文化,他才能够站在文化"中道"的立场上,兼顾中西,用西学的方法以整理中国哲学,写中国哲学史。他写中国哲学史的真正目的在于"旧邦新命"的民族文化情结。我们从这个角度给冯先生创作中国哲学史以定位,应当说是正确的,是符合冯先生的思想发展的理路的。我们在前文中也说到了冯先生创作中国哲学史和"贞元六书"的动机,在这些书的序中,冯先生那些振兴中华的民族文化之情是显而易见的。我们写到这里,可以说我们已经找到了冯先生写作中国哲学史的真正思想动机了。

我们如果将这个动机理解为民族情感的话,那么,他决心创作中国哲学史当然也有他的学术动机。因为冯先生曾经说过，一个人首先要考虑事功（做官以施展自己的抱负），如果在这方面没有机会的话，那就要做学问了。① 做学问也不是主观上要做就可以做了，还必须有客观的机遇。冯先生之所以能幸运地写作中国哲学史，就是因为他有这样的机遇。我们也已经说过，早在1927年，他在燕京大学讲中国哲学史，一年之后，他从燕京大学到清华大学，仍然是担任中国哲学史这门课程的教学工作。这个机遇是多么的好啊。如果没有这个机遇的话，恐怕冯先生一辈子可能是搞西方哲学的了。因为他曾经说过，自己的兴趣是在于向中国人介绍西方文化嘛。民族的情感和学术的动机，再加上这样一个机遇，这些因缘都已经具备了，还有一个重要的内因，就是冯先生的学术功底。冯先生是一块真正的做学问的材料啊，他在美国留学的时候，他的导师杜威先生曾向校方写过一封推荐信，冯先生在后来的回忆中说，这封信相当长，最后一句话是说："这个学生是一个真正学者的材料。"② 我们说，冯先生写中国哲学史的条件是天时、地利、人和，都有了，如果再写不出轰动学界的著作的话，那才是怪事！

关于冯先生对于中国哲学史的贡献，在这个题目中也只能择其要者而述之。因为那是煌煌两卷巨著，上下几千年的中国文化呀，我们不可能在这一个题目中就将其囊括无遗。

首先，冯先生以中国哲学"史"的形式，澄清了一个学术问题，就是中国"有"哲学。

中国有无哲学的问题，不仅是一个学术的问题，而且更是一个民族尊严的问题。关于这个问题，我们在本书开始的时候就将之介入到了我们的写作系统中了。充分的事实已经证明了中国不但"有"哲学，而且中国哲学还是丰富多彩的，同时，中国哲学的产生时间并不比古希腊的哲学晚。中西文化是人类文化的两大板块，"东西辉映"，各具特色。这个事实，是世界学术界所公认的。但在"西学东渐"开始的时候，西方倒是有人不承认中国有哲学的。对于来自西方强权主义的挑战，我们将如何回应？冯先生的《中国哲

---

① 《冯友兰全集》第1卷，河南人民出版社1985年9月第一版，第58页。
② 同上书，第55页。

学史》则从中国哲学"史"的角度,予以回答。冯先生用了大量"史"方面的事实给予了理直气壮的回答。这是一位堂堂的中国知识分子以中国固有之学问所做出的铿锵有力的回答!我们如果从冯先生的著作中找出那些可资为回答的话来,我可以说,只有几句话就行了:"所谓哲学系统之系统,即指一个哲学之实质的系统也。中国哲学家之哲学之形式上的系统,虽不如西洋哲学家,但实质上的系统则同有也。讲哲学史之一要义,即是要在形式上无系统之哲学中,找出其实质的系统。"①

中国哲学同西洋哲学相比,在形式上有所逊色,但在实质上毫不逊色。那么,为什么中国哲学在形式上不像西洋哲学那样,有首尾一贯的系统呢?冯先生在书的绪论中说得也是十分清楚的。因为中国哲学家的书:"较少精心结撰,首尾贯串者。"之所以如此,是因为中国哲学家特别注重"人事",而比较地不太关切"宇宙论"之玄远的内容。换言之,中国哲学家注重于"内圣",注重于人"是"什么,而不太重人之"有"什么。人之"是"什么与人之"有"什么的区别,可以说就是中西文化的一个根本的区别。中国哲学尽管在"宇宙论"方面逊色于西方,但在人的修养方面对于人类则是一大贡献。这是中国哲学的一大特点。

其次,中国哲学在特别面目上不同于西方哲学。这个问题,实际上是前一个问题的延伸。冯先生在创作中国哲学史的时候,"哲学"一词刚到中国安家落户不久,正像我们在前文中所说的那样,就连给冯先生讲课的老先生们也辨别不清楚哲学与哲学史的区别一样。因为中国本来并无"哲学"这一个名词,要写中国哲学史,就只好用刚刚从西洋过来的这个名词的含义来检索我们中国固有的学问,将其中约略相当的内容给选出来,以写作中国哲学史。从这个意义上说,冯先生所选出来的中国哲学中的内容,同西洋哲学的内容是同一个序列的东西。这个同一个序列的东西,在冯先生看来就是先秦名家的思想、老庄道家的思想、魏晋玄学的思想、宋明理学的思想,等等。正是从这个意义上说,金岳霖先生在他的《审查报告》中认为冯先生所写的中国哲学史是"哲学在中国"的史,而

---

① 冯友兰:《中国哲学史》卷上,中华书局1961年4月新一版,第14页。

不是中国的哲学史。

　　我在前文中也已经说过,对于金先生这个说法,我是不同意的。现在就此点,我略作一点说明。我们中国的哲学思想,自有我们自己的表述方式和方法,我们不能将我们所特有的学问打通、打乱,用西洋的框子以套我们的学术思想,如果那样的话,的确有损我民族之尊严。冯先生当年之所以那样写,一是"西学东渐"之大势所趋,二是要证明我中国有哲学,三是说明我们的哲学自有我们自己的民族特殊性。如果只强调哲学"在"中国,是不够全面的。我们如果全面地来说这个话的话,应当是:哲学不仅在中国,而且中国自有哲学;中国之哲学是世界上其他国家所没有的!他们所没有的是什么呢?就是中国的"义理之学",就是中国哲学中的"内圣外王"之学(柏拉图的所谓"哲学王"者,并不是同中国哲学中的"内圣外王"在同一个意义上的),就是中国的"为学之方",就是"道可道,非常道;名可名,非常名",就是名家的"白马非马"说,就是"离坚白",就是"合同异",就是"仁学",就是"性善说",就是"心性论"……如此等等。凡此种种,他们西学是不曾有的。我们为什么要用它西学的哲学来套我们如此丰富多彩的中国哲学呢?大可不必!西方的哲学有宇宙论,有人生论,有知识论,我们也有。从一定意义上说,我们在这个方面比起西洋来,是有过之而无不及!只不过我们中国古代的哲学家所言之宇宙,是用"天"以代之,我们所用的方法不是解析的方法而已,我们是用"直觉",是用"负的方法",我们是从宇宙人生的整体思维上以把握"天""人"的关系的。所有这些,在我们中国哲学这里,是"山重水复",是"柳暗花明",是"峰峦叠嶂",是"曲径通幽"。从这个意义上说,中国哲学是诗情画意般的浪漫,而西洋哲学则是思辨性的艰涩。读中国哲学,可以使读者冥思玄想,与万物同游于广袤的宇宙之间,浑然与万物同体,与神仙对话,其受用是无穷的。而读西方哲人的书,则令人昏昏欲睡,枯燥乏味,思维单一;有的是拘束,缺的是遐思!

　　我写到此,忽然想起在一次学术会议上,说到"接着讲"的问题,有学者认为可以有三个"接着讲":一是接着马克思主义哲学讲,二是接着中国哲学讲,三是接着西方哲学讲。但也有学者对此"三个接着讲"提出了质疑:认为我们只有接着我们中国哲学讲,因为中国哲学的内容特别丰富,大有可接着讲的奥妙在其中,冯先生早年提出"接着讲",此提法最妙,妙不可言。对于马克思主义哲学,我们不能接着讲,它是一种政治的指导思想,我们如何可以接着它讲?你用马克思主义作为指导思想以研究学问可以,我们不能接着它讲。对于西方哲学,我们为什么去接着它讲?没有意义。再者,西方哲学是讲什么的?胡说八道者居多,"吃饱了撑的"居多,所讲内容对于人生无大意义,你说一个针尖上可站立几个天使?什么对于语言进行分析,要语言学家干什么?我们中国哲学没有像西方哲学的那些废话,我们的哲学是给人们指出"安身立命"的道理的……我的看法是,不论此讲是否得当,但是,有一点是我们所认同的:我们"接着"中国哲学讲没有错!冯先生已经为我们做好了奠基性的工作,我们只能接着冯先生往下讲,这是中国学问之正道!当然,话又说回来了,作为学术研究,我们并不是不能接着西方哲学和马克思主义哲学讲,但是,我们必须毫无疑问地接着中国哲学讲,因为她是我中华民族的"底色"。

　　再次,要说冯先生在中国哲学史方面的贡献,我们还不能不说冯先生在中国哲学史学科建设中的伟大旗手的作用。我们根据北大胡军和深大景海峰两位教授的文章看,在我们中国的大学里,建立哲学系,开设中国哲学史专业课程,这个历史性的伟大功绩主要地应当归之于冯先生。冯先生的第一部完整意义上的中国哲学史,为我们在大学里开设中国哲学史专业课程,提供了一部很好的教科书,使我们知道,中国哲学史应当怎样讲,讲什么样内容,体例应当怎样设置。我们说,冯先生是大学课堂上中国哲学史这一学问大厦的总设计师!我们说,在我们的大学课堂上,自从有了冯先生的中国哲学史,我们再也不会出现像冯先生当年在北大读书时所出现的那位老先生讲了一个学期的课还没有讲到周公的那种尴尬的局面了!当然,全国解放后,我们是用马克思主义作为指导思想的,我们大学课堂中的"中国哲学史"课程,是采用任继愈先生主编的四卷本的中国哲学史,因为那是用马克思主义作指导思想而写出来的中国哲学史。但是,我们可以说,任先生研究中国哲学史,他的老师就是冯先生,或者说就是以冯先生为首的那些老先生们。任先生主编的中国哲学史的体例和冯先生所开创的研究体例是相通的,这一点,十分重要。至于说,再后来的许多种中国哲学史的教材,都是在冯先生的思想的启发下而成的,不管他们的成就大小,都是在冯先生所开创的基业上而建筑的学术大厦。

其四,要说冯先生在中国哲学史上的贡献,我还想在这里说一点他对于世界文化的意义。冯先生的中国哲学史,曾被译为许多种不同的语言在海外广为流传(其中当然有他在1946—1948年初在美国用英文所写作的《中国哲学简史》,关于七卷本的《新编》,欧迪安教授等美国学者正在对之进行翻译)。据不完全统计,大约被译成六种语言。我在前文中已经说过,我的大学老师陈培基先生去美国探亲,他特别留意美国书店里所出售的关于中国文化的书籍,但是,他只见到了冯先生的《中国哲学史》。

学术界有一个说法:中国人因为有严复而知道有近代西方学术,西方人因为有冯友兰而知道有中国哲学。在冯先生逝世的时候,中、外有关媒体在刊登这一消息时,称冯先生是学术泰斗,是一代哲学大师,对于中西文化交流起到了重要作用。由此我们可知冯先生在世界学术界中的地位,由此我们也可知他的中国哲学史对于世界文化的贡献。

第五讲

最哲学底哲学

　　冯先生学术活动的第三个时期的代表作,就是"贞元之际所著书"(即以《新理学》为总纲的那六部书)。这六部书的题目,我们在本书第二讲中已经开列出来了,此处从略。

　　我们在这一讲中,开首即说:最哲学底哲学。这个题目是相当有意思的。对于我们没有见到过或者是没有读过冯先生书的人,一开始是会感到茫然而不知所措,这是肯定的。就本人来说,在开始读冯先生的书的时候,就有这种感觉。

　　早在上个世纪90年代之初,我刚刚接触到冯先生的"贞元六书"的时候,一看到"最哲学底哲学"这样的字眼,我的头脑中顿时一片茫然。我在大学里读了四年哲学,从没有听到老师们说过"最哲学底哲学"这样的话。在我刚接触到这样的学术术语的时候,我正好同从北京大学哲学系毕业回到南阳工作的田永朝同志在一个楼上办公,我就这件事情去请教他。田永朝同志很爽快地给我作了回答,但是,他在回答完毕后,又有一个附加的话,那意思是说,在北大时,他也没有读过冯先生的书,只是听老师说过,冯先生的哲学,是"接着讲"而不是"照着讲";他的哲学是"最哲学底哲学","最哲学底哲学"不是科学,也不是"坏的科学",更不是"坏的形上学"。我问他,这是什么意思。他笑了,说,自己也不明白这是什么意思。我当时就想,我们老家里的冯老先生啊,您老人家的学问可真是大呀,北大哲学系的高材生都弄不明白这是什么意思,我怎么敢来啃这块"硬骨头"呢?但我已经登上了这条船了,任凭风浪起,我也只好"稳坐"而前行了。十多年来,我仍在此船中,尽管这条学问之船一路劈波斩浪,尚未到达"知识之彼岸",在行程中,也多少悟出了一点道理,今在这里将它说给大家,至于说是不是冯先生本来所说的道理,那则是另一回事。

一、为什么是"最哲学底哲学"

我们在写这个题目之前,先向大家介绍一本书,其书名为:《还原冯友兰》,作者是一位年已古稀的老人,名字叫茅冥家。茅先生是一位学者,他的这部书是专门研究冯先生的《新理学》的。这部书可能市面上没有卖的,它是香港出版的,2005 年 11 月在北大开会时,这本书作为大会的赠书,与会者人手一册。

在这部书的扉页中写道:谨以此书纪念——芝生先生生前所说的最后遗言:"真正哲学的性质,如我在《新理学》中所说的'最哲学的哲学'是对于实际无所肯定。"茅先生在这里所引用的冯先生最后的遗言,是指冯先生在他临去世前的几个月所写的《中国哲学史新编》第七卷中的话。这句话,还不是冯先生在第七卷的前半部说的,而是在整个七卷共 81 章的最后一章中说的。这最后一章的题目是:《中国哲学史新编》总结。由此,我们可知冯先生这句话的学术地位及其分量!

在写这部书的时候,我认真地就冯先生的这句话进行反思,越反思越觉得它的意义重大。从某种意义上说,"最哲学底哲学"是冯先生一生的学术核心。我现在把这段话全部抄录如下:

真正的哲学不是初级的科学，不是太上科学，也不是科学。这是它的性质所决定的。真正哲学的性质，如我在《新理学》中所说的"最哲学底哲学"，是对于实际无所肯定，科学则是对实际有所肯定。科学的性质，是对于实际必定有所肯定。任何一个科学命题，无论其是一个大发明，或是一篇小论文的题目，都必须对于实际有所肯定。如其不然，它就不能称为科学命题了。反过来说，如其对于实际有所肯定，它就不能称为哲学了。

如我们所说，冯先生的这段话，是在他95岁高龄之时，在他老人家去世前4个月所说的。这段话的意思同他在半个多世纪之前写作《新理学》时所说的话没有任何差别。我们现在就将镜头拉向上个世纪的30年代之末，我们来看冯先生的《新理学》，以从中窥视他的"最哲学底哲学"的学术真谛。

在《新理学》的绪论中，冯先生专设一个标题：哲学与科学。在这一题目下，他专讲它们二者的区别。冯先生在这里是用设问的形式提出问题和回答问题的。他说，有人认为，凡是依照逻辑讲的确切的学问，都是科学。如此说来，哲学也是依照逻辑讲的学问，它也应当列到科学之中去了。但冯先生不同意这种说法。冯先生首先讲，科学是指自然科学。自然科学和哲学是完全不同的两种学问。依照西洋关于哲学的说法，认为各种科学都是从哲学中分离出来的。这个话的意思是说，科学就是比较成熟的哲学，它一旦成熟了，它就从哲学中分离出来了。如果真是这样的话，那就是说，哲学是不成熟的科学。从不成熟的科学说，那么，哲学就是"坏的科学"。

按照冯先生的看法，哲学不是什么坏的科学。在古人对于科学的认识不成熟的时候，只有哲学而无科学。人们对于宇宙人生的观察与认识，不管是对还是错，统统将之纳入到哲学之中。随着人们对于自然认识的进步，人们的科学知识有所提高，一旦在科学的某些方面的认识成熟之后，科学就从哲学中分离了出来。这样，从表面上看，哲学的地盘似乎是缩小了。随着人们对于自然科学的认识的逐步提高，哲学的地盘则越来越小了。照这样发展下去，终归会有一天,哲学就不可能存在了。这种观点对吗?这显然是不对的。冯先生认为,不论科学如何发达,哲学总是还存在的,科学的发达根本无损于哲学的存在。为什么?在冯先生看来,科学和哲学是种类上的不同。它们不同的表现就在:科学所讲,是关于宇宙间一部分的事物;而哲学所讲,则是关于宇宙的全体。这里又出现了一个问题:就是说,科学和哲学都是在讲宇宙,只是部分和全体的不同而已,如此说来,哲学和科学又是同一类的学问了。冯先生认为,这种说法也是不对的。科学所讲的宇宙与哲学所讲的宇宙不是同一个概念;科学所讲的部分事物,是事实存在着的事物,哲学所讲的只是形式的、逻辑的,并不对于事实有所肯定。如果认为哲学同科学一样,对于事实做出肯定的话,那么不就是承认哲学是在"综合科学"吗?它要是对于科学进行综合的话,它就成了"科学大纲"了。而事实上,哲学就是哲学,它不是科学的大纲。

我们分析到此,还不能说明哲学和科学为什么是种类上的不同。我们还必须对它们作进一步的分析。在对它们作进一步的分析中,冯先生引入了"方法"说,就是说,科学和哲学之所以是种类的不同,主要表现在它们所用的方法不同。概而言之,科学是实验的方法,而哲学是"思"或者是"纯思"的方法。在这里,冯先生又引出了一个哲学的定义:"照我们的看法,哲学乃自纯思之观点,对于经验作理智底分析,总括,及解释,而又以名言说出之者。哲学之有靠人之思与辩。"[①]

科学是对于实际有所肯定。对于实际有所肯定,就必须对于客观存在的事物进行研究和分析,科学的研究和分析离不开实验。这是科学的性质所决定的。哲学则不行,它不能通过实验而获得哲学的思想,它的方法只能是思,或者是"纯思"。

思的第一步,不能离开经验。比如说,我们看到了一张桌子,我们凭经验于是知道"这"是一张桌子。我们不能用科学的方法,对"这"进行分析和实验,科学的方法只能对于"桌子"进行分析和实验。而对"这"进行分析的只能是哲学。哲学对"这"进行分析时,就是对"这"着思。思的结果是,这是方的;这是木质的;这是桌

[①] 《冯友兰全集》第4卷,河南人民出版社1986年8月第一版,第7页。

子;它有四隅。而方的、木质的,等等,我们可以以"性"说之。我们可以说,桌子有"方之性"。我们进一步推论,我们事实上并不知道有多少张桌子,但我们可以知道,凡有桌子必有"方之性"。我们再继续推论,凡有桌子都有"方之性",而事实上,不管有桌子没有,一旦有桌子,它都不可逃这个"方之性"。由此看来,这个"方"或者说"方之性"是真的。但话又说回来了,"方"、"方之性"是真的,如果没有桌子,它就不能实际地存在。照这样说,"方"、"方之性"是真而不实的。不光桌子是如此,凡一切具有方性的物,都是这样。我们不管这些方性的物到底有多少,它只要是具有方性的物,它一旦存在,它必依照方之性而不可逃。这是我们所说的哲学的"思"的第一步。这个第一步是不能离开经验的。

思的第二步,就要离开经验、离开实际的物去对"方"本身着思了。对于方之本身以着思,就是思方之概念。一旦对于方之概念着思时,我们的思就离开了经验之物。离开了经验之物,就不是对于事实而着思。因为事实的物只可感,而不可思。所思的不是事实的物,不是经验的东西,那是什么?用冯先生的话说,此时我们的思,只能是对于"方"、"方性"进行形式的、逻辑的分析和释义。我们的思,一旦进入到形式的、逻辑的分析或者释义的时候,我们的思就不对于实际进行肯定了。

我们的思,不对于实际进行肯定,它将对于什么进行肯定呢?大家注意,冯先生在这里引进了一个专用哲学术语——真际。就是说,我们的思,一旦离开了实际经验,不对实际进行肯定,只能对于真际作形式的、逻辑的肯定。作形式的、逻辑的肯定,是什么意思?它的意思是说,哲学上的这种肯定是没有内容的肯定;而科学的肯定是"积极的"肯定,积极的肯定是有内容的肯定。我们如果举例来说:"白马是白的","山是山","水是水",这是形式的肯定。我们说,"甲是甲","甲是非甲",这是逻辑的肯定。我们说,"太阳每天都从东方升起",这是对于事实所作的积极的肯定,因而是科学的肯定。

那么,真际是什么?"真际与实际不同,真际是指凡可称为有者,亦可名为本然;实际是指有事实底存在者,亦可名为自然。真者,言其无妄;实者,言其不虚;本然者,本来即然;自然者,自己而然。"①实际就是实际存在的事事物物,其特点是"实",既是"实",它就是"不虚";真际正好同实际相对,它是"虚而不实",它虚而不实,但并不是没有,而是"有"。这个"有",尽管是"虚而不实"的,但它是"真",而不是"妄"。所以说,真际是真而不妄。

那么,真际和实际又是一个什么关系呢?真际包括实际,反过来,实际不包括真际。这是一层意思,另一层意思是,实际与实际所存在的具体的事物并不是一回事。用冯先生的话说,就是"有某一件有事实底存在底事物,必有实际,但有实际不必有某一件有事实底存在底事物。"②如此说来,这里有三个层次:真际、实际、实际存在的具体的事物。有实际的具体的事物,必有实际,不能反过来说,有实际必有实际存在的具体事物。有实际必有真际,但也不能反过来说,有真际必有实际和实际存在的具体事物。冯先生说:"有实者必有真,但有真者不必有实;是实者必是无妄,但是真者未必不虚。其只属于真际中而不属于实际中者,即只是无妄而不是不虚者,我们说它是属于纯真际中,或是纯真际底。"③

这三个层次,真际不是实际,我们基本上是清楚了的,我想,我们一时还不太清楚的肯定是"实际"和"实际的事物"。"实际"和"实际的事物"到底有没有区别?我们说,它们肯定有区别,不然的话,冯先生为什么将它们分为两个概念?那么,它们的区别在哪里?按照冯先生的说法,实际的事物是指"有事实存在底事事物物"。实际是指"所有事实底存在者"。我们说到这里,我认为,这两者的区别仍然是有些朦朦胧胧的。

现在,我本人对于这个区别已经是"江郎才尽"了,为了对于广大读者负责任,我得请出高手来说明这个区别:"综观冯先生的用法和'新理学'的逻辑,我们可以说,'实际底事物'是一个'某物'的概念,即'个别';而'实际'的问题就要来得复杂一点。中文语词作为概念常可同时有数义,既可以指某类事物之中的任一个,亦可

---

① 《冯友兰全集》第4卷,河南人民出版社1986年8月第一版,第11页。
② 同上。
③ 同上。

指此类事物的全体,还可指此类事物的抽象属性,即既可作类名,又可作总名,还可作指名('指'字之说取自公孙龙)。'实际'相对于个别的某物,是一个类名,即普遍概念,它的建立是要把个别和类分别开来。指实际存在的这一类、那一类的存在物。而'实际'相对于潜存的'真际',就是一个总名,指'事世界',近于'实存'的概念。"① 对于这三个层次的概念,我自己一时语塞,我在这里请出了北大哲学系的著名教授陈来先生(陈教授是冯先生晚年的助手),让陈先生给我们作解释,我认为,我们应当是清楚了。我现在就陈先生的意思,再给予化简一点,就是说,"实际"是一个"类名","类名"是什么?是一个普遍的概念,这个普遍的概念就是泛指实际世界上所有的实际存在的一切事物。这个实际存在的一切事物就是"事世界",我们说"实际"时,并不是对于实际存在的事物进行积极的肯定,就是说,我们对于"实际"的肯定也同样是形式的。我们在第二讲中已经说过了,冯先生的"新理学"系统是两个世界:实际的事物所存在的世界就是"事世界",同"事世界"相对的就是"理世界",而理世界就是真际的世界。"真际世界"我们不能用感觉以把握它,我们也不能用科学方法以实验和分析它,我们只能用哲学的"思"或者"纯思"以把握它。

我们还要给大家澄清这样一个观念:"纯真际"。像我们在上段中所引:"其只属于真际中而不属于实际中者,即只是无妄而不是不虚者,我们说它是属于纯真际中,或是纯真际底。""纯真际"就是"真际",只是在概念的蕴含上有别,真际实现于实际中者,称作实际,而纯真际是指根本没有实现于实际者。其根本没有实现于实际中者,在实际中没有它实现的例,那么,它只能在"纯真际"之中。

我们根据冯先生的思路,以分析"新理学",到此,我们应该说比较清楚这样一个问题:哲学和科学是不同的,它们的不同是"类"的不同,既不同类,当然也就不同"理"。这样,冯先生的哲学就不是"科学"意义上的哲学,我们不能用马克思主义的哲学概念、定义以套冯先生的哲学。马克思主义的哲学是科学的哲学,它的原理

---

① 陈来:《"新理学"形上学之检讨》,《冯友兰先生纪念文集》,第 221 页。

来自科学,它反过来又可以给予科学以理论的指导。我们可以说,马克思主义哲学是科学的世界观和方法论,是对于自然科学、社会科学的最一般的规律的高度概括。冯先生的哲学定义不是这样:"哲学乃自纯思之观点,对于经验作理智底分析,总括,及解释,而又以名言说出之者。"我们将马克思主义的哲学定义同冯先生的哲学定义作一个简单的比较,我们一看便知,它们之间有着重大的不同点:前者是科学的,后者是理智的;前者对于实际有所肯定,后者对于真际有所肯定,而不特别地对于实际有所肯定。我们同时还可以从它们之中找出相同的地方:两者同起自于"经验",前者所说的经验,是对于客观事物进行科学的分析,在这种分析的基础上作科学的抽象与概括,以形成科学的理念,反过来以指导科学的实践;而后者开始于经验,一旦从经验中获得到了"某性"之后,我们的"思"就离开了经验,只对某性或者某某性着思了。对某性、某某性以着思,就不是一般的思,而是纯思。这种纯思,已经没有了经验,更不靠科学的实验,靠什么?靠理智。理智的思,就是纯思。我们说,马克思主义的哲学同冯先生的哲学在这个点上开始分道扬镳了。这一分,不大紧,分出了一个新哲学体系出来了,这就是以"理性主义"著称的"新理学"哲学体系。

我们对于冯先生的新理学的哲学体系进行了上述这般分析,我们应当明白冯先生的哲学为什么叫做"最哲学底哲学"了。所谓"最哲学底哲学"同科学的哲学是不同的。最哲学底哲学所使用的概念是形式的、逻辑的,它们都是关于命题的"套子",这些命题,这些概念,对于实际不作肯定,而对于真际有所肯定。所肯定的只是"理世界"中的理,而不是实际世界中的事物。理世界中的理,只能用纯思去把握之,它所把握的是"形而上"的东西,不是"形而下"的东西。我们借用中国古代哲学中的话说:"形而上者谓之道,形而下者谓之器。"冯先生的哲学是"形而上"的道。"形而上"的道就是"最哲学底哲学"。

二、《新理学》的方法

我在这里设定这个题目的时候,我的心中就有些发憷,有些惶然而不知所措。因为在哲学上,只要一说到方法,事情就相当麻烦,相当棘手。本来,无论做任何事情,都有一个方法的问题。从某种意义上说,方法也是一种手段,是欲达到某一种目的的手段。它本身并不难理解。但是,一经某些哲学家们对于"方法"进行一番论说,使你本来比较清楚的思维顿时模糊起来了。

  在我的记忆中,好像我的大学老师——一位讲西方哲学的先生——陈培基教授曾经给我们讲过:北大有位讲黑格尔的教授,他在讲《小逻辑》时说过,讲黑格尔的小逻辑,我讲一遍你就懂了,那是不正常的;我讲两遍,你有些糊涂,那才是正常的。我原来对我们的陈先生所讲的这个话有些不敢相信,20多年以后,我在一些大型的学术会议上也听到了有些著名学者讲这样的话,我这才相信,我们陈老师的话是真的。这样看来,有些东西是不敢经哲学家们对它作解释的,因为他一解释你倒是更加糊涂了,这大概就是哲学家们的学问吧。

  我还听到有人讲,金岳霖先生和冯先生两人在对于问题作解释时的理路是不同的。就是说,冯先生的本事是将复杂的问题简单化,而金先生能把很简单的问题给讲得特别复杂(冯先生也说过这样的话)。这个情况,大概就是我在这里所说的意思吧。所有这些,我们都可以"方法论"说之。

  闲言休矣,我们开始讲新理学的方法。

  我们如果极简单地用一句话来说这个新理学的方法,那就是我们在本讲第一节中所说的"思"或者"纯思"的方法。这就是新理学的方法。但纯思是有一套逻辑程序的。我们一旦涉及这个逻辑的东西,事情骤然间就变得复杂化了。它还不是一般的复杂。关于新理学的方法,冯先生专有一本书,它就是"贞元六书"中的一书:《新知言》。除了这一部书之外,冯先生还专就新理学的方法问题,写过一篇长文:《新理学在哲学中之地位及其方法》[①]。冯先生自己也说,我们学术界也是这样认为的,冯先生在创作《新理学》的时候所使用的是逻辑分析法。

  逻辑分析法,在我们中国古代也有,但并不是很发达,主要是

[①] 《冯友兰全集》第5卷,河南人民出版社1986年9月第一版,第380—453页。

在《墨经》中。不过,冯先生所说的逻辑分析法,是从西方引进的东西。冯先生之所以终生从事哲学活动,要说这个起因还是逻辑给了他这个机缘。他在回忆中说,在他17岁的时候,初到上海中国公学上学,他们的课程有一门就是逻辑。但是,当时冯先生的老师们并不是真正地懂逻辑。尽管这样,还是由此引起了冯先生对逻辑的兴趣:"我当时对逻辑很有兴趣,就自己学习。(耶芳斯:《逻辑要义》,严复将这本书译为中文,书名为《名学浅说》)这本书的后面有很多练习题,我就自己做练习。……我学逻辑,虽然仅仅只是一个开始,但是这个开始引起了我学哲学的兴趣。我决心以后要学哲学。对于逻辑的兴趣,很自然地使我特别想学西方哲学。"[①]冯先生的这段话,说的是他在1915年去北京大学前的情况。之后,他在考取了北大后,不学其他的科目,就学习哲学。当时和冯先生一起学习哲学的人只有13人,根据他的回忆,这13个人之中,只有冯先生一人没有改行,终生从事哲学事业。

我们说,以《新理学》为纲的那六部书(即被称为"新理学"体系)是使冯先生成为一名哲学家的著作,而"新理学"体系与中国传统哲学相比,它有一个显著的特点:自觉地引进和熟练地运用西方哲学的逻辑分析法。

逻辑分析法(正的方法)简明扼要地说,就是运用逻辑推理的一般规律,对概念、命题进行逻辑的分析,以证明其真伪,并以此为根据做出判断的思维过程。一般说来,逻辑分析是一种科学的分析方法。因为科学必须求真求实,才能获得到确切的学问。但是,哲学也必须以逻辑分析作为主要方法,以求得概念、命题之真(逻辑的"真"与科学的"真"不同)。中国以往的哲学一般都不是采用逻辑分析的方法,而是如冯先生所说的采用的是"直觉"或者说是"神秘主义"的方法。直觉的、神秘主义的方法所得的哲学的概念一般都是模糊不清的、含混的,也就是说,概念不明晰。西方的逻辑分析法可以克服这样的缺点,可以使概念明晰起来,使思维具有一定的确定性。我们说,冯先生将西方的逻辑分析的方法引入中国哲学中来,这是冯先生的一个大的贡献。

---

① 《冯友兰全集》第1卷,河南人民出版社1985年9月第一版,第185页。

那么,冯先生是怎样运用逻辑分析法以建立他的哲学体系的呢?让我们循着冯先生的理路以解剖之。

我们不得不重复一下关于哲学的概念:"照我们的看法,哲学乃自纯思之观点,对于经验作理智底分析,总括,及解释,而又以名言说出之者。"经验就是人们所经历的事事物物,而事事物物是一个个具体的东西。它并不神秘,它就在我们生活的范围之内,一般人对之是"日用而不知",但对于哲学家就另当别论了。比如说,这是一只狗(它是一个具体的事物),我们对之着思:狗是动物(类概念出现了)。我们对于动物着思,动物乃宇宙中之一物(相对于万物而言),作为动物的"一物"同宇宙万物相比,它只是一类;而宇宙万物是一大共类。这样,狗(个体,私名)——动物(类名)——万物(共名),逻辑层次就已经显现出来了。共名对于类名而言,它是一高类,类名对于私名而言,它也是高类。这是一种逻辑分析法。反过来,从蕴含与被蕴含讲,高类之性被低类所蕴含。比如说,狗性蕴含动物性,从这个逻辑层次上说,低类是高类,高类成了低类。当我们思及"类"时,我们的思可以离开具体的物而只思及"类"。只思及"类"的时候,我们的思就进入到了"真际"之境了。如果这个"类"没有实现于具体的物,那么,它只是一个空类,这个空类之"理"只存在于真际之中。只存在于真际中,在实际中并没有它的实际分子,那它就是"纯真际底"(我们注意,同前文中所说的"纯真际"联系起来看)。我们的思,达到这种地步时,我们并不是思及某物,而是思及某类,进而思及某类之理。

"理"是什么?理是一事物之所以为一事物者。狗之所以成为狗,是有"狗之所以成为狗者","狗之所以成为狗者"就是狗之"理"。狗不是马,马也不是狗,就是因为马有"马之所以为马者"之理。狗是狗类,马为马类,人为人类,之所以不同类,是因为它们各异其理。一物有一物之理;一类物有一类物之理;物各有理,物各异其理。万物有万理,总万物之理,冯先生称之为"大全"。"大全"是众理之全。宇宙之万事万物统在大全之中,而"大全"包括所有的真际和实际。它既然包括所有的真际和实际,它当然也把"我"以及"思"包括在其中。从逻辑上讲,我们的思被包括其中,我们的思又如何对被包括于其中的"大全"而着"思"呢?这是不可思议的。所以,冯先生在用"正的方法"以思时,到后来遇到了不可克服的困难,为了解决这个困难,才有"负的方法"的介入,这是后话。

在冯先生的新理学的体系中,宇宙并不是科学意义上的宇宙,它是哲学意义上的宇宙。哲学意义上的宇宙,只是一个形式的、逻辑的概念,它与科学所说的宇宙是不同的。新理学的哲学是最哲学的哲学,最哲学的哲学又可以称为"最哲学底形上学"。既为形上学,就不是形而下者,就不是对于实际有所肯定,而是对于真际有所肯定。对于真际的肯定,就是对于众理之全的肯定。肯定到最后,就肯定出来了一个"冲漠无朕,万象森然"的"理世界"。这个"理世界"的得来,是靠我们的思,我们的思的程序就是冯先生所说的正的方法的逻辑分析法。

我们在这里对于冯先生的逻辑分析法进行了简明扼要的演绎,演绎的结果是可以推出整个的新理学体系,因为作为新理学的四组主要概念(理、气、道体、大全)都是靠逻辑分析法以得出的。至于说,得出这四组主要概念之后,再对之着思时,仅靠正的方法就不行了,此时必须得有负的方法不可。所以,冯先生特别看重逻辑分析法(正的方法)。冯先生在写作《中国哲学史》(两卷本)时,比较排斥所谓中国哲学中的传统的方法——直觉(即冯先生所说的负的方法)。我们现在来检讨一下他是怎样排斥"直觉"的。他在写作《中国哲学史》时,在绪论中有一个题目:哲学方法。他说:

> 近人有谓研究哲学所用之方法,与研究科学所用之方法不同。科学的方法是逻辑的,理智的;哲学之方法,是直觉的,反理智的。其实凡所谓直觉,顿悟,神秘经验等,虽有甚高的价值,但不必以之混入哲学方法之内。无论科学哲学,皆系写出或说出之道理,皆必以严刻的理智态度表出之。凡著书立说之人无不如此。……故谓以直觉为方法,吾人可得到一种神秘的经验则可,谓以直觉为方法,吾人可得到一种哲学则不可。

我们注意,这个时候,冯先生在哲学方法上并不认为"直觉"可以成就哲学。这种思想是在20世纪30年代初期所形成的,到30年代后期,他仍然是这个观点。那么,在什么时候,他将负的方法也列入到哲学的方法之中了呢？我还没有找到改变他的思想的确切时间。但至少可以这样认为，在新理学中，"气"（也包括"道体"）和"大全"的观念出现之后，仅靠逻辑分析法显然是不行的。换句话说，在对于"气"和"大全"着思时，正的方法显然是无力的，是不可能解决全部问题的，非引进负的方法不可。在《三松堂自序》中，冯先生回忆说："在《新原道》以后，我又写了一部书，题名为《新知言》，这部书是讲哲学的方法的。""在《新理学》中的四个基本概念中，就有两个是不可思议，不可言说的。所以，不可思议、不可言说，就成为哲学方法论中的重要问题了。"①我们根据冯先生的这段话可知，他为什么改变过去将"直觉"之方法排斥在他的哲学方法之外的根本原因了。

新理学中的几个主要的观念，是不可以用正的方法以说明的，因为它不可思议、不可言说呀。既然不可思议、不可言说，你怎么能够对它进行"思议"、"言说"？但这个东西你还非说不可，怎么说？只好以不说为说，以不言为言。不说之说，不言之言，是另一个意义上的言说。

关于"直觉"，如我们在前文中引用蒙培元先生的解释所说，它是一个不容易说得清楚的概念。我们根据冯先生在《中国哲学史》绪论中的那段话来看，冯先生将直觉同顿悟、神秘等词语连在一起使用，我们可知，尽管它本身并不就是"顿悟"和"神秘"，但它也同它们至少有一定的关联。顿悟是不是有忽然明白、忽然开朗之意。我现在对于这个"忽然明白"、"忽然开朗"有一个"忽然"的理解，它是不是有点像朱子的"格物致知"认识论中所说的"豁然贯通"的味道？但是，我们若将它们仔细地作一比较，也有点不太相类。朱子的"格物致知"说的前提，必须是"即物而穷理"；这个"顿悟"，有没有这个过程？我们现在看来还是大可怀疑的。关于神秘一词就更不好说了，到底是一种灵魂深处的感悟，一种神与神交之后的灵魂火花的对撞？还是一个人的精神处于一种"梦游的幻境"，如《红楼梦》第五回中贾宝玉的"游幻境指迷十二钗"一般？我们在这里一时是难以说得清楚的。

---

① 《冯友兰全集》第1卷，河南人民出版社1985年9月第一版，第254页。

我们知道，直觉的方法是中国传统哲学中的方法，梁漱溟先生对直觉是情有独钟的。这个不难理解，因为梁先生就是中国文化的"守护神"嘛。冯先生则不同，他是留美的博士，他如果不用西洋的哲学方法以整理中国哲学，那实在是对不起他的那个"真正的学者材料"的评价的。但是，通过冯先生的哲学实践证明，研究和发掘中国的固有文化，仅用西方的逻辑分析的方法也是行不通的，还非有中国传统的方法不可。冯先生不用便罢，一旦用了，就感到它别有一番天地，真可谓"神奇得不得了"。冯先生爱举这样一个例子，它是《曹山语录》中的一个故事："俱胝和尚，凡有诘问，惟举一指。后有童子，因外人问：'和尚说何法要？'童子亦竖起一指。胝闻，遂以刃断其指，童子号哭而去。胝复招之，童子回首，胝却竖其指。童子忽然领悟。"这个故事，是冯先生在《中国哲学简史》中所讲的。我在给我的学生们讲中国哲学的时候，用我自己的话来讲这个故事。我告诉我的学生们，读书切不可死读，要同书中的人物对话，或者同他们"神交"。师父教弟子学艺，聪明的弟子是靠心领的，如何心领？有一个老和尚，他就是不给小和尚传什么口头上的东西，凡是有弟子向他求教，他就竖起一个指头。又有别人问小和尚，你们的师父是怎样教你的？小和尚学着师父的样子，向询问者也竖起了一个手指头。这件事让老和尚看到了。这一看不打紧，老和尚顺手拎起一把刀，把小徒弟的那个手指头给剁了。这个小家伙疼啊，抬脚便跑，偶一回首，又见老和尚向他竖起了一个指头。小家伙忽然领悟。我们说，这个小和尚忽然"领悟"，就是一种顿悟，这个顿悟，得到了一种经验。这个经验是不可言传的，但可以"心领"，可以"神会"。要说，这大概就是所谓的"神秘经验"。

冯先生所用的这两种方法，一是在时间上有先后的不同，二是在地位上有轻重的不同。我们说，冯先生在创作《中国哲学史》（两卷本）的时候，用的是正的方法，也就是从西方引入的逻辑分析的方法。那个时候，他对负的方法是排斥的，或者也可以说是不屑一顾的。现在看来，冯先生将负的方法引入自己的学术创作的时间，应当是在写作《新理学》时，再到后来，在冯先生去美国做客座教授，用英文写《中国哲学简史》时，他将负的方法提到了相当重要的地位。不然的话，他不可能在《简史》中讲那个老和尚和小和尚的故事。我们说到这二者的地位,这件事情应当说是相对复杂一些。有学者认为,冯先生是比较重视负的方法的。我的看法是,他对正负两法的地位的轻重存在一个时间上的差异。他在学术活动的前期重视"正的方法",到后期则看重"负的方法",或者说越到后来越看重负的方法。一直到冯先生临终前的几个月,他还是在强调负的方法对于"最哲学底哲学"的意义。

冯先生在写作《中国哲学史新编》第七卷的最后一章时说:"中国传统的画月亮的方法有两种:一种是在天空画一个圆圈子,说这就是月亮;另外一种画法是不画圆圈子,只是在月亮可能出现的天空中,涂以一片云彩,在云彩中留一块圆的空白,说那就是月亮。后一种画法称为'烘云托月'。这种表达事物性质的方法,我称为负的方法。用这一种方法,表达事物的性质,不是先说事物的性质是什么,而是先说这种事物的性质不是什么。"关于这个说法,我们还必须得在此多说上一两句话。就是说,冯先生用"烘云托月"说,主要是讲"负的方法"的意义的,而并非是画月之写真法。有人问过我,冯先生所说的第二种画月法,在事实上是不可能的,为什么?你如果真的在那里画上一片云彩,根本不可能会在那个地方给空出一个月亮来,因为云总是将月给遮盖起来了。不是有这么几句歌词吗:天上云追月,地上风吹柳……这大概是咏颂爱情的,其所用的可能是文学上的比兴法。这是一种文学的表现方法。我们说,文学的表现方法与哲学的方法在某些方面也可能是相类的。云与月的相随性,就可像哲学上的理与物的不离性。云与月的相即相离,在大多数情况之下,犹如辩证法所讲的,是你中有我,我中有你。我们画月亮的第二种方法,不可能是在云中清清楚楚地空出一个地方出来以为月。这一点是我们必须要在这里说明的。

冯先生在这里所说的关于负的方法的话,是特别简略的。我们了解内情的人都知道,冯先生此时已经是95岁之高龄了,生命已经走到了尽头,尽管他的思维仍然是清晰的,但说话就比较困难了。许多学术的内容,先生只是点到为止,不多说一个字,不多说一句话。作《中国哲学史新编》全书的总结,本来是可以分为两章的。因为先生每每住院,作为先生助手的张跃博士怕先生在生命的最后时刻写不了全书的总结,建议先生将最后的两章合为一章,先生同意了。

我们现在在读作为全书的总结的最后一章时,我们感觉有诸多遗憾。我们感觉到先生实在是还有许多话要说,只是没有时间了。总结应当是最为出彩的章节,也当然有更为精彩的内容。但是,先生写得的确是太简略了。我们设想,先生在说负的方法时,肯定有许多话要说,但是,他老人家没有说。我们的这个设想是有根据的,并不是凭空而想。因为冯先生的确把负的方法看得太重了。我们在以后的文字中要说的"天地境界",那是冯先生的最高的人生追求,那是通向"圣域"的至境,而要达到这种境界,非负的方法不可!但在这个总结中,冯先生只说了这么简单的几句话。

负的方法固然重要,但它必须以正的方法作为基础。我们说,正的方法犹如我们建筑一座大厦所需要的诸多建筑方面的材料。如果没有这些材料,这座大厦是无从建起的。但是,只有这些材料,如果没有一个高明的建筑设计师,这座大厦盖得会是什么样子呢?负的方法就是一个高明的建筑师!这就是说,正的方法是为负的方法作建筑前的"备料"工作。用冯先生的话说,就是"人必须先说很多话,然后保持静默。"①关于负的方法的"静默",一般情况下,是不太容易弄得通的。

2006年4月,我们在湖南大学召开的关于中国哲学重建的会议上,冯先生的关门弟子陈战国教授在会上作了一个《神秘经验与负的方法》的演讲,我这里有一个简单的记录。陈先生所说的大概意思是:中国哲学离不开神秘的经验,而神秘的经验又是不可说的。但是,你如果真的不说,人们又如何知道你的意思呢?这就是说,还得需要说,只是我们的"说",不是采取正面的逻辑分析,不是长篇大论的滔滔不绝,而是同这种说所不同的"说"。这个"说"只适用于说那种"不可说"的神秘经验。陈先生说,找到这种"说"的方法,就是理解中国哲学的关键之所在。这种方法,冯先生在创作新理学的时候就已经成功地将之运用到自己的学术活动之中了。这种"不可说"的方法就是"负的方法"。陈先生在深谙其师冯先生

---

① 冯友兰:《中国哲学简史》第28章,《冯友兰全集》第6卷,河南人民出版社1989年11月第一版,第306页。

思想真谛的情况下,将负的方法概括为如下三种:1. 烘云托月法;2. 诗的方法;3. 缄默法。我们已经在前文中说了一些"烘云托月法"了。关于"诗的方法":真正的好诗有传神之笔,它和画一样。好的诗和画,它们所传达的"意"并不在诗画本身,而是在诗外、在画外。真正懂诗、懂画的人,能读到诗外之诗,能看到画外之画。诗外之诗和画外之画(也可以理解为诗中之诗,画中之画),并不在我们所看到的诗和画之中,能达到这种意境的写作法,就不是正的方法,而是负的方法。以上两点,我们对它没有多大的争论。我们的争论主要表现在"缄默法"上。在这个问题上,有学者向陈先生提问,给我印象最深的是苏州大学蒋国保教授的提问。一边是陈教授的回答,一边是蒋教授的提问;一边是蒋教授的"发难",一边是陈教授的"应战"。一个回合,两个对阵,越战越勇,越斗越酣。某女教授将其小女儿也带入了会场中,一个以"不说为说"的话语,逗得这个小孩子咯咯而笑……

那么,我们究竟如何来理解"缄默法"? 这是一个问题。我们要想对于这个问题有一个好的答案,我们还必须得弄懂禅宗的哲学。冯先生在《中国哲学简史》中专设一章:"禅宗:静默的哲学。"其中有一个题目:"第一义不可说。"在这个题目中,说到了空宗的第三层真谛(这种理论很深奥),其大抵意思是说,佛修炼的至高境乃达"般若"之智,而达至此境时即是"无知",而真正的"般若"之境乃是"无",凡达此境之圣者必须知"无",而"无"是"超乎形象"者。这个"超乎形象"者之"无"是没有性质的。这样,"无"就不能成为"知"的对象。但是,还必须知"无"。怎么办?只好将知之主体与"无"同一。这种与"无"同一的状态,就叫做"涅槃","涅槃"和"般若"是一件事情的两个方面:涅槃不是可知之物;般若是不知之知。这就是空宗的第三层真谛。这个第三层真谛在禅宗那里就被表述为"第一义"。因为般若之智是不知之知,"不知之知"到禅宗这里就转为"第一义不可说"了。这个第一义不可说,从知识的层面上说,是"不知之知",表现在修行的方法上就是"不修之修"。"不修之修"一旦达到了高峰,即可"顿悟",既一"顿悟",即可成佛。达到了这种状态,即可"智与理冥,境与神会,如人饮水,冷暖自知"。这样一种境界,就是"不知之知"之境,就是人与物的冥合之境。这样一种境,我们用冯先生的负的方法以说之,就是不说之说,也就是不知之知。一旦达到这样的境界,不是用语言可以说的。就是我们在前文中所说的那个老和尚所竖的一个指头,可以意会、心领、神交,就是不能说。我想,这就是我所理解的"缄默法",不知道我的这个理解是否同陈先生所说的负的方法的第三义同?

负的方法的"不说之说",必须有一个前提,那就是"必须说许多的话",在说了许多的话之后而保持沉默。

我们从以上的分析来看,哲学方法并不是可有可无的,也不是可要可不要的,而是非常重要的。从一定意义上说,某一哲学体系的确立,其哲学的方法必须先行。或者说,哲学的方法是通向哲学体系的通道。

三、《新理学》的形上学

冯先生的新理学,就是"最哲学底哲学"。对于这一最哲学底哲学,有另外一种说法,就叫做哲学形上学。冯先生在《新理学在哲学中之地位及其方法》这篇长文中说:我们在新理学中所说的最哲学底哲学,也就是哲学之形上学。讲哲学的形上学,也就是讲哲学的最哲学底哲学,也就是讲新理学。由此可知,在冯先生的哲学体系中,最哲学底哲学,形上学,新理学这三者是一个体系,一个内容。从这个意义上说,我们在前文中所说的《新理学》的方法,也可以置换成"形上学的方法"。我们讲形上学的方法,也就是最哲学底形上学的方法。"所谓形上学,是一个西洋哲学中的名词。有时亦译为玄学。"[①]我们依照冯先生的这一说法,形上学也就是中国哲学中的玄学。中国哲学中的玄学,主要是指魏晋时期的哲学,当然,也可说先秦的道家哲学和名家哲学。总之,凡中国哲学中的关于那些"超乎形象"的学问,都可用"形上学"以称之。形上学是"不可讲"的,不可讲也要讲。我们说,形上学不可讲的本身,就是在讲形上学。我们讲形上学不可讲,实际上已经在讲形上学。如

---

① 《冯友兰全集》第11卷,河南人民出版社1992年6月第一版,第380页。

此说来,我们讲形上学非负的方法不可。

我们在这个题目下所讲的内容,实际上是对于上一个题目中的内容的延伸。

既然新理学也就是最哲学的形上学,为什么我们在这里将之单列出来。单列出来有没有必要?我们说,是有这个必要的,否则,我们为什么要单列?它的必要就在于冯先生的"最哲学底形上学"要同维也纳学派所"取消"的形上学划清界限。

《辞海》中对维也纳学派是这样解释的:

>即"维也纳小组"。它们倡导并宣传逻辑实证主义,也就是"逻辑实证主义学派"。1922年施利克(有地方译为"石里克")在维也纳大学主持哲学讲座后开始形成,1929年开始发表《科学的世界观:维也纳小组》后正式确立。参加者有卡尔纳普、魏斯曼、哈恩、费格尔等。逻辑实证主义在其他国家的代表,如捷克斯洛伐克的法(费)兰克、英国的艾耶尔等。同它保持国际联系的学术团体,有德国的柏林经验哲学学会与闵斯特尔逻辑学派,波兰的华沙学派,瑞典的乌拉学派等。1930—1940年在莱比锡出版《认识》杂志。1929—1938年间,曾在巴黎、布拉格等地举行多次国际会议。1939年9月第二次世界大战全面爆发前夕,维也纳小组的名称不再存在,但其影响并没有消失。美国逻辑实证主义者莫理斯等给予帮助,从1938年起在美国出版《统一科学国际百科全书》与《统一科学丛刊》,继续从事逻辑实证主义的宣传。

我们根据《辞海》的权威解释,可知这个学派是在20世纪三四十年代活跃在西方的一个"逻辑实证主义"的哲学派别。那么,什么是逻辑实证主义呢?我们仍然需要把这个概念给弄清楚。它的再一个说法就是"逻辑经验主义"。它是以主张逻辑分析法而得名的。它们的思想来源于休谟、孔德、马赫等的经验主义与实证主义,罗素、维特根斯坦等的逻辑原子主义与数理逻辑学说。该学派将以往的一切哲学都称作"形而上学"(这个"形而上学",也称为"形上学",它和马克思主义哲学所说的"形而上学"一词并不相干——作者注)予以"拒斥",认为一般所说的哲学基本问题,既不能用经验给以证实,又不能用逻辑进行推演,无法判断其真假,只能是"伪命题",应加以摈斥;认为哲学的唯一任务是用逻辑分析的方法去澄清各种概念、命题有无意义;以"可证实性"问题作为认识论的核心。提出证实原则,主张以"物理主义"达到"科学的统一"。二战以后,逻辑实证主义同语义哲学与实用主义开始合流,主要代表有刘易斯、莫理斯等。

我们从简单处说,西方这一个哲学流派分作两个阶段:其一为逻辑实证主义阶段;其二为逻辑实证主义和语义哲学、实用主义等合流,是一个学术之大杂烩。其核心就是"证实原则"。这个证实,并不是事实的证实,而是"经验证实"。这个经验的证实是在概念之中转圈子,只求概念之对应和明晰。从这个立场出发,它反对以往的一切哲学,把以往的哲学统统当作"形而上学"而予以"拒斥"。

我们在这里之所以花费一定的时间和文字以说明这个问题,是因为冯先生的新理学系统同维也纳学派所拒斥的形上学二者之间存在有一个"误解"。

在20世纪的40年代,从西方留学归国的维也纳学派的一位代表人物洪谦教授同冯先生有过一场争论。其内容就是关于新理学的哲学形上学的问题是不是也在维也纳学派所"拒斥"的范围之内。否则的话,我们也不在此浪费大家的时间,以同维也纳学派"扯淡"。

关于这场争论,哲学家贺麟先生在《当代中国哲学》一书中予以了十分生动的记载:"冯友兰先生年前在《哲学评论》发表《新理学在哲学上的地位及其方法》一文,其中有一段大意谓维也纳学派虽足取消肯定实际之传统的玄学,但却不能取消彼之只包括形式命题,一片空灵,不肯定实际的新理学的玄学。洪谦先生特在中国哲学会昆明分会讨论会上,作了一个《论新理学的哲学方法》的演讲。他分析出冯先生新理学的基本命题,虽不同于纯逻辑纯数学的形式命题,但却同样的无有内容,空无意义,从玄学立场而言,反不如传统玄学之富于诗意,足以感动人心。所以假如维也纳学派欲取消玄学,那么冯先生的新理学的玄学,将会被'取消',但是传统的玄学则依然有其哲学上的地位。冯先生本人当即提出答辩,金岳霖及沈有鼎先生亦发言设法替冯先生解围。"①我们由此可见，在那个年代中，关于中西文化交往与融合的过程中之哲学思辨之一般。

这个问题很复杂，在我所看到的文章中，我认为，武汉大学李维武教授的《冯友兰·洪谦·维也纳学派》（载《冯友兰先生百年诞辰纪念文集》）这篇文章很可以给我们以启发。我在这里就遵循着李教授的思想理路以再现这个问题：冯先生和洪先生对于维也纳学派的分歧，其根本点在于，他们的哲学立场不同。

按照李维武的意思，冯先生是站在"人文主义"的立场上，而洪先生则是站在"科学主义"的立场上，他们对于哲学和科学的关系问题的理解是不同的。科学主义的思潮力图用科学来改造哲学，把哲学科学化、实证化，变成一种科学方法，而将不能科学化、实证化的形而上学拒斥于哲学之外。人文主义思潮则主张对哲学与科学进行划界，确定它们各自的意义范围、研究方法和存在价值，反对把哲学科学化、实证化，肯定了形而上学在哲学中的重要性。这是导致冯、洪二人哲学分歧的根本原因。

洪谦的观点大抵是这样的：哲学之所以为哲学，从本质上说，并不在于它对于实际知识有所建树，仅在于它对实际知识的逻辑意义能有所说明，所以，哲学在原则上就不是一种关于实际的科学，而是一种分析科学基本概念的逻辑方法。因此，哲学不仅不能与科学并列，或超过科学，而且应是在科学范围内活动的一种学问。哲学是"说明科学"的一种理论，科学则是"解决科学"的理论问题。关于解决方面的问题是事实的；关于说明方面的问题，是语言逻辑的。而形而上学是什么呢？它虽具有感情方面的力量，能充实人们生活方面的理想内容和体验世界的旨趣，但却不能成为实证性的科学方法，不能使人得到关于客观世界的真实认识、精确的观念和明白的意义，应当从哲学中加以排斥。

冯先生认为，这个"科学"应当是指"自然科学"。哲学和科学是两种不同的学问。哲学的发展，不应当走科学化、实证化的路

---

① 李维武：《冯友兰·洪谦·维也纳学派》，《冯友兰先生百年诞辰纪念文集》，清华大学出版社1995年12月第一版，第110页。

子。哲学不应当成为科学的一种或科学的综合,也不是对科学理论、方法进行逻辑分析的活动。哲学的对象是"真际",科学的对象是"实际"。科学的目的是对于经验作事实的、积极的释义;哲学的目的则是对于经验作逻辑的、形式的释义。新理学基于这样一种方法,得出了几个超越于经验的观念,这些观念是形上学中的主要的观念。形上学中的这些主要的观念,都是分析命题,而分析命题是对于实际无所肯定的命题。正是它对于实际无所肯定,因此,它是空的。尽管它是空的,但对于事实,无不适用,从对于事实无不适用这个方面说,它又是灵的。所以,新理学中的几个主要观念,是"一片空灵"。冯先生说:"真正形上学的命题,可以说是'一片空灵'。"①尽管真正的形上学是一片空灵,不着实际,与科学无关,不能够增加人们的积极的知识,但是,并不能说哲学对于人们没有用处,它的用处还是有的。它是"为道"的学问(科学是"为学"的学问)。为道是求得一种境界,为学是求得一种知识。为道所求得的境界,可以说是极高的(就是冯先生在《新原人》中所说的"天地境界"),这种极高之境的求得,需要人生有最后的"觉解"。这种"觉解"必须通过哲学的训练,这种哲学的训练就是哲学之形上学。

从这个意义上说,维也纳学派是不可以取消形上学的,它也取消不了。它所要"取消"的形上学并不是冯先生的"最哲学底形上学",而是那些对于实际有所肯定,同科学没有划清界限的形上学。哪些是同科学还没有划清界限的形上学呢?冯先生认为,就是那些"坏的形上学"。"坏的形上学"是什么?冯先生认为,坏的形上学的命题都是一些"似是而非"的命题。似是而非的命题是没有意义的命题。比如说,"一个针尖上可站三个天使",这个命题是不能在原则上为事实所证实的,因此,它就是没有意义的命题。维也纳学派认为,"形上学中的命题,都是综合命题,又都有无可证实性,所以,形上学中底命题,都是无意义底。从知识的观点看,形上学中底命题,都是如'砚台是道德','桌子是爱情'之类,只是一堆好看好听底名词而已。其中底命题既是如此,所以形上学可以取

---

① 《冯友兰全集》第5卷,河南人民出版社1986年9月第一版,第178页。

消。"①如此看来,那些根本无法得到证实的命题,是没有意义的命题,当然应当予以取消,这种情况的取消,冯先生是同意的。如西方哲学中长期讨论的"上帝存在"、"灵魂不灭"、"意志自由"这些问题,无论它是肯定命题,还是否定命题,都没有办法得到证实,因此,这些命题是应当在取消之列。冯先生说:"我们是讲形上学底。但是维也纳学派对于形上学的批评的大部分,我们却是赞同底。他们的取消形上学的运动,在某一意义下,我们也是欢迎底。因为他们的批评确能取消坏底形上学。坏底形上学既被取消,真正底形上学底本质即更显露。所以维也纳学派对于形上学底批评,不但与真正底形上学无干,而且对于真正底形上学,有'显正摧邪'底功用。由此方面说,维也纳学派虽批评形上学,而实在是形上学的功臣。"②

冯先生认为,真正的形上学的命题,不属于维也纳学派所说的"综合命题",而是他们所说的"分析命题",而分析命题在冯先生的形上学系统中都是重复性命题,重复性命题根本不待事实的证明,它一概都是真的,比如说:"白马是白的","白马不是非白的","山是山","水是水"。这些命题,根本用不着事实的证明,它一概都是真的,而且这种真的命题并不依赖事实。事实上不管有没有白马,但白马是白的永远是真的命题。"所以真正形上学中底命题,不在维也纳学派的批评的范围之内;而真正底形上学,也不是维也纳学派的批评所可以取消底。"③

按照李维武教授的分析,冯先生是站在人文主义的立场上以重建哲学的形上学,他所建立的形上学与中国传统的形上学是有区别的。在冯先生看来,中国传统的形上学,由于没有讨论过哲学与科学的关系问题,不免在超越的境界中混杂着经验的内容,这样的形上学有"拖泥带水"的毛病,这种毛病就是宋明理学也是难以避免的。基于这样的思想,冯先生在重建形上学的时候,一是要"接着"宋明理学讲,二是要重视维也纳学派对于形上学的批评。

---

① 《冯友兰全集》第 5 卷,河南人民出版社 1986 年 9 月第一版,第 218 页。
② 同上书,第 221 页。
③ 同上书,第 219 页。

这是冯先生所构建的"最哲学的哲学"的特点和优点。同时，也正是冯先生是站在重建哲学形上学的立场上，所以，他对于维也纳学派的哲学的"文本"的理解和阐释，必然赋予了"文本"一些原来所没有的意义。就是说，维也纳学派所拒斥的形上学，不仅有传统的形上学，同时也反对对于形上学的重建。这样看来，冯先生所构建的最哲学的哲学，即最哲学的形上学也同样在被"拒斥"的行列之中。正是在这个关键点上，作为维也纳学派在中国的代表人物，洪谦先生同冯先生有着激烈的争论。

这场争论，虽然已经时过境迁了，两位先生都早已长眠于地下，但到目前为止，那种60多年前的宏阔的学术对抗的场面，在我们今天看来，仍然是有意义的。2006年11月在安徽大学召开的现代哲学的转型的学术会议上，仍然有学者对于冯、洪的争论"旧话重提"，现在的问题是，冯、洪之争的现代意义是什么？这是一个相当棘手的学术问题。中国哲学历来被认为在"本体论"方面是有逊于西哲的，冯先生的哲学学术活动的主要旨趣之一就是在于重建中国哲学的"本体论"体系，他的最哲学的哲学即最哲学的形上学就是这一工作的有益的尝试。它是中国学术史上一件震古烁今的大业。但是，冯先生在重建哲学形上学中，遇到了来自西学的挑战。尽管这种挑战并不能否定冯先生的新理学的价值和意义，但是，从另一个角度以告诫我们后来的中华学人们，我们如何面对来自西方学术的挑战，如何更好地更全面地在中西文化交汇下以重建中国哲学。重建中国哲学，这是历史所赋予我们这一代学人的使命，我们不能背离"中西文化交汇"这个历史的前提。如何使两者得以恰到好处的结合，以求得一个合理的解决，这不仅是一个学术的问题，它更是一个实践的问题。在重建的问题上，我们不能绕过冯先生，我们也不能轻视维也纳学派的哲学。这就是我们从冯、洪的争论中所得到的启示。

四、新理学的逻辑建构

我们在前文中已经说过，"贞元之际所著书"是"新理学"一个完整体系，而《新理学》这部书就是这个思想体系的总纲。作为总纲的《新理学》是哲学之形上学,是"最哲学底哲学",是"本体论"意义上的逻辑建构。

这里我们有必要得说一下本体论这个哲学名词。我们过去在讲马克思主义哲学的时候,一般并不涉及这个词。因为这个词早见于西方近代的哲学之中,它的意思是指哲学中研究世界的本原或本性的问题。在18世纪,德国哲学家沃尔夫常用这个名词。马克思主义哲学有时候也用,但它是在关于"存在发展的学说的一般规律"的意义上使用它。二者的意义不可相混。本体论中所说的"本原""本性"是指世界的原初的始基、要素、元素、始因,等等。

马克思主义哲学为什么不用它?因为马克思主义哲学从来认为,世界就是物质的世界,物质本来就是客观存在的。它本来就是这样,我们何必再用一个本体论的词去说明它呢,没有意义。马克思主义哲学之外的哲学不能不使用它,因为它们要对这个宇宙进行探本溯源,一定要找到它原初的本原、本性。用我们常说的俗语说:一定要打破砂锅纹(问)到底不可。这个物质世界的原初到底是个什么?它是怎样来的?在这个世界之上是不是还有一个比它更为根本的东西?若有的话,这个根本的东西是什么?如此等等,不一而足。于是,关于哲学的本体论就产生了,形上学就产生了,最哲学的哲学就产生了。

在西方,有柏拉图的理念(理想国),那个理想国要比现实的世界好得多。我们生活的这个现实的世界,并不理想,它在许多方面都是丑陋不堪。为什么?因为现实的世界是理念世界的一个摹本,既为摹本,它总不能像理念一样的完美无缺,它总有不尽如人意的地方。黑格尔也认为,我们生活于其中的这个现实世界是另一个更为根本的东西的"外化"。那个最根本的东西是什么?是"绝对理念"(又称为"绝对精神"、"绝对观念")。这个"绝对理念"在它自身发展变化的时候,也就是说,当它还没有对于客观外界事物进行"生成"之时,它是自身在逻辑地运动和变化中的,它的这种变化是辩证的。也就是说,它是在肯定、否定、否定之否定的过程中而进步的。它的这一点,很有意思,后来,马克思就将黑格尔的这一点给借鉴过来,改造成为"唯物辩证法"。我们说,黑格尔的哲学除了这个部分外,其他方面马克思并没有赞成多少。在黑格尔那里,"绝对理念"自身发展变化到了一定的阶段,就开始向外界自然运动了,这个时候,它就可以产生我们所生存于其中的物质世界了。照这样说来,黑格尔的哲学同柏拉图的哲学有着许多相同的地方。他们都认为这个现实的世界是不完全的,有一个更为根本的东西在产生它。

我们说,牛顿这个人物并不是一个哲学家,他是一个真正的科学家。但是,他在研究科学的时候,他的逻辑思维绝对是在使用辩证法的,甚至是唯物主义的辩证法。我们说,牛顿也没有放弃对于"第一推动力"的形上学的思考。由此可见,形上学这个东西不仅是哲学家们所探索的问题,科学家们也在关注它。

同西方的这些东西差不多,我们中国也有关于本体论方面的哲学内容,或者说就是形上学吧。我们一般认为,像老子的"道",这个东西颇为玄虚,颇为神秘。你说它是精神?我看不像。你说它是物质?我看也不像。说到这里,挺有意思。我还是在大学读书的时候,我们所用的中国哲学史教科书是任继愈先生主编的那个四卷本的《中国哲学史》,其中在写到老子的哲学时,认为是"唯物主义"的哲学,但是到后来,又说老子的哲学是"唯心主义"的哲学。他到底是唯心还是唯物?都有道理。为什么?就在于你对这个"道"的理解问题。就这个问题我不知天高地厚地就问冯先生(当时是1980年暑期,我在先生家,晚上就住在先生的书房里)。我说,那个老子的哲学到底是唯物的还是唯心的?冯先生看着我,并没有教诲我的意思。我当时很有一些怀疑,不知道冯先生为什么不回答这个问题?多年以后,我才算弄清楚了。冯先生不回答我的提问,是非常高明的。从某种意义上说,大有那个"老和尚向小和尚竖起拇指"的意味。冯先生的哲学根本就无法用"唯物"或者"唯心"去界定之。毛主席当年说冯先生是讲唯心哲学的,并不一定对!在冯先生的学术体系中,在冯先生看来,唯物主义也好,唯心主义也罢,统统是形下的,不是形上的。唯心也好,唯物也罢,都是对于实际有所肯定的。凡是对于实际有所肯定,那就不是形上学,而是形而下者。维也纳学派所批判的、所取消的那种形上学,就是对于实际有所肯定的"拖泥带水"的形上学,并不是冯先生的最哲学的形上学(至少在冯先生看来是这样)。那种"拖泥带水"

的形上学,在冯先生的书中被说成是"坏的形上学"。在一次全国政协会议上,冯先生向毛主席提出,讲中国哲学史,不能用唯物或者唯心去套中国古代的哲学思想,如果那样的话,中国哲学史简直没有办法讲。毛主席对于冯先生的说法是同意的。

　　1979年10月,我在大学读书的时候,中国哲学界在太原召开了一个中国哲学会议,那个时候,学术界的思想还是处于教条主义的阴影之中。我记得,在那次会后,有一位颇有名望的学者,给我们作一场学术报告。他说:过去我们对于唯心主义批得过多,说它尽是为反动的、没落的阶级服务的,现在看来,这话说得有些过头了。唯心主义也有好处,它是树上的不结果实的花。我们从花的角度说,它可以报春,有它的好处。我十分清楚地记得,这位先生在这个学术会议上说到了冯先生,他说,冯先生也去参加了这个会议,但是,他没有什么新的观点,他无非还是讲他的"抽象继承法"。这位学者的言语之间,我们看得出来,是不赞成冯先生的。可是事有所巧,10多年之后,在冯先生诞辰百周年的时候,我在北京的会议上又见到了这位著名的学者。他这个时候的态度同以前可是来了个180度的大转弯,对于冯先生的"抽象继承法"是多所肯定。我们说,这到底是为什么? 很复杂,不是一句话和几句话就可以说得清楚的。我并不是说这位著名的学者不对,而是说,在那样的年代里,将政治和学术搅和在一起,那的确是不方便的。前苏联的教训在这个方面也是够深刻的了。任何时候,我们如果把学术和政治搅和在一起,让学术成为政治的附属,或者说,让学术成为政治的"婢女",一个国家的学术就永远不能进步!

　　我们现在回头再说老子哲学中的"道"的问题。我们说,中国古代哲学中并不是没有关于本体论的思想的,学界一般认为,老子的"道"即具有这种哲学的抽象性和思辨性。我在这里简单扼要地说一下:其一,什么是"道"? "视之不见曰夷,听之不闻曰希,搏之不得曰微。此三者不可致诘,故混而为一。"(《老子》十四章)在这里,我们可以简单地说,"道"就是"一"。其二,"道"的内涵是什么? "道之为物,惟恍惟惚。惚兮恍兮,其中有象;恍兮惚兮,其中有物。窈兮冥兮,其中有精,其精甚真,其中有信。"(《老子》二十一章)你们说,这个"物"、这个"精"、这个"真"、这个"信",到底是物质、还是精神？这是不好断定的,我们如果硬是给它贴上唯物主义的或者唯心主义的标签,都是不合适的。这就是我在前文中所说的在同一部书中,前边说老子是唯物主义的,在后边又补上一章说是唯心主义的。我就这一问题去问冯先生,你说冯先生应该如何回答我？没有办法回答。冯先生高明啊,他不予回答。其实,这是先生的"不答之答",颇有些禅宗的味道。当时,我无论如何也是不理解的,现在明白了。你要问我,现在我明白了什么？我可以说,老子的哲学思想包含了我中华民族的伟大的智慧,你如果用唯物或唯心硬去套它,那简直是拿中华民族的伟大的智慧开玩笑！其三,"道"的意义是什么？"有物混成,先天地生。寂兮寥兮,独立不改,周行而不殆,可以为天下母。"(《老子》二十五章)我们看,在这里,"道"的本体论的意义不是已经出来了嘛。只是在这个地方,我们有误解的成分在其中。我们的第一个误解就是"道"好像是一个"物";第二个误解是与其说是"本体论"的解释,毋宁说是"宇宙生成论"的解释。之所以有这两个误解,还是在于对"道"的理解问题。我们看下文:"吾不知其名,字之曰道,强为之名曰大。大曰逝,逝曰远,远曰反。"看来,老子把"道"称之为"道",是没有办法的事情,"字之曰道",随意给它一个名字,不然的话,无法称呼它。因为它很神奇,于是再给它一个名:大。我们再看下文:"人法地,地法天,天法道,道法自然。"说到这里,已经清楚了。这是在讲本体论,而并非是在讲宇宙生成论了。这就是形上学。

冯先生的新理学并不是"接着"老子的形上学讲的,而是"接着"宋明以来的"理学"讲的。这里边也有一个关于旧理学的形上学问题。我们如果按照冯先生对于旧理学的说法,旧理学的"理"还有别于老子的"道",因为理在这里似乎是"如一物焉!"①它好像是有物,也就是说,理这个东西不是形而上者,而是形而下者。尽管朱子也说过这个理并不就是物。冯先生"接着"宋明理学讲,就是将其中的"如一物焉"给予改造过来,使它成为"最哲学底哲学",也就是使它成为哲学之形上学。正是在这个意义上,冯先生才在《新理学》中使用了那纯粹的对于实际不作肯定的四个观念:理、

---

① 《冯友兰全集》第4卷,河南人民出版社1986年8月第一版,第43页。

气、道体、大全。我们说,《新理学》的逻辑建构就是依靠这四组概念的支撑。

1985年12月4日冯友兰先生在北大勺园举行的90岁诞辰庆贺会上。

我在这里既然是写《新理学》的逻辑建构,就不能不对于《新理学》的章节结构给予关注。我们打开《新理学》一看,一目了然,前后十章。作为其逻辑建构的四个主要观念的前两个分别在前两章中出现了。这就是"理"与"气"。后两个观念是被隐藏在包括前章在内的以下各章节之中的,为什么"道体"和"大全"这两个观念被隐藏于其中?冯先生已经作古了,我们也无从问起了。我个人认为,"理"与"气"是事物的"两依":依照和依据。这是成就事物的基础。"道体"和"大全"是在这个基础上的延伸:前者是讲运动和变化;后者是讲整个宇宙万有。这后两者必须通过前两者才能有所说明。《新理学》的后面的几章,乍一看来,似乎是对于实际有所肯定,其实不然,其所讲者也是关于某类事物之理的,它仍是从理的高度以给予"类"的一种理性之把握,它根本不影响《新理学》体系的纯洁度。

冯先生在《新理学》中所讲的"理"与程朱的"理"是有不同的。比如朱子说:"天地之间,有理有气。理也者,形而上之道也,生物之本也;气也者,形而下之器也,生物之具也。"(《答黄道夫》)对于"理是形而上之道",冯先生是同意这个说法的,但是对于"有理有气"中的"有",冯先生是不同意的。这种"不同意",在我看来,他们之间首先的分歧就在于对"物物有一太极"的看法上(太极这个观念在冯学体系中具有众理之全之意)。我们可看这一段文字:

> 朱子又说:"太极,形而上之道也;阴阳,形而下之器也。是以自其著者而观之,则动静不同时,阴阳不同位,而太极无不在焉。自其微者而观之,则冲穆无朕,而阴阳五行之理,已悉具于其中矣。"(《太极图说注》)照朱子所说,太极中万理具备,此亦是我们所主张者。朱子又以为,太极无所不在,"人人有一太极,物物有一太极"(《语类》卷九十四)。此说是否可以成立,我们可以讨论。①

冯先生在这里明显地是不同意朱子所说的"人人有一太极,物物有一太极"的。在接下来的文字中,冯先生分析认为,朱子的这一说法,可能是受到了华严宗的影响。冯先生说:

> 朱子"人人有一太极,物物有一太极"之说,若推至其逻辑底结论,则每一事物,皆有众理之全。朱子于此,未有十分明白底说明,但朱子至少以为每人皆有众理之全。因每人皆有众理之全,所以人之心"具众理而应万事"。朱子不以为每一实际底事物与宇宙中其他事物,均有关系,亦不以为每一实际底事物,皆反映一切实际底事物,但以为一切实际底事物中,有众理之全。此似对于实际所肯定者已较少,但所谓"有"者,系何意义,"人人有一太极,物物有一太极",如何"有"法,乃一可讨论之问题。说事物"具""有"理或太极,"具""有"等字,最易引起误会,以为理或太极,"如一物焉",可以在于事物之中,或在其上。照我们的说法,一类事物,皆依照一理。事物对于理,可依照之,而不能有之。理对于事物,可规定之而不能在之。用如此看法,我们只能说,一某事物依照某理,而不能说一事物依照一切理。用如此看法,则所谓"人人有一太极,物物有一太极"者,是一种神秘主义底说法,我们现在不能持之。②

---

① 《冯友兰全集》第4卷,河南人民出版社1986年8月第一版,第42页。
② 同上书,第43页。

我不打算在这里过多地将有关段落的话抄录下来。我认为，以上这些文字，可以说明冯先生同朱子之间的一种不同的看法了。概而言之，朱子所说的理，在冯先生看来，好像是有"物"存在；而冯先生所说的理，不是"有"，而是物之所以为物者的一种"依照"，所谓"不存在而有"者也。我们再将朱子所说的"理也者……生物之本也"的话予以联系起来看，我们可以说，朱子所说的理与物的关系，不是哲学的本体论，而是宇宙生成论，是理之"生"物的关系，而并不是物之所"依照"的关系。两相对比，还是冯先生的理相当纯粹，它是事物的"依照"，而不是"生"。

写作到此，我突然间想起了我在大学读书时，我们的冯先生（注：给我们讲中国哲学史的冯憬远先生——他也是我们南阳人，是冯友兰和张岱年、任继愈等先生的学生）给我们讲宋明理学，讲到了朱子的理，说到了"理"与"物"的关系时，朱子认为，理必须有一个"挂搭处"；再进一步说到它们之间的关系："犹如人骑马相似。"当时，我们不太明白其中的玄机。朱海风和我一起去冯先生家请教这个问题。海风同学在从先生家返回的路上，还一直在琢磨这一问题，并反复念道"理"是如何"旋即"进入到事物之中去的。现在看来，如果我们的冯先生当时若将冯老先生的"依照"说给穿插其中，将"无极而太极"的中间之程序（"而"）作为联结理与事的过程，并将"大用流行的道体"之动总而讲之，我们兴许还可以清楚一些（不是我们的冯先生不讲，而是冯老先生在中国已经被批判了几十年了，作为冯老先生的学生的冯先生轻易不敢在学生们面前大加弘扬冯老先生的新理学）。

我们以下再看一下冯先生的"气"与宋明理学中的"气"之不同。

"气"在中国哲学中，一直被认定为一种物质。这个观念起源很早：西周末期的伯阳父认为"天地之气，不失其序。"（《国语·周语》）认为天地也是物质，这种物质性的气在运动变化中不失其序，有它们的一定规律。应当说这种最为原始的看法，还是有可取的内容，这种认识是相当深刻的。道家哲学中，气也是一个相当重要的观念。《老子》中说："万物负阴而抱阳，冲气以为和。"庄子在这个问题上，说法更为明白："人之生，气之聚。聚则为生，散则为死……故曰:通天下一气耳。"(《庄子·知北游》)倒是儒家的孔孟在这个问题上没有说什么。《荀子》中则将儒家的这个缺憾给予了补充:"水火有气而无生,草木有生而无知,禽兽有知而无义。人有气有生有知亦且有义,故最为天下贵也。"(《荀子·王制》)到了两汉时,气不仅具有物质的属性,而且更兼有道德的意义,这是董仲舒的高明之处。在那些朴素直观的哲学家看来,天地的生成,是气的清浊的不同所致:清者、轻者上升为天;重者、浊者下沉为地。这种看法,比较朴素,带有一定的想象成分。这种看法,自汉至唐,都是这样。

到了宋明时期,气的学说又有一个新的发展。我们说,对"气"学做出重大贡献者首推张载。在他看来,一切都是气的运动变化之所致:"太虚无形,气之本体,其聚其散,变化之客形尔。"(《正蒙·太和》)"一物两体,气也。一故神,两故化。"(《正蒙·参两》)这一句话,有着前人所没有阐发过的深刻的思想,那就是辩证法思想,就是关于矛盾的观点。在中国哲学史上,我们可以说,首次提出事物发展、运动、变化的根本原因在于事物内在的矛盾性的观点,就是北宋的哲学家张载。二程认为,气有生有灭:"凡物之散,其气遂尽,无复归本原之理。"(《二程遗书》卷十五)理气问题是中国哲学中的一大学术问题,到了程朱理学这里,这个问题有了一个长足的发展,尤其是朱子,在这个方面用力最多,成效也就最著。在朱子看来:天下之物,有理有气,理也者,生物之本也;气也者,生物之具也。这个"具"字,冯先生认为,就是"材料"。在冯先生看来,二程和张载所说的气与朱子所说的气还是有不同的。其表现是,前者所说的气都是自然的产物,因为他们所着重解释的事物都是自然界中的事物,如草木鸟兽之类,朱子所解释的事物就不是这些了。就是说,朱子的气,具有一定的社会道德之属性。在说到这个问题之时,朱子所讲十分高明,他将天地之性和气质之性联系起来说,也就是将理、气、性三者联系起来讲。所谓"论性不论气不备;论气不论性不明。"一说到"性",就必须说到理,因为在程朱那里,"性即理也"。又因为理是形上者,所以理是完备的,人作为"物",他必有人性,这个人性,就是人之理。从人之理这一意义上说,人是完备的,但是,为什么人与人之间会有不同呢?有的甚至还会有更大的差别呢？这就需要用"气质之性"加以说明了。但从总体上说，朱子的气说还是"生物之具"。从"生物之具"论，它还是"材料"，是一事物之所生成的物质基础，因此，不管怎么说，在朱子那里，"气"这一哲学概念仍然是形下者。

冯先生在《新理学》中的气就不是这样了，他已经对宋明理学中的气的观念作了一个根本上的改造。在冯先生的《新理学》这里，"气"已经不是一个形下的观念了，它是形上者。作为形上者的"气"，不仅仅是形上者，而且是"不可思议"者。我们对于气的把握，还不能用"正的方法"，也就是说，单靠辨名析理还不行，还必须用"负的方法"不可。我们简单地说，"气"这一观念在冯先生的《新理学》中是"绝对底料"。我们就以下的文字中看，这个"绝对底料"是怎样得来的，冯先生写道：

> 宇宙所有实际底事物，虽各不相同，然我们的思，若对之加以分析，则见其皆有此两方面（即"所依照"和"所依据"这两方面——本书注）。所谓料，有绝对相对之分。相对底料即仍有上述之两方面者。绝对底料，即只有上述之一方面，即只可为料者。例如一房屋，有其所以为房屋者，此即其房屋性，其是房屋之要素。此房屋又有其所依据以存在之基础如砖瓦等。然砖瓦虽对于房屋为料，而其本身仍有上述之两方面。砖及瓦有砖性及瓦性；又有其料，如泥土等。故砖瓦虽对于房屋为料，然只是相对底料，而非绝对底料。泥土虽对于砖瓦为料，然仍是相对底料，而非绝对底料，因泥土仍有上述之两方面。

> 我们于上章说，哲学开始于分析实际底事物。此分析是完全在思中行者，今试随便取一物，用思将其所有之性，一一分析，又试用思将其所有之性一一抽去。其所余不能抽去者，即其绝对底料。例如自一房屋，将其房屋性抽去，则此房屋，即不成其房屋，只是一堆砖瓦。复自砖及瓦，将其砖性及瓦性抽去，则砖瓦即不成其为砖瓦，只是一堆泥土。自泥土中复抽

去其泥土性。如此逐次抽去,抽至无可再抽,即得绝对底料矣。①

我们写到这里,我认为问题已经阐述清楚了。冯先生的"气"从经验中看,它同程朱之"气"一样,都有使事物之所以成为事物的依据。既为依据,那就是事物之所以存在的基础。但是,冯先生在这里首先对气着思,将这个作为基础的"料"中所有之"性"一一抽去,抽至无可再抽的地步,它什么性也没有了(只是一个"纯粹的存在",或者只是一个逻辑的存在),你说它是什么?到了这个地步,我们只可以说,它不是什么。它不是什么,但又是什么?回答这个问题,我们用正的方法已经是无能为力了。我们必须借助于负的方法不可。当我们说它不是什么的时候,我们已经承认它是什么了。套用冯先生的说法,就是"以不承认为承认",以"不说为说"。我们只有这样,才能从根本上以把握这个"气"。因为冯先生的"气"不同于宋明理学中的"气",所以,冯先生在这里称他所说的"气"为"真元之气"。他说:"此所谓料,我们名之曰气;此所谓绝对底料,我们名之曰真元之气,有时亦简称曰气。上文谓绝对底料,不可名状,不可言说,不可思议。"②又说:"在我们的系统中,气完全是一个逻辑底观念,其所指既不是理,亦不是一种实际底事物。一种实际底事物,是我们所谓气依照理而成者。主张所谓理气说者,其所说气,应该是如此。但在中国哲学史中,已往主理气说者,对于气皆未能有如此清楚底见解。"③

正是因为冯先生的"气"具有绝对的料的意义,故而又称之为"真元之气"。真元之气是一个"极"。冯先生又从中国古典哲学中将一个古词给借以用之——"无极"。在中国哲学史中,有"无极而太极"之语。"无极而太极"在解释上相当复杂,一般说来,它是指宇宙生成的一个过程,冯先生给借过来也是讲宇宙生成的一个程序,但其意义不完全同。他说:"我们的系统所讲之宇宙,有两个相反底极,一个是太极,一个是无极。一个是极端地清晰,一个是极

---

① 《冯友兰全集》第4卷,河南人民出版社1986年8月第一版,第47页。
② 同上书,第48页。
③ 同上书,第49页。

端地浑沌……由无极至太极中间之过程,即我们的事实底实际底世界。此过程我们名之曰'无极而太极'。"①

在这里,冯先生的《新理学》已经开始从理、气向第三个重要的观念——道体过渡。我们看冯先生是怎样说"道体"的:"在新理学的形上学的系统中,第三组主要命题是:存在是一流行。凡存在都是事物的存在。事物的存在,是其气实现某理或某某理的流行。实际的存在是无极实现太极的流行。总所有底流行,谓之道体。一切流行涵蕴动。一切流行所蕴涵底动,谓之乾元。借用中国旧日哲学家的话说:'无极而太极。'"又曰:"乾道变化,各正性命。"②

我们说,作为"最哲学底哲学",《新理学》并不对于实际有所肯定,它所肯定的是真际的理世界。但是,理世界是不是就静而不动呢?不是这样,理世界是动的,是"存在"的。它是一种什么状态的存在呢?它是一种"流行"的存在。在这个流行的存在中始终在其中起作用的又是什么呢?这就是"道"。而道是一流行,既为流行,它就是动,正是由于它动,我们才称之为道体("体"与"用"相对,"体"为微,"用"为显;所谓"体用一源,显微无间")。

道体是一个逻辑的概念,它首先是存在于理世界之中。在理世界中,还有理、气的概念。但是,它们又不仅仅是在理的世界中存在的,否则,我们这个实际的世界又是怎么回事儿?说白了,我们这个实际的世界是其两依(依照某理、依据气)的一个"流行"。这就是"道体"的作用。逻辑的观念在理世界中也是在运动中的,理世界在向实际的世界转变的过程中也是在运动中实现的,这二者综合起来说,就是"无极而太极"的过程。

在这里,所说的"无极而太极",冯先生是借用前人的话以说明自己的哲学思想的。它本是北宋哲学家周敦颐在《太极图》中的用语,如果往前推溯,在老、庄道家哲学中即有它的先痕。周子予以借用,并赋予其新意,使之成为周子的宇宙生成论中的重要观念。今冯先生又对之加以改造,使之成为冯先生的哲学体系中的重要观念了。事物的有,必有"两依"。气虽无一切性,它是不可思议和

---

① 《冯友兰全集》第4卷,河南人民出版社1986年8月第一版,第53页。
② 《冯友兰全集》第5卷,河南人民出版社1986年9月第一版,第152页。

不可言说的观念,但它至少是"存在",既为一存在,它至少有存在"性";如果离开了理,它仅仅是一"存在",不能成为任何东西。现实的世界中的万事万物都是实际的有,这个实际的有,就是"其气实现某理或某某理的流行"。这个"流行"必定有一个内在的观念在起作用,它就是"道体",因此,我们说,道体就是一个存在的流行,或者说存在就是一流行。《论语》中说:"子在川上曰:逝者如斯夫,不舍昼夜。"这个话,如果按照一般的理解,就是水流,是一种物体的运动。但是,作为哲学家的孔子并不是将这一现象仅仅理解为一种运动而已,而是从中看到了事物的玄机,这一玄机就是道体。当时,孔子并没有用"道体"一词,到了程朱理学那里,事情似乎是复杂化了,程子认为孔子是于其中发现了道体;朱子在《论语集注》中又引程子的话说:"此道体也。水流而不息,物生而不穷,皆与道为体。"朱子自注说:"天地之化,往者还,来者续,无一息之停,乃道体之本然也。"①这样说来,道体是以"道"为"体",这里的"体"与"用"相对。按照中国哲学中所说,"体"为微,"用"为显。"体"为本质、根本,"用"为现象、表现。朱子所说的"与道为体"就是这个意思。道体在这里的唯一表现就是一"流行"。"流行"就是"动"的宇宙,流行又是道体的作用。因为道体是不可思议和不可言说的,我们只能通过动的宇宙以体认它。动的宇宙就是冯先生所说的"由无极至太极中间之过程",它就是"事实底实际底世界"。

我们于以下开始说"大全"这一观念。冯先生说:

> 在新理学的形上学的系统中,第四组主要命题是:总一切底有,谓之大全。大全就是一切底有。借用中国旧日哲学家的话说:"一即一切,一切即一。"
>
> 大全就是一切底有的别名,所以说大全是一切底有,是一重复叙述底命题。一切事物均属于大全。但属于大全者不仅只一切事物。形上学的工作,是对于一切事物作形式底解释。既作此等解释,乃有理世界的发现。形上学的对象,就是一切。于其工作开始之时,形上学见所谓一切,是实际中底一

---

① 《冯友兰全集》第4卷,河南人民出版社1986年8月第一版,第71页。

切。于其工作将近完成之际,形上学见所谓一切,不只是实际中底一切,而是真际中底一切(真际包括实际)。①

我们由此看来,这个"大全"的观念要比道体好解释一些。大全就是一个"有"。这个"有"的得来,有一个过程:它开始于"实际",进而达到"真际"。在实际中的"有",我们是可以思议的,是可以言说的,一旦达到了"真际"中的"有"的境界,我们的思就不及它了,这就需要用"负的方法"去把握它了。冯先生接下来说,在新理学中的"四组命题,都是分析命题,也可说是形式命题。此四组形式命题,予人以四个形式底观念,即理之观念,气之观念,道体之观念,大全之观念。新理学以为,真正底形上学底任务,就在于提出这几个观念并说明这几个观念。"

我们将新理学中的这几个观念在这里给予解释和说明。通过我们以上文字的说明,我们可知:"新理学中底几个主要观念,不能使人有积极的知识,亦不能使人有驾驭实际底能力。但理及气的观念,可使人游心于'物之初'。道体及大全的观念,可使人游心于'有之全'。这些观念,可以使人知天、事天、乐天,以至于同天。这些观念可以使人的境界不同于自然、功利、及道德诸境界。"②

冯先生的这段话,其意义重大,为其后的"人生境界说"提供了一个形上学的依据,我们将在以后的讲说中逐步予以说明。

---

① 《冯友兰全集》第5卷,河南人民出版社1986年9月第一版,第153页。
② 同上书,第159页。

第六讲

新理学的施政纲领
——《新事论》

我们说,在"贞元六书"中,《新理学》是一个纲,它从形而上的高度以统率其他几书。《新事论》就是在《新理学》的统率下以谈社会现实的。我们从社会现实这个角度说,《新事论》不是"不着实际",而是从人类社会的历史发展以看我们中国当时的社会实际。我们说,《新事论》是地地道道的谈社会文化的书。冯先生的学生、哲学家余敦康教授不止一次地告诫我们:我们应当加强对于《新事论》的研究,因为那是冯先生希图在其哲学形上学的指导下用以解决中国社会实际的一部著作,也可以说,它是冯先生的施政纲领。在我的印象中,余先生在全国第五届冯学研讨会上作大会总结时这样说过,在冯先生诞辰110周年时北大举行的会议上,余先生在总结中仍然是这样说。我个人认为,余先生之说,自有其深意在其中。

一、《新事论》的写作背景

冯先生在其晚年的回忆中认为:在"五四"时期,中国文化受到了前所未有的大冲击,中国传统文化从根本上产生了动摇。西方文化明显地占据了优势地位。这里就昭示了一个问题:中西文化的不同及其对撞。在当时,关注中国前途和命运的一代精英人物也确实看到了这个不同。那么,这个不同是一种什么意义的不同?是东西地域的不同?还是古今之别?抑还是"类"的不同?冯先生也是对于这一不同进行过认真的思考的,他刚到美国时,原认为这是一个东西地域之不同,时间不长,他就将这种认识给予了否定。他认为,人类文化是相通的,东方有的,西方也有,反过来亦如是。那么,东西文化之差别就要从另外一些方面去寻找原因了。冯先生认为,中西文化之别,别于古今。就是说,中国文化同西方文化相比,我们是落后了,没有赶上时代的步伐,落后了一个历史时代。这种落后,从实质上讲,是一个文化类型的差异。这种认识的最终确立,主要是发端于20世纪30年代的冯先生去欧洲休假。他在回忆中说:

> 在三十年代,我到欧洲休假,看了些欧洲的封建时代的遗迹,大开眼界。我确切认识到,现代的欧洲是封建欧洲的转化和发展,美国是欧洲的延长和发展。欧洲的封建时代,跟过去的中国有许多地方是相同的,或者大同小异。至于一般人所说的西洋文化,实际上是近代文化。所谓西化,应该说是近代化。
>
> 在这个时候,我也开始接触了一些马克思主义。当时我认为,马克思主义的历史观的一个显著的特点,是不从纵的方面看历史,而从横的方面看历史。所谓从纵的方面看历史,是着重看一个国家或民族的生成和发展,衰老和死亡。从横的方面看历史,是把社会分作许多类型,着重的是看各种类型的内容和特点……[①]

[①] 《冯友兰全集》第1卷,河南人民出版社1985年9月第一版,第240页。

这段话相当有意义。我的理解是,冯先生此时可以说是用马克思主义的某些观点以观察社会,已经涉及到了社会形态这个关于"历史唯物主义"的观念了,这是一个认识方法上的进步。这个进步的主要标志就是,冯先生将人类社会的古今之别,理解为社会形态的不同。前者的认识是一个时间的延续,后者的认识是一个"历史唯物论"的哲学思想,这个差别当然是大的。我们可以说,这是冯先生在社会发展观上的质的跨越。

冯先生获得了这个认识之时,他的《新理学》还没有成书,我们在这里暂作一个大胆的假设:冯先生在完成了两卷本的《中国哲学史》之后,他并不想使自己仅仅成为一名哲学史家,他还想成为一名哲学家。在成为哲学家之前,必须有自己的基本上成熟了的哲学体系。这个哲学体系尽管尚未成书,但它已经在哲学家的头脑中存在了,成书是早晚的事情。几年之后,这个哲学系统果然就出现了。它就是"新理学"哲学。

如我们在前讲中所说的那样,新理学的哲学体系成了,作为这个哲学体系的总纲的《新理学》成书了。几年前在欧洲的所见所闻并不是《新理学》中的"不著实际"的内容,而是一个实实在在的欧洲社会。尽管《新理学》是"不著实际"的,而一旦将《新理学》中的有关原理用于中西社会的实际分析与观察,也就由"真际"而进入到了"实际"了。《新事论》就是冯先生运用"新理学"体系中的有关理论,对东西文化的不同与差异所作的分析的一个具体的例。

在当时,人们面对西方的富强、中国的落后,提出了种种的说法和主张,可以说认识是比较混乱的。冯先生运用新理学的哲学原理,从"类文化"着手,进而理出了一个头绪,澄清了当时在这个问题上的认识的混乱。那么,当时在中国在这个问题上的认识混乱表现在什么地方呢?一种看法是,中国要进步,只有"全盘西化";另一种看法是"本位主义"的。这就不好办了。我们说,全盘西化也好,本位主义者也好,其主观愿望不能说不好,都是想让我们中国富强起来,只是所选择之道路不同。作为一代精英,冯先生不能不对这个问题进行思考,他决计从哲学的层面上给予理论的澄清。冯先生在晚年对这个问题作了回忆,他说:

如果不把这种混乱搞清楚,事情就不好办。中国人是黑头发、黄眼珠。西洋人是黄头发、蓝眼珠。如果真要"全盘西化",你能把黑头发、黄眼珠换成黄头发、蓝眼珠吗?显然没有这个可能,也没有这个必要。你说要"本位文化",中国就真是什么改革都不要吗?某一些改革是必要的,也是可能的。什么是必要的,什么是不必要的,什么是可能的,什么是不可能的。这就需要选择。选择必须有个标准。不然的话,那就只能说,"存其所当存,去其所当去","吸收其应该吸收的,不吸收其不应该吸收的"。话是不错,可是说了等于没有说。怎样确定这个标准呢?最好的办法是认识共相,看看世界中的强盛的国家,看看它们是怎样强盛起来的,看看它们的特点。这些特点就是它们的殊相之中所寓的共相的内容或其表现。这些国家是殊相,它们的社会性质是共相。它们的人的头发和眼珠的颜色是殊相。共相是必要学的;也是可能学的;殊相是不可能学的,也是不必要学的……①

我们说,冯先生的《新事论》的写作,是他继《新理学》之后,就其在欧洲的所见所闻,运用他当时所了解、掌握的唯物史观以分析中西的不同实际而写的以解决中国落后问题的书。用余敦康先生的话说,这部书就是冯先生的施政纲领。

冯先生在《三松堂自序》中的回忆道:按照清华的惯例,教授任职五年,可以申请出国一年,算是休假,校方发给他相当于一个留学生的费用和往来的路费。冯先生是1928年到的清华,到1933年,正好五年。恰在此时,他正好收到了英国一个叫做"英国各大学中国委员会"的组织的邀请,要他去英国的大学里讲中国文化。这样,冯先生就去到了英国,在英国伦敦大英博物馆附近住了下来。他一边准备讲稿,一边到大英博物馆去读书。

我个人认为,冯先生此时在大英博物馆读书,肯定会遇到一些历史唯物主义方面的书籍,否则的话,冯先生离开英国又绕道苏联,将他在苏联之所见整理为文,以《秦汉历史哲学》为题在北京演

---

① 《冯友兰全集》第1卷,河南人民出版社1985年9月第一版,第240页。

讲（全篇以唯物史观为指导）就无从说起了。我们在这里是分析《新事论》中的中国实际问题的思想的，但不能不说到《秦汉历史哲学》这篇文章。我们将这篇文章摘要如下：

我们现在又处在一个非常的大转变时期。我们试看以上三种的历史观（即汉代的历史哲学中的三种观点：五德说、三统说、三世说——本书作者注），其中是不是有些意思，我们现在还可用。总括起来，以上三种的历史观，包含有下列的几种意思：

（一）历史是变的。各种社会政治制度，行之既久，则即"穷"而要变。没有永久不变的社会制度。《周易》所谓"穷则变，变则通"之言，很可以拿来说这个意思。

（二）历史演变乃依非精神的势力。上述之三世说中，不必有此意思。但在五德说及三统说中，此意思甚为明显。五德之转移，及三统之循环，皆有一定的次序。火德之后，一定是水德。白统之后，一定是赤统。这一个朝代若是火德，他一定要行一种什么制度。若是水德，一定要换一种别样不同的制度，白统赤统亦复如是。这都是一定的公式，不论人愿意不愿意，历史是要这样走的。这一点意思，我们现在还用得着。所谓唯物史观就有这个意思。依照唯物史观的说法，一种社会的经济制度要一有变化，其他方面制度，也一定跟着要变。例如我们旧日的宗法制度，显然是跟着农业经济而有的。在农业经济中，人跟着地。宗族世居其地，世耕其田，其情谊自然亲了。及到工业经济的社会，人离地散而之四方，所谓宗族、亲戚，有终身不见面的，其情谊自然疏了。大家庭自然不能维持了。由此例看来，我们就知道唯物史观的看法，以为社会政治等制度，都是建筑在经济制度上的，实在是一点不错。而且说穿了也是很平常的道理。说到这里，又有一个问题。社会政治等制度，固然是靠经济制度，人不能以意为之；但是经济制度，人是不是以意为之呢？也不能。因为一种经济制度之成立，要靠一种生产工具之发明。例如若没有耕田的工具之发明，人即不能有农业经济。若没有机器之发明，人即不能有工业经济。而各种发明之有无,又需看各方面之环境、机会,专抽象地论某个人或某个民族之努力不努力,聪明不聪明,以为人可以愿怎么样就怎么样。我们觉得这种看法,是不对的。

话虽如此说,我们并不忽视人的努力及其智慧,以及领袖人物的重要。历史的大势所趋不是人力所能终究遏止或转移的,但是人力可以加快或延缓这种趋势。有人说美国如果没有华盛顿,也一定要有革命,革命也一定成功。究极言之,这话也未尝不可说。但是我们若看美国初革命时所处境况之危险,应付偶有失宜,即有不测之变之情形,我们可以说,如果没有华盛顿,虽然可以说美国的革命终究必成功,但这一次未必成功,有了华盛顿就加快了美国革命的成功;没有华盛顿或有一个反华盛顿的有力人物,就延缓了美国革命的成功。历史如一条大河一样,它流的方向,是它源头的形势所决定的。人力所能作的,就是疏通它以加快它的流。所以我们不忽视人力及领袖,不过我们反对那专就人力及领袖的力量来看历史的说法。

(三)历史中所表现的制度是一套一套的。这个意思上述三派说法中均有。如五德说以为凡以某德王的其服色制度皆受某德之支配。如《史记·秦始皇本纪》说:"秦始皇以秦为水德,改年始贺朝贺皆自十月朔。衣服旄旌节旗皆尚黑。数以六为纪。……刚毅戾深,事决于法。刻削无仁恩和义,然后合五德之数。"这是水德的一套。如换一德则需另换一套,三统说亦主张每一统皆有其一套。正赤统有正赤统的一套。正白统有正白统的一套。三世说如《礼运》所说大同小康之治,亦各有一套,现在唯物史观对于历史的见解,亦有这个意思。一切社会政治等制度,都是建筑在经济制度上。有某种经济制度,就要有某种社会政治制度。换句话说,有某种所谓物质文明,就要有某种所谓精神文明。这都是一套的。……

(四)历史是不错的。这个意思,在五德三统说中,都很显著。每一德当运而实现其一套,另一德当运而实现其另一套。用另一套的人不能说其前人用别一套者是错的。因为前人用别一套,也是由于客观的必要。三统说中,也有同样的主张。现在我们若用唯物史观看历史,我们也可以有同样的主张。关于这一点,我们可以从两方面来说。第一,我们不能离开历史上的一件事情或制度的环境,而去抽象地批评其事情或制度的好坏。有许多事情或制度,若只就其本身看似乎是不合理的。但若把它与它的环境联合起来看,则就知其所以如此,是不无理由的了。例如大家庭制度,很有人说它是不合理,以为从前的人何以如此的愚;但我们若把大家庭制度与农业经济社会合起来看,就可以看出大家庭制度之所以成立,是不无理由的了。再就历史演变中之每一阶段之整个的一套说,每一套的经济社会政治制度,也各有其历史的使命。……

（五）历史之演变是循环的或进步的。关于这一点,五德说及三统说与三世说的主张不同。五德说及三统说以为历史之演变乃系循环的。此二说皆以为五德或三统之运行,"如顺连环,周而复始,穷则反本"。三世说则以为历史之演变,由衰乱世,升平世,而至太平世,乃系进步的。此二种说法,我们若把它们联合起来,我们就可以说,历史之演变是辩证的。我们把循环及进步两个观念合起来。我们就得辩证的观念。所谓辩证的意思,说穿了也很容易明白。……总之,在历史的演进中,我们不能恢复过去,也不能取消过去,历史之现在,包含著历史的过去。这就是说,历史的演变,所遵循的规律是辩证的。

（六）在历史之演变中,变之中有不变者存。这一点在三统说中最为明显。董仲舒虽主张三统"如顺连环,周而复始,穷则反本",但又说:"天不变,道亦不变。"这话也不是没有道理的。人类的社会虽可有各种一套一套的制度,而人类社会之所以能成立的一些基本条件,是不变的。有些基本条件,是凡在一个社会中的人所必须遵守的,这就是基本道德,这些道德,无所谓新旧,无所谓古今,是不随时变的。究竟我们所常行的道德中哪些是跟著某一种社会而有,所以是可变的;哪些不是跟著某一种社会而有,而只是跟著社会而有,所以是不变的,是很难确定。不过有些道德是只跟著社会而有,不是跟著某一种社会而有,所以是不变的,这一点,似乎可确定地说。照我们现在想起来,例如"信"之道德,似乎即是一种基本的道德。因为社会之组织,靠人之互助,而人之互助,靠一个人能凭别人之话而信赖他。……如果一个社会中个个人皆说话不当话,那个社会就不能存在。人没了社会就不能生存。越是进步的社会,其中的人越是须说话当话。人的生活越是进步,人越离不开社会。孔子说:"自古皆有死,民无信不立。"初看这句话的人说,孔子多么残酷,多么不讲人道,叫人不吃饭也要有信;这真是吃人的话。实则人吃饭固是要紧,但是吃饭的条件如果不具备,人是没饭可吃的,或是有饭不得吃的。①

我们在这里将冯先生于1934年从欧洲绕道苏联回国后所作的学术演讲的大部分内容摘录下来,我们可以从中看出:冯先生早在上个世纪的30年代,通过他在欧洲的讲学和考察,可知,他确实已经对马克思主义不仅是接触了,而且也认可了。我们现在将冯先生的这个讲演给大家作一个展示,旨在告诉大家,冯先生在40年代写《新事论》时的历史唯物主义观点的原初之来源。

我们用现在所学习到的马克思主义观点以看《秦汉历史哲学》,我们说,冯先生所说的那些道理倒是很平常的,也就是一些马克思主义的常识。但是,就是这样一些常识性的知识,它给冯先生带来了一个灾难:当时老蒋统治下的政府给冯先生"过不去",将冯先生逮捕了。关于这件事情,冯先生是这样记述的:

> 1934年10月、11月间,有一天,我在办公室正要下班回家吃午饭,秘书长打来一个电话说:"你先别出去,有个人要来找你。"等了一会,果然来了一个人,他对我说:"警察总监请你去说一句话。"我说:"什么时候?"他说:"现在就走。"后来我听当时在办公室的助教说,他看见那个人拿了一支手枪,暗中对着我,不过当时我没有觉察。我同他出来,上车走了。到了警察局,那个人叫我坐在门房等着,他就走了。我坐在那里,一直没有人过问。大约过了两个钟头,有个人进来拿了一个收

---

① 《冯友兰全集》第1卷,河南人民出版社1985年9月第一版,第219—225页。

解读冯友兰

条,上面写着:"收到冯友兰一名口"。他把收条缴给管门房的人,就叫我出来。走到院中,已经有十几个人在那里排队站着,带我的那个人叫我也站到队中,拿来一副手铐要给我带上。我问他:"我犯了什么罪?"他不回答,只说:"你也带上一个。"带上了手铐,那个人就叫队伍往外面走,走出大门,就上一辆闷子车。车门锁了以后,车就开了。我想"这莫非就上天桥?"(天桥是当时的刑场。)我当时心里很平静。我想,这样看起来,古人所谓"从容就义",也不是很难的事。车走了不久,就停了。下来一看,原来是前门西火车站。(当时还没有总火车站。京汉铁路的终点站在前门西边,称为西火车站;京奉铁路的终点站在前门东边,称为东火车站。)我们这一批囚犯走进车站,上了一列火车中的闷子车,车就开了。大约走了四五个钟头,车停了,闷子车的门开了,叫我们下车。到站台上一看,原来是保定。那时候蒋介石在保定设了一个"行营",我才知道,原来是把我解到保定"行营"来了。我们这批囚犯,又被押上一辆卡车,开到一个大衙门,看样子,大概是清朝的总督衙门。我想,这大概就是"行营"了。下车以后,我和其他的难友就被分开了。我被单独带到一个房间,看样子是一个职员的办公室。进去之后,有个人进来,给我解开手铐,就出去了。过了一会儿,他又进来说:"你最近到外国去了吗?"我说:"到欧洲去了一趟。"他说:"请你写一写,你到过什么地方,见过什么人,说过什么话,都写下来,今天晚上就写。"我本来是以一个普通旅游者的身份在欧洲游历的。我看见的东西,所遇到的人,所说的话,也和普通旅游者一样,没有什么特别。只是在捷克的布拉格参加国际哲学会议的时候遇见了南京政府司法院院长居正。他告诉我一些孙中山在日本东京时的轶事。我如实写了。那个人来了,看了以后,也没有说什么,只说:"套间有一张床,你就睡在那里吧。"到了第二天上午,那个人又来了,说:"你写的上边已经看了。军政部何部长已经来电报。"他拿出何应钦的电报,上面说:"冯友兰如无重大嫌疑,着即释放。"那个人说:"上午没有往北京的车,下午有车就送你回北京。"他又说:"上午没有事,上街逛逛吧!"他带我上街,到莲花池公园转了一圈,又到一个小馆子里吃了一顿饭,下午三点钟的时候,他送我上火车。到了北京西火车站下车,那个人对我说:"你可以回家了。"我说:"还要办什么手续吗?"他说:"不用。"说完就走了。[①]

我们从有关资料上看,冯先生并没有对抗当时的政权,他只是讲了一些马克思主义唯物史观的思想,可能是被认为宣传了马克思主义的学说,被苏联给"赤化"了。我们又从冯先生的回忆中可知:当时他们将冯先生带到保定"行营"中去,并没有通知冯先生的家人,是冯先生的弟弟景兰教授(著名的地质学家)等费了好大的劲四处托人往南京打电报才得知冯先生被押送至保定的。当时的报纸刊登了这一消息,冯先生的被捕已经震动全国。鲁迅在这一年12月8日致杨霁云的信中说:"安分守己如冯友兰,且要被逮,可以推知其他了。"[②]

通过我们上边的叙述,我们可知《新事论》一书在其成书之前的社会政治背景。社会是进步的,历史是进步的。中国社会是需要变革的,而问题的关键在于如何变革。尽管冯先生当时对于马克思主义的历史唯物主义有一种同情的了解,从根本上说,冯先生并不赞成用革命的暴力以推翻政府,而是主张从文化之"类"上以促社会之变革。在"全盘西化"和"中国文化本位论"的对立中,取"中道"之哲学观。

二、中国到自由之路

"中国到自由之路"这个题目是《新事论》一书的副题,冯先生在这部书的《自序》中是这样说的:

> 自中日战起,随学校南来,在南岳写成《新理学》一书,此书序中有云:"此书虽'不着实际',而当前有许多实际问题,其解决与此书所论,不无关系。"此书成后,事变益亟,因另写一

[①] 《冯友兰全集》第1卷,河南人民出版社1985年9月第一版,第87—88页。
[②] 《鲁迅书信集》下卷,第695页。

书,以讨论当前许多实际问题,名曰《新事论》。事者对理而言;论者对学而言。讲理者谓之理学;说事者谓之事论。对《新理学》而言,故曰《新事论》。为标明此书宗旨,故又名曰《中国到自由之路》。

由此可知:第一,冯先生的《新理学》是哲学的形而上学,是不着实际的纯讲"理"者;第二,《新事论》一书是"着于实际"的,是讲事的;第三,这部讲事的书,是针对当时中国的现实而发的;第四,中国要想走向自由,就应当针对中国的实际情况而制定政策。

我们需要申明一点,冯先生在这里所说的"到自由之路"的"自由"一词,并不是哲学意义上的"自由",而是社会学意义上的自由。哲学意义上的自由,是与"必然"相对的一个观念;社会学意义上的自由,是专指社会类型上的改变,具体地说,就是使该社会中的最广大群众所获得的一种解放。对于当时的中国而言,中国应当改变自己原有的传统的生产方式,学习西方的生产方式,但是这种改变,并不是"全盘西化"论者所主张的那种改变,而是在认清社会的"共相"与"殊相"的关系上的一种说明、一种解释、一种实施。

人类社会进入近代以来,西方社会的发展和进步是突飞猛进的,我们中国还是原来的老样子,变化不大。我们原来所固有的文化并不比它们西方落后,现在是怎么了?中国自周秦以来,同其他民族比较起来,中国人一直是很自豪的,他们过着如马克思所说的"城里人"的生活,而四周的其他民族则相当于"乡下人"。可是,当人类历史进入了近代,中国人落后了,由原来的"城里人"变为"乡下人"了,而西方国家反倒成了"城里人"了(关于"城里人"和"乡下人"的对举,是取自马克思在《共产党宣言》中的一段话:"资产阶级使乡村屈服于城市的统治","正像它使乡村从属于城市一样")。这是不是说,我们现在要想重新成为"城里人"就应当"全盘西化";或者说仍要保留我们固有的优秀文化,以"我"为本位呢?我们应该说在当时的中国思想界,这种认识还是相当混乱的。

冯先生站在理性主义哲学的高度,运用在《新理学》中所用的逻辑分析法,对于中西文化的这种差异给予分析。他还是从文化的"类"作为入手处。这就是说,要知"类"。从"类"观点以看东西文化，不是一个东西地域的差别问题，而是一个"类"文化的差别问题。从"类"文化以看西洋文化，就不能把西洋文化看作一个特殊。我们如果将西洋文化作一个特殊的个体看，它就是一个"全牛"（在这里，冯先生将中国古典中的"庖丁解牛"的成语赋予其新意而用之），同样道理，我们如果把中国文化也当作一个特殊的个体以看之，它同样也是一个"全牛"。"全牛"对"全牛"，特殊对特殊，怎么可以"掺和"呢？没有办法！我们如果从"类"的观念以观察中西，我们可知，东西文化不是一个类。冯先生说：

> 若从类的观点，以看西洋文化，则我们可知所谓西洋文化之所以是优越底，并不是因为它是西洋底，而是因为它是某种文化底。于此我们所要注意者，并不是一特殊底西洋文化，而是一种文化的类型。从此类型的观点，以看西洋文化，则在其五光十色底诸性质中，我们可以说，可以指出，其中何者对于此类是主要底，何者对于此类是偶然底。其主要底是我们所必取者，其偶然底是我们所不必取者。若从类的观点，以看中国文化，则我们亦可知我们近百年来所以到处吃亏者，并不是因为我们的文化，是中国底，而是因为它是某种文化底。于此我们所要注意者，亦并不是一特殊底中国文化，而是某一种文化之类型。从此类型的观点，以看中国文化，我们亦可以说，可以指出，于此五光十色底诸性质中，何者对于此类是主要底，何者对于此类是偶然底，其主要底是我们所当去者，其偶然底是我们所当存者，至少是所不必去者。①

从类的观点看中西文化之不同，并不是将西洋文化和中国文化分别作一个整体看，而把它们看作是不同的"类型"。"从类的观点以观事物者注重同；从特殊的观点以观事物者注重异。"②从类文化的角度以说文化，东西文化有"同"；从特殊的观点以看东西文化，即是从个体上以看它们各自的文化。从个体上以看它们各自的文化，它们是各有各的特殊，那只能看到"异"。这是因为一个一

---

① 《冯友兰全集》第4卷，河南人民出版社1986年8月第一版，第226页。
② 同上书，第220页。

个的个体，都是一个特殊。我们可以举一个最普通的例子，就说人吧，你所看到的张三和李四不同，李四和王五也不同；中国人和西洋人更不同。你可以在大街上随意去找两个完全相同的人，这很难。因为他们都是一个个的个体。我们如果将这些一个个的个体进行分析，即可发现，尽管他们是个体的人，但是在许多方面，他们又都是相同的，就是说，他们具有相同的方面。为什么？很简单，我们将他们在某些方面按照"类"的不同而分归于类了。

同理可知，一个国家，一个民族的文化也是这样。我们如果将它们当作一个个的个体国家以看之，很复杂，看不出中国同西方某一国家是同的。他们的人是黄头发、蓝眼珠；我们是黑头发，黄眼珠。这就是不同。我们如果从类的观点以观察之，我们可以发现，一个复杂的个体国家，可以分为许多的类，它又有许多的性。我们可以将其中之不同分归于不同的类，以见其不同的性。我们可以知道，哪些类是决定这一事物的本质的，哪些性是决定这一事物的根本的"性"。我们可以排除那些不决定这一事物的本质的"类"和"性"，于是，不同事物之间，我们就可以找到"同"了。

冯先生认为，在当时有"全盘西化"论者，有"本位主义"论者，他们的观点虽说是水火不相容的，但他们在看问题上犯了同样的毛病，就是把西洋文化和中国文化分别看作是一个个的个体。从每一个个体的整个上去看，每一个国家的文化就像一个五光十色的"全牛"。在这五光十色之中，他们是眼花缭乱，看不出哪些是它们的主要性质，哪些是它们的次要性质。如果从类的观点以看西洋文化，尽管我们也同样可以得出西洋文化是优越的这个结论来，但是，这个结论的得来，不是从一个个的特殊的个体中得到的，而是从"类"文化的角度以得到的。

从类的观点以看中西文化（社会）之不同，并不是因为中国文化是中国的原因才使得它落后，西洋文化并不是因为它是西洋的它才得以先进。也就是说，这个差别不是地域的原因所造成的，而是因为它们分别属于不同的文化类型。

从类的观点以看文化，我们可以说，中国之所以落后，并不在于它是中国文化的，我们要进步，我们既不必全盘西化，我们也不可固守我们的老传统。这样，全盘西化论者可以休矣，中国文化本

20世纪80年代后期，冯友兰先生和加拿大籍华人学者余景山先生在三松堂庭院合影。余景山捐资在北京大学哲学系设冯友兰哲学奖学金。

位论者亦可以休矣。

我们如果从类文化的观点以看中西文化，我们还有一个意外的收获，就是可以调和"全盘西化论"和"中国本位论"之间的矛盾。"照此方向以改变我们的文化，则此改变是全盘底。因为照此方向以改变我们的文化，即是将我们的文化自一类转入另一类。就此一类说，此改变是完全底，彻底底，所以亦是全盘底。""此改变又是部分底。因为照此方向以改变我们的文化，我们只是将我们的文化自一类转入另一类，并不是将我们的一个特殊底文化，改变为另一个特殊底文化。我们的文化之与此类有关之诸性，当改变，必改变；但其与此类无关之诸性，则不当改变，或不必改变。所以自中国文化之特殊底文化说，此改变是部分底。"①

冯先生在这里所讲，真是太精彩了。将我们中国固有的文化从一类转入另一类，两个类型完全不同，从类之完全不同说，这种改变是全盘的。但是，中国文化中那些与类型的主要性质无关的

---

① 《冯友兰全集》第4卷，河南人民出版社1986年8月第一版，第227页。

内容(冯先生说是偶然性,在《新理学》中有辅性、无干性之说),则没有必要去给以改变之,中国还是中国,中国人还是中国人,中国人的黑头发还是黑头发,中国的民族还是中国的民族,从这个意义上说,我们仍然还是中国本位的。

　　从类文化的角度说,我们是将中国文化由一类转入另一类。用历史唯物主义的观点看,冯先生所说的由某类入另类,就是在中国建立资本主义的生产方式,走工业化的道路,将中国数千年以来的生产方式来一个根本改变,将中国数千年的自给自足的小农耕作法转入大机械化生产的方式中去。这是一个什么样的改变?这是一场社会革命。但是,我们从根本上说,冯先生是不赞成采用暴力革命的手段以推进社会的进步的。冯先生的哲学我们已经在前文中说过,是"中道"哲学。但在当时的中国,不采取暴力革命,中国是不可能进入一个新的社会形态的。

　　冯先生从类文化的观点以分析中国文化,在《新事论》中,他叫做"别共殊"。这个说法,我们可以这样认为,就是冯先生运用《新理学》中的"共相说"以分析社会。社会有社会之理,这个理就是社会之"共相",不同的社会类型有不同的理,这个理就是"殊相"。西方社会已经进入了资本主义社会了,中国还处于封建主义的社会中,这两个殊相是不同的。在资本主义社会中,它的生产方法是机械化的,所谓机械化,就是采用大机器、大工业的生产方法以从事生产。这种生产必须是社会化的大生产。在封建主义的社会中,它的生产方法是小农式的,是一家一户的小生产式的农耕法。在资本主义社会中,其生产方法是以社会为本位的;在封建主义社会中,其生产方法是以家为本位的。生产方法之不同,决定了其社会经济制度的不同;经济制度的不同,决定了其社会的政治制度的不同。而政治制度的不同,最终决定了其社会形态的不同。这就是冯先生在《秦汉历史哲学》中所说的某一社会之所以是某一社会,它的制度都是一套一套的含义。这个话,实际上很好理解,也很通俗,我们用马克思主义哲学观点来说明它,就是:经济基础决定上层建筑;生产方式的矛盾运动是推动社会前进的内在动力。在当时,在冯先生看来,中国想进步,要甩掉落后、贫穷的帽子,就必须将我们固有的生产方式给予摈弃,这是不错的,我们说这是历史唯物主义的观点。具体地说,中国要进步,中国文化也像西洋文化那样是优越的,中国就应当将"以家为本位的生产方法"转变为"以社会为本位的生产方法"。说穿了,就是也在中国发展资本主义,这就是中国到自由之路!至于说,冯先生的这个观点是否正确,这是一个可以继续讨论的问题。

三、《新事论》的现实意义

《新事论》所说的"事"为什么是"新"的?我们说,不仅在新事论中的事是新的,冯先生的贞元六书的每一书都有一个"新"字,这是什么意思?我认为,冯先生是以"理"立论,他的理不同于旧理,即不同于程朱之理,故而为"新理",这是一个意思。其次,其他几部书都是跟着《新理学》而来的,所以它们也均是新的。具体到新事论说,因为中国要发展资本主义(严格意义上说,冯先生在新事论中并没有使用资本主义一词,但那种生产社会化的经济制度和方式,实际上是资本主义的,我们如果进一步推论之,社会主义的生产方式不也是社会化的吗?),要将几千年以来的以家为本位的生产方法来一个根本上的改变,这当然是新事了。

在《新事论》中,从大的方面说,冯先生可是将凡可涉及到的事情都涉及了。我们可以看一下新事论中的题目:辨城乡、说家国、原忠孝、谈儿女、阐教化、评艺文、判性情、释继开、论抗建、赞中华。在这些题目中,大到国家,小到儿女,人性教育,历史与现实,抗战建国,凡所涉及者,无所不到,正是要在中国来一个全新的改变。既为全新,那么,就应当对这一切有一个新的价值评估。从这个意义上说,余敦康先生所说的《新事论》是冯先生的一个施政纲领,这话是不错的,事实上就是应当这样定位的。因为历史已经过去了半个多世纪了,我们今天已经没有多少必要对于《新事论》中冯先生所说的诸多"事"逐个进行分析了。我们可以说,其中有相当一部分内容已经完成了它们的历史使命了。也就是说,它们在当时来说,可以说是新的,但在我们今天看来,它们中的大部分已经成为历史的陈迹。当然,我们说,这并不是说所有的内容均是如此,其中的一部分在我们今天看来仍然不失其现实的意义。

说老实话，我是比较看重冯先生的《新事论》这本著作的，尽管其中有许多内容已经成为历史。我们从历史的角度看，今天的中国不就是历史的中国的一个发展吗？历史是不可以被割断的。余敦康先生要我们研究冯学的同人们多注意一点《新事论》，我认为，余先生的话是语重心长的肺腑之言。在冯先生诞辰110周年的纪念大会上，在众多学者提交于会的论文中，研究《新事论》的文章并不多，我给会议的文章是：《论〈新事论〉的民族文化情结》，尽管写得极为一般，但还是以此为题引发一些议论，可作引玉之砖，余先生还是给予了肯定。

在我的那篇小文中，由于水平所限，我没有能从宏观上给予展开，我仅限于冯先生对于中华民族的民族文化情结这个层面作了一点开掘，且大多是停留在表面上。在我的那篇小文中，专有一个题目：《新事论》的现实意义。我在这个题目中，借题发挥了一点，主要是两个方面的问题：其一是城乡问题，其二是道德问题。

关于城乡问题，在《新事论》中有两方面的含义：一个是说在中国的范围之内的城乡；一个是说在世界范围之内的城乡。在冯先生写作《新事论》的20世纪40年代，中国的城乡就是指中国本土上的城市和乡村；世界范围内的城乡是指以英美和西欧国家为城市，这些国家之外的国家为乡下。这种城乡的划分法，是从马克思那里弄出来的，我们在前文中已经有过交待。冯先生在书中写道：

> 在现在底世界中，英美及西欧等处是城里，这些地方底人是城里人。其余别的地方大部分是乡下。这些乡下地方，有些已经成为某人的"庄子"，如印度成为英国人的"庄子"，安南成为法国人的"庄子"。①

"庄子"一词，在冯先生的书中，是借中国封建社会中的地主在他统辖的土地之内所设立的"管事者"。用通行的话说，就是地主的代理人或者办事处，他们负责收取地租。印度成为英国人的"庄子"，就是印度成为英国的殖民地。这样看来，英国和法国就是世界范围的"城里人"；而印度和安南就是世界范围内的"乡下人"。

---

① 《冯友兰全集》第4卷，河南人民出版社1986年8月第一版，第243页。

乡下人向城里人交地租，就像中国的封建社会里乡下的佃户向地主缴租子一样。

那么，为什么会是这样？冯先生说：

> 英美及西欧等国所以取得现在世界中城里人的地位，是因为在经济上它们先有了一个大改革。这个大改革即所谓产业革命。这个革命使它们舍弃了以家为本位底生产方法，脱离了以家为本位底经济制度。经过这个革命以后，它们用了以社会为本位底生产方法，行了以社会为本位底经济制度。这个革命引起了政治革命，及社会革命。有一位名公（指马克思——作者注）说了一句最精警的话，他说：工业革命的结果使乡下靠城里，使东方靠西方。乡下本来靠城里，不过在工业革命后乡下尤靠城里。在工业革命后，西方成了城里，东方成了乡下。乡下既靠城里，所以东方亦靠西方。①

这就是"城乡"一词在冯先生《新事论》中的含义。

中国范围内的城乡问题，我们暂且不论。我们在这里所说的城乡，其意是指西方社会和经济不发达的东方世界，具体地说就是中国以及所有的被发达资本主义国家占为殖民地的国家或地区。前者为城，后者为乡。泾渭分明，不容相混。西方之所以成为城里人，是因为它们实行了产业革命，它们的社会由原来农耕的生产方式进入到了工业化的生产方式，它们实行了产业革命。我们仍然是乡下人，因为我们的生产方式还是老一套，是手工耕作的生产方法，是自给自足的小农经济，是以家为本位的经济制度。我们要想变为城里人，我们必须对于我们原有的经济制度和生产方式来一个革命。但这个革命并不是暴力的，并不是一个阶级推翻另一个阶级的暴动。冯先生是不同意、不主张在中国实行暴力革命的。有这样一段话可资为证："我们在现在平心而论，清末当局在政治经济文化各方面所行底政策，并不能说全盘地不对。若果没有所谓满汉种族问题，……辛亥革命，可以没有，国家的组织中心，不致崩坏；则中国的进步，即可少一番迟滞。一个组织的中心，破坏之

---

① 《冯友兰全集》第4卷，河南人民出版社1986年8月第一版，第244页。

甚易,而建立之甚难。"①从这一点来看,我们说,冯先生是不主张暴力革命的。

我们现在将这个话题转过来以说城乡问题。我们说,冯先生在半个多世纪以前的城乡论,对于我们今天建设社会主义新农村仍然不失其应有的现实意义。我们在这里,已经将话题由前文中的世界范围内的"城乡论"切转到了中国本土的范围之内了。世界范围内的所谓城乡问题尽管并没有从根本上得到解决,但它在今天看来已经同冯先生所说的那个时代有所不同,倒是我们国内的城乡问题反而应当引起我们的注意。

这里边有两点需要说明:第一是我们现在所说的城里人,不必都是原来意义上的"富人";第二是我们现在所说的乡下人,也并不是原来所说的那种意义上的穷人。从目前的社会实际情况来说,城里人也有一定数量的下岗职工,他们属于"社会弱势群体",他们住在城里,是因为他们原本就在城里生活,在旧中国时代,他们可能是小市民,新中国时代,他们可能是产业工人,由于经济体制改革,他们失去了原有的工作。他们在乡下原本就没有土地,你能让他们到何处去?他们虽然世居城里,但他们的生活并不是本来意义上的城里人的生活。生活在广大农村中的农民们,从总体上说,他们的生活条件不如城里人,尽管我们的政策现在是逐步地向农民、农村倾斜,但是毋庸讳言,他们的生活状况、经济条件一概地比不上城市。(我们在这里说的是一般,并不讲特殊、个别。要说有少数农村,他们的经济发展是远非城里人所可比的,像华西村)

我最近在《大河报》(2007年1月8日)上看到了一篇评论文章:《感性看待"以后谁来当农民"》,现将该文的主要点综述于下:互联网上流传着一篇《大声问一句:以后谁来当农民》的帖子,引起青年学人的纷纷议论,这篇帖子说,陕西某县有关调查机构对当地农村劳动力流动情况作了调查,发现当地农村劳动力外出打工人数占到总劳动力人数50%以上,农村剩下的人口主要是老人、妇女和儿童,乡镇和村组干部自嘲为妇联主任、儿童团长、敬老院院长。与此同时,该调查还发现,当代农村中学生看不起农民也不愿当农

---

① 《冯友兰全集》第4卷,河南人民出版社1986年8月第一版,第345页。

民,"厌农"思想严重,农村新增劳动力来源堪忧。(见1月7日《中国青年报》)文章认为,我们应当理性地看待这个问题,农村劳动力大量地向城市流动,这是大势所趋。我们也没有必要担心以后无人去当农民。只要有人,就必须吃饭,有人吃饭就肯定有人种田,何忧之有?关键的问题是,我们要从这种现象的背后看到问题的实质。这个实质就是"农民们为什么一定要背井离乡,去到外地打工?"评论文章中还有更令人心酸的语言:"电影《傲慢与激情》中,女仆出身的公爵夫人说过一句话让人记忆犹新:那些人为什么到巴黎来?是因为喜欢这里的肮脏与恶臭吗?不,是因为饿。拿这句话来形容城市化进程中的当代中国农民,再恰当不过:农民远离亲人,背离故土,是因为喜欢城市工棚冬天的寒冷和夏天的闷热吗?不,是因为生存。不说农民在城市获得的非市民待遇,不说老人和妇女独自承担农务的辛劳,就是年轻夫妻长年分居的痛苦,学者体会得到吗?我要说,对农民而言,在权利缺乏保障情况下,表面形式上的城市化,不仅是被动的,更是悲恸的!"(同此类问题相关者,有申延平同志的在其博士论文的基础上而写就的一书:《中国农村社会转型论》,本书作者认为,这部书是冯先生《新事论》一书在当今中国社会的一个发展,可资一读)

现在我们要追问,农民们为什么要远离家乡,为什么要背井离乡到城市去打工?种地的农民为什么收入低?文章中有这样一段话:"农民对袁隆平说:我要感谢你,因为你帮我提高了产量;可我要埋怨你,因为粮食生产再多也不赚钱!这是为什么?"

也就是在前不久,我在电视上看到了王刚所主持的一个节目:在北京打工的父母们,将自己的小孩子送到专门为这些弱势群体所设立的学校里读书。这些孩子们还好,总算有一个地方上学了。这些可爱的孩子们在舞台上唱了一首歌,我看到有位著名的歌唱家已经哭了:他们的爸爸妈妈蹬着板车送他们上学,爸爸妈妈们的裤腿上沾满了泥巴,另一边是城里的孩子们的爸爸开着"奔驰"和"捷达"……

我还是在同一张大河报上,又看到了一篇评论:《为收入差距唱赞歌是一种危险倾向》。文章说:有一位著名的经济学家近日撰文指出,我国收入分配差距扩大化的过程实际上是一个发展的必由之路。除非我们停止了发展,或者把经济发展的速度降低下来。但是那样造成的问题恐怕就更多了(1月7日《经济观察报》)。评论文章说,对于这位著名的经济学家的高论,我们是不敢赞赏的。来自中国社会科学院的一份报告称,中国日益扩大的收入差距正接近拉美水平(1月7日《青年参考》)。在一个收入差距已经接近拉美化边缘的时候,还在高歌扩大收入差距的合理性,这是为什么?面对高达0.4—0.5的基尼系数,社科院这份报告看到的是社会的严重不平等、民生的艰难、社会关系的紧张和对改革开放的破坏,而这位经济学家看到的却是,"分别看农村和城市,他们内部的收入分配差距并不太大。农村内部的基尼系数只有0.39,城市内部的基尼系数只有0.32,都没有达到警戒线。"以牺牲农民利益形成城乡剪刀差,如此工业化进程难道是合理的吗?文章又说,修正一名知名经济学家的观点是很艰难的,但我还是想提醒一下,合理拉开收入差距有助于激发经济的活力和人们的创造性,但收入差距过大并不是社会的福音,甚至也不是富人的福音。

说到这个问题,又使我联想到了造成某种收入差距拉大的现象。比如说,某市要举办什么什么节(某某文化节之类),开始大造声势,不惜花大钱去请所谓的"明星"、"大腕",这些人站在那里咿咿呀呀地哼了一阵子,十分钟,或十几分钟,几万块、十几万块甚至几十万块的"歌酬"就轻松地到手了。这个几万乃至十几万块的收入,我们如果用一户农民家的种地收入来衡量一下,这是一个什么概念?应当说,地方领导者为了发展地方经济,利用当地的某些文化资源搞某某文化节活动,还真不失其为一个好的活动方式、方法,问题是到底有没有必要花大把的钱去"请"那些所谓的"名人"来咿咿呀呀地哼上一阵子?某些"名人"的文化素质如报纸所评论的所说,大抵也不过相当于小学几年级的文化水平……

写到这里,我突然想到了小时候在农村生活时一个大队支部书记常说的一句话:光棍大,眼子驾;眼子不驾他不大。从某种意义上说,收入差距的拉大,也是导致社会总体道德水平下降的一个重要的原因。我们可以一般地看一下:在中国广大的乡村,在过去,尽管物质生活水平不高,人们那种朴实与厚道,理解与宽容,吃苦与耐劳的人生操守是多么的崇高,可是,随着广大农村劳动力大量地向着城市流动,年轻一代人的道德归属感可是远没有其父辈为高,这是为什么?难道说我们的经济的高速发展必须以牺牲社会的道德为代价吗?

我并不懂经济,更不是经济学家,我不知道那位著名的所谓经济学家的话是否正确。我在这里所担心的是,中国的城乡差别、收入差别,如果如此过大,我认为这终不是一件令我们高兴的事情。从一定意义上说,冯先生早在半个多世纪以前所写的文章,在我看来,对于我们今天所面对的城乡问题,是不无现实意义的。

我们以下再说一下道德的问题。

道德是人们在社会生活中约定俗成的一种行为准则。这种行为准则并没有法律意义上的强制力,它是一种价值评判的标准。在人类社会中,人们要想有序地生活,就不能离开道德。在中国长期的封建社会里,有许许多多的道德规范,概括起来,表现最为集中并且在人们心目中发生巨大作用者就是"五常"(仁、义、礼、智、信)。在中国古典哲学中,对于这个问题的分析可谓多矣、深矣。最为明显的就是孟子所说的"四端",将这个基本的伦常道德看作是天所赋予我者。就是说,道德的问题是天生的。

在冯先生所处的时代,中国社会将要从一旧类归入一个新类,要将以家为本位的社会转入以社会为本位的社会,那么道德问题怎么办?因为中国固有的道德是为了适应封建社会而约定俗成的。你比如说,我们是以家为本位的社会,家在人们的心目中是重要的,因此,在中国传统的道德中,就强调忠和孝,就强调亲亲。一切道德和其他方面的关系都以此为出发点以扩散开来。现在要将中国的以家为本位的社会来一个改造,我们原有的道德是不是也要来一个改造?

冯先生在他的《新事论》中首先把道德的情况给予归类,也就是说,哪些是可变的道德,哪些是不可变的道德,我们得有一个选择的标准。冯先生说:

> 照我们的看法,在有些地方,可以说新道德,旧道德;在有些地方,道德是无所谓新旧底。照我们的看法,有社会,有各种底社会,有些道德是因某种社会之有而有底,如一民族或国

家,自一种社会转入另一种社会,则因原一种社会之有而有底道德,对于此民族或国家,即是旧道德;因另一种社会之有而有底道德,对于此民族或国家,即是新道德。但大部分底道德是因社会之有而有底。只要有社会,就需有这种道德,无论其社会,是哪一种底社会。这种道德中国人名之曰"常",常者,不变也。照中国传统底说法,有五常,即仁,义,礼,智,信。①

按照冯先生的看法,中国道德中的"五常"的确是一个道德之"常"。这个不仅适用于中国的古代,同时也适用于中国的现代、当代(在冯先生那里就是也适用于中国转入以社会为本位的社会)。当然有些就不一定如此了。像冯先生在文章中所说的在中国古代的所谓"三不朽"(即《左传》中所说:古有三不朽:太上有立德;其次有立功;其次有立言),西方人也是同意这个的,但是在次序上当有一个调整,西方人的标准应当是:首先是立功;其次是立言;最后是立德。这就是中西文化上的一个大不同。因为西方人所强调的是"功",是事业,是物质方面的收获;中国人就不一样了,中国文化是强调人们成为"圣人",中国哲学的最高境界就是要人们达圣、入圣(我们在下讲中所讲冯先生的人生境界说时就涉及它了)。

另外,像我们中国固有的道德中所说的"忠",这在中国长期的封建社会中可是一个最大的道德问题;跟之而来的"孝"也是一个大的道德问题。在中国封建社会中,为什么这个忠孝的道德是如此之重要呢?这还同我们以家为本位的文化分不开的。"家"和"国"的观念深入人心。国有国君,家有家长。对国君当尽其忠;对家长当尽其孝。但在西方就有所不同,资产阶级的政权中的最高统治者,是通过竞选而产生的,大家不是对他尽忠的问题,而是如何监督他的问题,是如何制约他,不能让他滥用权力的问题。中国封建社会中,皇帝的权力是至高无上的,天下都是他一人的天下,如刘姓天子、李姓天子、赵家天子等等。所以,作为臣子、子民,只有对他尽忠了。君叫你臣死,为臣的还不敢不死,你就是死,还得口中高念:皇恩浩荡,万岁,万万岁! 这个东西,在西方的近代是不

---

① 《冯友兰全集》第4卷,河南人民出版社1986年8月第一版,第359页。

可思议的。在中国进入到近代以来,西方的传教士到中国来,大清皇帝还要这些家伙们对他行三跪九叩之礼。这些黄发碧眼儿就是不想这样做,还闹得不可开交……这个不同的社会制度有不同的道德,说起来比较抽象,但是,你如果对它作一点深层次的分析,其实也不是不好理解的一件事情。

现在看来,我们对于"忠"的道德问题是可以解决的了,但是还有一定的"残渣余孽"。我们还时不时地见到有关这方面的报道:某某当官的,他的部下对他如何如何之忠。我们说,这不是一个个案的问题,这是有其社会历史背景的。我们现在可以说不要"忠",但也不是绝对地不要,而是要将"忠"的对象给予改变。就是说,不是对于某一个人的忠,而是忠于国家和民族,忠于人民。这样一改,性质则大不同。前者是封建主义的道德,后者就是社会主义的道德。

"孝"这个道德观念需不需要改?我们认为,这不是一个问题。我们还有家,我们的社会还不是一个共产主义的社会,我们的传统观念仍然是以家为本位,在这个基础上逐步向外扩延,由小到大,由近及远。从这个意义上说,孝字不能丢。要说"常",我们说,在中华民族的传统道德中,我们可以说,"孝"仍不失其为一大美德,这是毫无疑问的。我们河南有一位大孝子,他是一个大学生,在前几年,他带上自己生病的母亲去东北上学,历尽艰辛,不改其孝,被传为美谈,河南省委书记、省政协主席纷纷撰文,对于这种当代之"大孝"给予了高度肯定。我们从这位青年人的身上看到了中华民族的前途和希望。

当然,从封建社会传过来的有些道德观念,是理所当然地应当予以摈弃的。像宋明理学中所说的"饿死事小,失节事大"的玩意儿,它是封建枷锁,是鲁迅笔下所说的"吃人的礼教"!冯先生在书中对这种所谓的道德同样给予了批判。

关于五常,冯先生在他的书中说:"此五常是无论什么种底社会都需要底。这是不变底道德,无所谓新旧,无所谓古今,无所谓中外。'天不变,道亦不变',对于'常'仍是可说底。"(同上)我们说,冯先生这个话在当时是对的,在今天看来仍然是对的,即使在将来,这个话依然是对的。

对于"仁"说,在今天,我们仍然可以说:人而不仁如礼何?人而不仁如乐何?(《论语》)我们仍然可以说:仁者,人也,亲亲为大;义者,宜也,尊贤为大!(《中庸》)我们仍然可以说:仁,人之安宅也;义,人之正路也。(《孟子》)我们仍然可以说:自古皆有死,民无信不立!(《论语》)我们仍然可以说:诚者,天之道也;诚之者,人之道也。(《中庸》)我们仍然可以说:唯天下至诚,为能尽其性;能尽其性,则能尽人之性;能尽人之性,则能尽物之性;能尽物之性,则可以赞天地之化育;可以赞天地之化育,则可以与天地参矣。(《中庸》)

我们可以正眼以看我们的社会现实,我们现在到处都可以看到有这样的一些广告牌:以诚信打造天下。经商之道,诚信为本。为什么中国几千年以前的古训被现在的商界视若圭臬?这一情况正好从另一个角度告诉我们:不诚、不信的现象比比皆是!我们可以设想,如果都不遵守道德,纵然是法制如何健全,又有何用?作为人,纵然是喜富而厌贫,见利都想去"图",谁都想过上好日子,但是,无论如何,我们必须把守好人生的"道德底线",不可见利忘义。作为人,不能不要人生的"游戏规则"!这个人生游戏规则的界限的标点就是"人"与"非人"的分界线,如果没有了这个游戏规则,好像是天上的行星,都偏离了自己的运行轨道,这个宇宙还能有序地存在下去吗?道德这个东西是遵守道德的人所须臾不可离的。

第七讲

人生的境界

在学术界,大家比较一致地认为,"贞元六书"的核心就是"人生境界说"。比如,武汉大学哲学学院的研究冯学的主要专家之一、《冯友兰传》的作者田文军教授在《冯友兰人生境界论评析》中说:"冯友兰先生在新理学中依据自己的形上学建构的文化理论,除了对中国文化建设方向道路的论释之外,另一个重要内容是通过对人的本质、人生价值的思考而形成的人生境界论。人们探讨文化问题,本质上是在探讨人生问题,追求对人自身的了解;人们总是把对于文化问题的研究当做了解自身的最佳途径,把对人本身的研究作为文化研究的归宿。冯先生正是这样,他为追求对中西文化冲突的理解,探寻中国文化复兴的道路而创造新理学,在新理学中'讲理','论事','原人',把对于文化问题的探讨落脚到对创造文化的主体人本身的思考,鲜明地体现了新理学作为一种文化哲学的理论特色。"①

田先生在这里所说的"原人",就是冯先生的"六书"之一的《新原人》。《新原人》的核心思想就是讲人生境界的。

令我们感到十分高兴的是,人民教育出版社出版的高中语文课本从冯先生的著作中节选了两篇文章,第一篇所定的题目是:人生的境界,选自《冯友兰学术文化随笔》(中国青年出版社1996年版),这篇文章,实际上就是冯先生早年所写的《新原人》一书中的思想摘录。第二篇所定的题目是:中国哲学的问题和精神,选自《中国哲学简史》。选文的编辑们在前言中说:本文主要谈了中国哲学的问题和中国哲学的精神,并阐述了两者之间的关系,这可以帮助我们进一步理解课文《人生的境界》,特别可以帮助理解中国哲学的传统"是既入世而又出世的"这一观点。

我曾经就上述高中语文课本中的冯先生的文章,问过当时在高中读书的孩子,他们给我的回答是:冯友兰先生在文章中所讲的是什么,老师也没有给我们讲清楚……这些孩子们现在都是大学生了,不久后,可能都是研究生了。作为一代有知识的青年,他们肩负有振兴中华的重任,我们用当年陈独秀先生的话以说他们:未来的中国,端在青年。如何实现自己的人生理想,如何走好自己的人生之路,这是摆在每一个中国青年面前的现实问题。为此,我建议,这些年轻人有机会的话,还是要抽出一点时间读一读冯先生的书。正像中国社会科学院那位老先生所告诫我的那样:冯先生的书很好读,也很容易懂。我在这里再补上一句:读冯先生的书,是一种享受,是一种受用,很有点像历史上周敦颐教二程子"寻孔颜乐处,所乐何事"一样。

一、从《人生哲学》到《新原人》

早在中西文化的冲突闹得不可开交的时候,一代文化精英们曾对我们固有的文化进行了一番彻底的反思,比如说,像梁漱溟先生所写的《东西文化及其哲学》,堪称这一时期的代表。不过,我在

---

① 《冯友兰学记》,三联书店1995年11月第一版,第163页。

这里应当向大家说明,在当时,人们一般都认为中西文化是不同的。但是,文化一词的内涵究竟是什么,在当时的学术界并不是十分清楚。当时,有这样一个小故事:北大的几位教授要去西方了,临行前,同人们纷纷向他们道别,并且嘱托说,你们可要把我们中国文化带到西方去,同时,也要把西方的文化带回来,云云。梁漱溟这个人喜欢认真,他当场就提出了一个问题:大家所说都是不错的,但我现在所要问的就是"所谓中国文化究竟何所指呢?"我们如果首先弄不清楚文化一词的含义,我们说这一通话也是白说。当时在场的人都没能回答这个问题,等到散会之后,胡适之等人对他说:梁先生提的问题很好,只是现在天儿很热,大家一时不好用思想……

梁先生在他的书中比较了中西文化的优劣,并且赞成李大钊同志所说的中西文化之异同的所在,但他又给予修正和补充。李大钊说:"东西文明有根本不同之点,即东洋文明主静西洋文明主动是也。"梁漱溟说:"李君这话真可谓'一语破的'了。我们细想去东西文明果然是这个样子。'动的文明'四字当真有笼罩一切的手段。"但是,梁先生又认为李君的话"未免太浑括了"。梁先生自己给文化一个定义:"你且看文化是什么东西呢?不过是那一民族生活的样法罢了。生活又是什么呢?生活就是没尽的意欲……"①按照梁先生的说法,文化是一种生活,生活是一种意欲。那么,在意欲的问题上,东西方的人是不同的。梁先生在他的著作中列出了三个大的地域:中、印、西。他认为,西方人的意欲是向前的;印度人的意欲是向后的;中国人的意欲是持中守和的。我们可以说,不管梁先生所列的中西印三种不同的生活样法是否科学,我们可以从中看到一个共同点:文化的问题就是"人"的问题;文化的最高表现是哲学,所以,哲学就是关于人的学问。

冯先生在他的著作中也说,中国哲学就是人学,宋明道学尤其是人学。冯先生生活在中西文化冲突的时代,这种冲突,我们可以换一个角度以说之,那就是东西方人性的差异。西方人求幸福于外,中国人求幸福于内。冯先生在美国所发表的论文《中国为什么

---

① 梁漱溟:《东西文化及其哲学》,商务印书馆1999年7月第二版,第32页。

没有科学?》说的就是这个差异。这个差异从根本上说,就是东西方人的差异。接下来,冯先生着手比较东西哲学,这样,他的博士论文就产生了。在他的博士论文中,冯先生一针见血地指出,人生哲学就是哲学,人生哲学是哲学的简易科也。关于这一点,我们在前讲中已经有过较为详明的分析和说明,故此处从略。我们现在所要说明的是,在冯先生的哲学体系中,从《人生哲学》到《新原人》,是一个怎样的过程?其中有否一以贯之的东西?

一般说来,在《人生哲学》中,冯先生是采用客观的手段和方法,将中外古今在他看来可以支持自己的哲学体系的思想给予理论化和系统化,只是在最后的两章中,他提出了一个新的人生论。这个新的人生论,就有冯先生自己的看法了。在冯先生的回忆中,一个新人生论,"就是我在当时所认为的'中道'的人生论"。这个新的人生论,就是"今依所谓中道诸哲学之观点,旁采实用主义及新实在论之见解,杂以己意,糅为一篇,即以之为吾人所认为较对之人生论焉"①。

我们知道,冯先生在《人生哲学》中,为了使他的哲学系统之完整和有顺序,他举出了十个派别的哲学系统,这十个派别分别属于三道:损道、益道、中道。"三道十派"的人生哲学之理路,就是从客观的立场上给以归纳的,并没有采用或者实用主义的、或者新实在论的观点以套这些哲学流派。只是冯先生自己赞成中道的哲学,在他所归纳的中道哲学中,共有四个派别:儒家、亚里士多德、新儒家、黑格尔。在这里,我们可以暂且将西方的两个流派予以排除,我们中国自己的哲学就剩下了儒家一个流派了。至于说新儒家,那是宋明哲学,在宋明哲学中,占据统治地位的哲学当属理学一派,即程朱之理学。这个问题的端底已经显露出来了。也就是说,在冯先生写作《人生哲学》的时候,尽管他并没有站在新实在论的立场上,但是,由于他对于宋明理学的着力和注重,使得冯先生的哲学理所当然地成为儒家哲学的传薪人。

关于这个问题,安徽大学的钱耕森教授有一篇文章:《冯友兰早期人生哲学简论》(《冯友兰先生纪念文集》)。在文章中,钱先

---

① 《冯友兰全集》第1卷,河南人民出版社1985年9月第一版,第196页。

生认为,冯先生早期的人生哲学尽管"超越了冯先生在此之前对东西文化现象之间差异的认识,但还仍然局限于对结果的比较,而未能进入对原因的探索。但把中西哲学中处理共相与殊相、主观与客观的矛盾关系的不同方式,概括为本体论、认识论和伦理学的路子,则意味着已经深入到了哲学思维方式的差异这一层面上来了。在早期,也许正是因为这样一步深入尚未达到,冯先生对中西哲学的比较就只能静态地考察'三道十派'人生理想的异同,而未能动态地揭示由现实人生到理想人生转化的契机和途径。他也因此而忽略了认识论对人生哲学的意义和价值,从而也未把康德哲学作为一个专门的派别加以讨论"。钱先生在这里所说的有三个意思:其一,冯先生的人生哲学,此时已经突破了原先所认为的中西文化差异的地域界限;其二,这种东西文化哲学的比较只注重于结果,而还未能从原因上以探寻之;其三,这种对于"三道十派"的分析还是从静态的角度而不是从动态的角度以揭示人生哲学的转化契机和途径。这是什么意思呢?我的看法是,冯先生对于"三道十派"的分析,仅从存在的意义上而不是从认识论的角度以观之。因为存在的东西,是一个静态的东西,而非动态的存在(因为冯先生所考察的三道十派哲学,都已经成为历史上的学术资料了,我们如果按照宋志明教授在安徽大学的学术演讲中的说法,哲学只是活着人的哲学,死了的人没有哲学,他们留给我们的只是资料。作为资料,我们只能说它就是一个"存在");从认识论的角度说就不同了,因为认识是一个辩证的过程,它不得不随着客观的变化而使之深化。

这就是说,认识是一个过程,是一个流变。同样是对于宇宙人生的认识,我们如果说在《人生哲学》中,冯先生将这一认识仅停留在静态的存在,只看到了哲学人生的结果的话,那么,随着冯先生的新理学体系的建立,表现在《新原人》中的对于人生境界的分析就是一个"道体"的流行。在冯先生早期的《人生哲学》中,他对于宇宙人生的分析并没有用某一种哲学观去对待它;在《新原人》中,冯先生则非常娴熟地运用"共相说"以解人生,最终达到了一个人生哲学的顶点——天地境界(我们如果用蒙培元先生的话说,就是冯先生在他的新理学体系中建立了人学形上学)。我们说,也只有到了这个地步,冯先生关于人生哲学的理论同他的新理学的哲学观二者达到了一个完美的统一。

那么,冯先生早期的人生哲学同新理学体系确立之后的新原人中的人生,有没有一个一以贯之的东西在其中呢?我们在这里可以十分肯定地回答:是有的。这个一以贯之的东西就是"生"。只是人们对于"生"的"觉解"的程度不同而有不同的人生境界而已。

二、"觉解"的人生

冯先生在《新原人》中,开篇即讲"觉解"。他用设问的方式说,"我们常听见有人问:人生究竟有什么意义?如其有之,其意义是什么?有些人觉得,这是一个很严重的问题。如果这个问题不能得到确切底答案,他们即觉得人生是不值得生底。"我们要想了解人生的意义,首先应当弄清楚什么是"意义"。也就是说,这个"意义"的意义是什么?这样一问,问题就比较复杂化了。这实际上是起于对于概念的分析,对于概念的分析,就是逻辑的分析,就是"辨名析理"。而辨名析理的方法,正是《新理学》的方法。

我们就说"意义",它是一个概念,而某一概念,人们可以对它有不同的了解,因为对于它的认识和了解的不同,它可有不同的意义。我们要对某类事物有所了解,某类事物对于我们即有意义,你如果对它没有了解,它对于你就没有意义。你对于某一事物了解得愈多愈深,那么,它对于你的意义也就愈丰富。冯先生说:"我们若知人类的理所涵蕴底一切底理,我们即对于人类有较高程度底了解。最高程度底了解,即是完全底了解。一类事物所涵蕴底理,可以是极多底。""人生亦是一类底事,我们对于这一类底事,亦可以有了解,可以了解它是怎样一回事。我们对于它有了解,它即对于我们有意义,我们对于它底了解愈深愈多,它对于我们底意义,亦即愈丰富。""哲学或其中底任何部分,都不是讲'因为什么'底学问。或若问:因为什么有宇宙?因为什么有人生?这一类的问题,是哲学所不能答,亦不必答底。哲学所讲者,是对于宇宙人生底了解,了解它们是怎样一个东西,怎样一回事。我们对于它们有了解,它们对于我们即有意义。"①

　　看来,冯先生在这里所强调的还是首先对于概念有所了解,对于概念的了解,愈是清楚,人们对于某一概念的意义就愈是丰富。比如"人生",我们不能问人生是为什么,但是,我们可以说,人生是什么。人生是什么?我们在前讲中已经作过回答,冯先生所说的人生就是"生"。我们对于这一回答,还是多少有些"失望"。这是冯先生在《人生哲学》中的回答。我们现在是在讲《新原人》中的人生,我们逐渐地明白了,对于"生"是需要有"觉解"的。你对于"生"的觉解的程度越高、越深,那么,人生对于你就越有意义。至此,我们就不会对于冯先生在《人生哲学》中所讲的人生就是生的问题有什么"失望"的了。因为在这里,冯先生告诉了我们一个哲学道理,人生是有觉解的,没有觉解,这个人即对于人生感到没有意义。一旦你对于人生有相当的觉解之后,你即认为人生是忒有意义了。

　　说实在话,关于人生的意义这一问题,它已经困扰了我多年。小的时候,尽管物质生活相当贫乏,因为思想并不复杂,像冯先生在"自然境界"中所写的那样,是"天真烂漫"的"赤子",对于生活是"不著不察",在头脑中根本就没有关于人生意义的概念。步入青年之时,还在计划经济中"穷过渡",为填饱肚子而奔波,是顾及不上思考这些"人生意义"之类的大而浑括的问题的。读了大学之后,又是受冯先生的影响,学习哲学,应当说该对人生的问题思考了。但是,我们那个时候,还是按照"极左"的那一套路数来讲哲学,对于人生并没有从更深的哲学层面上加以思考。记得有一次,哲学系组织一个关于哲学人生的讨论会,我这个人不喜欢在大庭广众面前出头,根本不去登台发言,我只是在台下听他人在高谈阔论人生。结果是听了一个晚上,我到底也不知道他人讲了些什么。但是,有一点我是可以肯定的,就是他们谁也没有能从"意义的意义"的哲学层面上以讲人生。那个时候,也从来没有听任何人讲过冯先生的"人生的境界"。

　　那么,什么是觉解?冯先生说,解就是了解。人们对于某事物

---

① 《冯友兰全集》第4卷,河南人民出版社1986年8月第一版,第521页。

的了解是有层次的不同的,而要想达到对于某一事物完全的了解,事实上是不可能的。因此,人对于宇宙人生,要想达到完全地了解,实际上是不可能的。仁者见之仁,智者见之智,百姓日用而不知。你看,要想对于宇宙人生有一个完全的了解,那是多么困难的啊!觉就是自觉。"人作某事,了解某事是怎样一回事,此是了解,此是解;他于作某事时,自觉其是作某事,此是自觉,此是觉。若问:人是怎样一种东西?我们可以说:人是有觉解底东西,或有较高程度底觉解底东西。若问:人生是怎样一回事?我们可以说,人生是有觉解底生活,或有较高程度底觉解底生活。这是人之所以异于禽兽,人生之所以异于别底动物的生活者。"

这个问题,我们写作到此,应该说已经是"江郎才尽"了,你就是一位再高明的人,再伟大的哲学家,也不能够问"为什么有人生?"这样的没有意义的问题,更无法回答这样的问题。比如说,在《论语》中有学生问死的问题,夫子回答:"未知生,焉知死。"对于什么是"生",夫子就不知道,你怎么还要问死是怎么一回事儿?你如果这样问的话,我们的回答,就是再高明,也逃脱不了冯先生式的回答。我们只能问:怎样的人生才有意义?这是可以问的,而且这种问,是有哲学意义的,是有学问的提问。我们可以对此有着十分丰富的答案。我们的答案之所以丰富,之所以不同,之所以有层次上的高低之别,就是因为我们对于宇宙人生的觉解有所不同。你对于宇宙人生的觉解的程度越高,宇宙人生对于你的意义也就越多、越有意义。

现在的问题是:觉解的人生是什么?我们对于这个提问,可以改变一下问法,就是人生的意义是什么?怎样的人生才有意义?这实际上是一个人生的境界的问题。在回答这一问题之前,我们还必须说明人为什么会有觉解?在这个问题上,心学和理学即有了分歧。

三、心与心之理

我们在前讲中已经讲到,冯先生的新理学体系是"接着"宋明以来的理学讲的。既是接着理学一派讲的,就不是接着心学一派讲的。在宋明道学中,按照传统的说法是有两派:心学和理学。而实际上,宋明哲学共有三个大的派系,除了心学和理学之外,还有一个派别,它就是气学。

在宋明哲学中,河南伊川的二程(程颢、程颐)和朱熹(按哲学史辞典上所说,他是徽州婺源人,属于江西;侨居建阳,属今福建。我在安徽大学参加现代哲学会议时,安徽的学者们认为朱子是安徽人)代表理学一脉;陆九渊和王阳明代表心学一脉;张载代表气学一脉。冯先生认为,我们习惯老讲宋明理学,并以之作为宋明哲学的代称,这样不妥。因为宋明哲学是三个派系,各有其势力,谁也不能代替谁。我们讲宋明哲学,就是说宋明这一时期的所有哲学派别,我们还可以用宋明道学以称之。这就是说,我们说宋明道学时,就是说的宋明哲学。在这个时期,代表官方的哲学思想是理学。因为理学体大精深,具有极强的思辨性,它将整个封建社会里的伦理纲常名教等内容全都包容于其中,为中国自南宋以来的政治统治提供了一个极好的理论说教。心学、理学、气学三派各有所传,一直延续到中国封建社会的完结。

在20世纪的二三十年代,在中西文化发生冲突的时候,中国哲学界分别有以上三派的哲学代表人物,将中国哲学给传承了下来。冯友兰和金岳霖两位先生可以说是理学一派的传人,熊十力、梁漱溟、贺麟等可以说是心学一派的传人,张岱年先生可以说是气学一派的传人。我们说,大致上是这样的,但也不能对此作绝对化的理解。熊十力先生是心学一派的代表人物,这是学界所公认的。熊先生的弟子们在海外者多,其中在港、台地区更多,所以,心学的传人在海外的势力较大。熊氏的弟子们,著名的有牟宗三、唐君毅等,他们虽已作古了,但他们的弟子在心学一脉中的造诣还是相当高的。我在前文中所说到的那位劳思光先生即为其中之一。(就是那个写作《新编中国哲学史》的台湾学者,他在其著作中对冯先生的中国哲学史(两卷本)提出了批评,我在前文中也有一点说明。)我的意思是说,冯先生系理学一脉,劳思光是心学的传人。理学和心学从历史上说,一直存在着争论,著名的"鹅湖之会"就是这场争论的集中表现。因此我们说,劳思光对于冯先生的指摘并不奇怪。

我在这里说了这么多心学和理学之争的问题,似乎是对于我们的文章内容不合,其实不然。冯先生在《新原人》中专列了一章,主要是讲心性问题的。在这一章中,通过心性论的解说,告诉我们,人为什么会有觉解?也就是在这个问题上,冯先生对于心学提出了批评。

在宋明道学中,理学的理是形而上者,尽管它有像冯先生所批评的那样,存在有"如有物焉"的不彻底性;心学也是形而上者。

冯先生在自己的新理学体系中,将理学中的"理"发挥到了极致。就是说,在新理学体系中,理是一个不折不扣的形而上学的观念。在"心"的问题上,冯先生讲,心是形下的,只有心之理是形上者。这种讲法同"心学"的讲法是不同的。正是在这个问题上,冯先生的"新理学"同"新心学"产生了矛盾。我们在分析《新理学》一书的时候,囿于篇幅,对于这个问题没有说明,在这里,我们借讲心之"觉解"以顺便将这个问题给予说明。

冯先生说:"人之所以能有觉解,因为人是有心底。人有心,人的心的要素,用中国哲学家向来用的话说,是'知觉灵明'。宇宙间有了人,有了人的心,即如于黑暗中有了灯。"在宇宙间,人是有生命的动物,有生命的动物是有心的。但是,在宇宙间,不只是人是有生命的动物,还有其他许多种动物都是有心的。为什么只有人之心才能觉解人生,而其他的动物为什么就不可能对于它们的存在有觉解呢?冯先生是这样认为的:人之所以有别于其他动物者,是因为人之心是"知觉灵明"的,这种知觉灵明是有异于禽兽者。"知觉灵明"是心之理,是人之所以异于禽兽者之所在。但是,这并不能说禽兽的心就是什么也不知道。我们所见到的许多动物,的确是很有灵性的,我们不能说它们没有思维。但是,我们可以说,尽管它们有思维,但它们的思维是低级的,是绝对不能够同人的思维相提并论的。它们对于事物也可能是知道的,但是,它们的这种"知道"是"本然的",而人的知道是"自觉的"。比如我们常说:虎狼有父子,蜂蚁有君臣。如果我们就这个话进行分析,认为蜂蚁也有社会,从现象上看,我们这样说并不错。但是,动物的社会不同于人的社会;动物的君臣不同于人类社会中的君臣。因为人的君臣关系,是一种人伦道德的关系,这样的关系是人所能够觉解的,而动物世界中的这种看似君臣的关系,从实际上说是一种本能的体现。冯先生在书中举了一个非常有意思的例子:像蚂蚁打仗,每个蚂蚁皆各为其群,而且作战十分勇敢,将自己的生死置之度外。从表面上看,这同我们人类所组织的军队毫无二致。但是,人去打仗,是因为人对于自己的行为有觉解,他知道为什么去打仗。就是说,人能够自觉地了解他的行为是什么,而动物只知道其然,而并不知道其所以然。知其然与知其所以然的区别,就是有无觉解的区别,就是自觉与本能的区别,就是人与禽兽的区别。

正是因为有这样本质上的区别,人对于人生的意义才能有所认识,而动物则不行,它对于生只知其是如此如此,而不知其生的意义。同样是心,人之心与动物之心有着质的不同。这种质的不同,我们只能从哲学上给予认识,并不是对之在实验室里加以清楚的区别。就是说,对于人心和动物之心的认识,有哲学的认识和科学的认识之别。科学意义上的认识,具有生物学意义,而哲学上的认识才有伦理上的意义。

在"心"的问题上,不仅是旧理学和旧心学(在历史上曾有"新儒家"一词,以别于宋明以前的儒学,历史上的新儒家有两派,理学和心学。现在又有一个新的名词,叫做当代新儒家哲学。学者们常为此而争论不休,熊十力等人是被学界所公认的当代新儒家的代表人物,冯先生也是。但是,在港、台地区,他们并不认为冯先生属于当代新儒家人物,大陆也有部分学者持同样的观点),存在着争论,而且在当代新儒家内部(新理学和新心学)仍然有争论。作为新理学的开山人物,冯先生在《新原人》中,在讲心有觉解时,对心学一派提出了批评。冯先生说:

> 有些哲学家,亦以为,没有心底宇宙,不但是一个混沌,而且是个漆黑一团。所谓漆黑一团,即是没有秩序底意思。照他们的说法,宇宙间底秩序,本是心的秩序。心不是仅能知宇宙间底秩序者,而是能给予宇宙以秩序者。……在中国哲学史中,陆王一派,以为"理在心中","舍我心而求物理,无物理矣",其所持亦是这一类的说法。这一类的说法是有困难底。
>
> 对于这一类的说法,我们先问:所谓给予宇宙以秩序底

心,是个人底心,例如你的心,我的心,抑或是宇宙底心?于此我们须附带说:照我们的说法,所谓宇宙底心,与所谓宇宙中底心不同,其不同,我们于新理学中已有说明(在新理学中,我们称宇宙中底心为宇宙的心。宇宙的心亦可有与宇宙底心相似底意义,所以我们现在不用宇宙的心一词。新理学中,亦应照改。)我们以为有宇宙中底心。照我们于上文所说,人的心即是宇宙中底心。但宇宙底心则是我们所不说底。因为以为有宇宙底心者,其所谓宇宙底心,空泛无内容,实是可以不必说底……①

按照冯先生的体系,理与心是两个观念,我们的"思"是"心"的活动,我们的思可及于理,理并不在心中。而心学一派则不是如此看法,他们认为,理就在我们的心中,所以,心即理也。心和理是两码事,不是一码事。这是理学和心学的一大区别。陆九渊说过:"宇宙便是吾心,吾心即是宇宙。"(《象山先生全集·杂说》)王守仁也说过此类的话。我们看冯先生这一段话:

  有些哲学家,以为实际底事物的存在,亦在心中。如贝克莱说:"存在即知觉。"在中国哲学史中,陆王一派,亦有持此说法的倾向。阳明传习录下有云:"先生游南镇,一友指岩中花树问曰:'天下无心外之物,如此花树在深山中,自开自落,与我心亦何相关?'先生云:'你未看此花时,此花与汝同归于寂。你来看此花时,则此花颜色,一时明白起来。便知此花,不在你的心外。'"又云:"先生曰:'你看这个天地中间,什么是天地的心?'对曰:'尝闻人是天地的心。'曰:'人又什么叫做心?'对曰:'只是一个灵明。''可知充塞天地中间只有这个灵明。人只为形体自间隔了。我的灵明,便是天地鬼神的主宰。……天地鬼神万物,离却我的灵明,便没有天地鬼神万物了。我的灵明,离却天地鬼神万物,亦没有我的灵明。如此便是一气流通的,如何与他间隔得。'"照阳明的此种说法,则陆王一

---

① 《冯友兰全集》第4卷,河南人民出版社1986年8月第一版,第530页。

派,不只以为"理在心中",且以为,即天地万物的存在,亦在心中。①

冯先生在这些话中,所说的有些哲学家有西方的心学家,如贝克莱者,但他主要是说中国的哲学家,主要是指陆王心学一派。对于心学所说的理在心中、物在心中,也就是说,心外无理、心外无物这一套理论,冯先生是不同意的。这是就心、理而言,理学家和心学家有如此之分歧。

那么,在关于"性"的问题上又是如何呢?理学家认为,"性即理也",这话是可以说的。冯先生是这样看待这个问题的:凡事物之所以为某种事物者是因为理的因素,而理实现于某一具体的物者则表现为"性"。从这个意义上说,理即性也,也可以反过来说,性即理也。在性的学说中,冯先生用逻辑分析法,讲得相当清楚。他将性区分为两个方面的含义:其一是逻辑意义上的性,从逻辑意义上以说性,凡物皆有性,有的物不必有心,但凡是物必有其性。一类物的性,就是此物以别于它物者之性,别于它物者的性,也可以说是别于它物者之理。从这个意义上说,性即理也。其二是生物学意义上的性,比如说人有人之性,马有马之性,狗有狗之性。人性之所以与狗性不同,是因为人之理与狗之理不同。从性方面说,人之性一般说来是相近的,人与人之所以有很大的区别,从人之性说,是看不出来其中的大的区别的。事实上人与人是有大的差别的,这是"习"的结果。孔子说:"性相近也,习相远也。"告子说:"生之为性。"荀子说:"不可学,不可事,而在人者谓之性。"这些说的就是生物学意义上的性。

性在某一个具体的人身上表现为"才"。"才"有才华之意。张三在才华上同李四有不同,这个才之不同,就是性之实现于某一个个人之不同。我们说,某某人极有天分,就是说某某人颇有天才。按照冯先生的说法,就是理之实现于人者为性,具体某人与某人之不同,则表现为才。某人在某个方面,极有才华,我们可以说,某人在某个方面具有某种天才。天才这个东西我们还是可以说的,我

---

① 《冯友兰全集》第4卷,河南人民出版社1986年8月第一版,第532页。

们也是承认它的,否则的话,我们则对于社会中的某些人事不好解释清楚。过去,我们曾经批判"天才论",那是错的。但是,我们也不能够将之绝对化,历史上凡成就大事业者,必须有两个方面的因素:其一是才、天才,其二是努力、是奋斗。两者缺一不可。如果更全面一点来说,成就大事业者,还有一个客观的条件:时势。

这样看来,在理学那里,心、性、理是有区别的;在心学那里,我们看不出它们之间的区别,心、性、理,统而为一。在心学那里,一心即可包括一切,因此,这种分别的界限给模糊了。我们分析到此,我们就可以清楚中国哲学中所说的"尽心、穷理、尽性"的意义了。

说到尽心,这里又有问题出现了,就是自宋明理学以来所说的"私心"、"公心"、"人心"、"道心"的相当抽象的问题。要说尽心,到底所尽者是什么心?冯先生在这个问题上是这样认为的:人要尽人之所以为人者之心,也就是说,做人要合乎做人的标准。一个人的行为愈合于做人的标准,他对于人之理的实现也就愈接近。他愈接近人之所以为人者之理,那么,他就愈接近于"道心",道心即心之理。"私心"是什么?就是一个一个的具体的人之心,这个心在宋明理学那里朱子叫它为"人心"。"公心"和"道心"是处于同一个层次上的,"人心"和"私心"是处于同一个层次上的。用冯先生的话说:"人不但是人,而且是生物,是动物。他有人之性,亦有生物之性,动物之性。于新理学中,我们说,生物之性,动物之性,亦是人所有底,但不是人之性,而是人所有之性。感情欲望等,大概都是从人的所有之性发出底。从人的所有之性发出者,道学家谓之人心。从人的人之性发出者,道学家谓之道心。"

旧理学和新理学所说的"人心""道心"的区别,一般说来,是比较容易理解的。我们说,心只是一个,不能将它分为两个。之所以给它分为两个,是从义理上分,而不是从实际上分。从义理上分,道心就是符合人之理的标准的心。但是,人都是在现实中生活,他有感情和欲望,贪财、好色等是一般人之共性,为什么会是这样?因为人还有动物性之一面,他要生存,就得有满足他生存的物质条件,这就是人心(私心)。"人心惟危,道心惟微。"这就是理学家所常说的话,朱子说:"人心便是饥而思食,寒而思衣底心。饥而思食后,思量当食与不当食;寒而思衣后,思量当着与不当着:这便是道心。圣人时,那人心也不能无。但圣人是常合着那道心,不教人心胜了道心。"①天寒要添加衣服,饥饿时便要吃饭,你就是圣人也是必须这样做的。这就是说,圣人也具有人心。但是,圣人知道思量这个饭当吃还是不当吃,这个衣是当穿还是不当穿,这要靠道心给予裁定。我们说,古有廉者不受嗟来之食,我就是饿死,也不去接受你对我带有侮辱性的食物,这样的"廉者"不受嗟来之食,就是他的道心在支配他的人心。

在心、性、理等问题上,我们分析到此,本可以就此而结束这个题目了,但是,心性论这个问题真的是太大了,从某种意义上说,中国哲学自宋明以来,这个问题就是一个重要的哲学问题。我们说,中国哲学是讲人学的,宋明道学尤其是讲人学的学问的,因此,我们在这个题目下不得不就"心统性情"这个问题再说上几句。

在中国哲学中,人性到底是善是恶,争论了几千年,莫衷一是,非常热闹。这个问题,在孔子那里,略略有一个苗头,并没有展开去说。我们看《论语》中只有"性相近也,习相远也"的句子。到了孟子那里,他从本体的心的角度从理论上将人性赋予"善"的本质。这就是我们在前讲中所说到的"四端"说。荀子对于孟子的看法表示反对,他认为人之性为"恶",那个"善"是怎么回事?他认为"其善者伪也"。我们从这个"伪"字的构成上即可知:伪者,人为之也。通俗地解,那是人的伪装罢了。再后来,就更为热闹了。到了汉代董仲舒那里,把人之性分为上、中、下三品(善、中、恶三个品级);到了唐代,韩愈将性与情并提,也认为人之性情有三品。这些提法,一直到了宋明道学那里,才有一个根本性的改观,这就是理学家所说的"天地之性"、"气质之性",此两分法,我们可以与"道心"、"人心"相对之给予理解。

冯先生在这个问题上应当说绝对地有超于前人的地方。他将人之性同人之理联系起来,在区分人之性的内部结构时,使用了两个概念:"人之性"和"人所有之性"。从人之性上来讲,人之性可以说是彻头彻尾的善,它不能不善,它也不敢不善。为什么?如果它

---

① 《冯友兰全集》第4卷,河南人民出版社1986年8月第一版,第546页。

不是彻头彻尾的善，这个人之理就无从得到逻辑的说明。所谓不善，所谓恶，是如何来的？这要从人所有之性上给予解释。我们可以说，冯先生在人性的问题上的理论解释，是前无古人的，我们也可说是后无来者。这种解释是从人之理，或者说是从人学之形上学的角度，澄清了千古以来在中国哲学中关于人性问题的混乱。本人认为，这是冯先生对于中国哲学在人性问题上的一个重大的贡献。

在性善问题上，孟子的"四端"说，可以说是从情理上阐述了人之性的彻头彻尾的"善"，中间两千多年来的争论，并没有从哲学的层面上解决问题。到了冯先生这里，可以说是从形上学的"最哲学底哲学"的层面上给予解决了。这种解决，我们说是从原儒（孔孟）开始的情感上的"善"到哲学上的"善"的一个符合中国哲学特质的修复。它告诉我们，中国哲学的人性论就是性善说。很显然，这与西方哲学存在着一个方向性的差异。这一差异，严格地说，是中国哲学同西方基督教神学（欧洲中世纪可以取代哲学的神学）的差异。在基督教那里，人是有罪的（原罪说）。人只有通过对上帝的虔诚信仰，才能洗涤自己的罪而得到拯救。我们说，中西文化的差异、矛盾和冲突，这是一个方面。

现在要说到"心统性情"了。"心统性情"一说，原出自张载，但是朱熹最为赞赏，他以为此"说得最好。"朱子说："伊川'性即理也'；横渠'心统性情'，二句颠扑不破。"（《朱子语录》卷五）心与性，我们在以上的文字中均给予了说明，这里要说一下"情"的问题。按照冯先生在对于理学的解释时说："所谓情，有时是说性之已发。性是未发，情是已发。心则包括已发未发。此所谓心统性情。理学一派底道学家所谓情，其意义如此。"①我们如果按照冯先生在这里引理学家的说法，情并不是恶的，或者说无所谓善恶，因为它是性之已发，人之性根源于人之理，性理都应当说是彻头彻尾的善。但事实上，情并不都是善的。为什么？这个也比较好理解，因为情是人有感于物者的一种感情，也可以说表现为一种欲望。这种欲望当然有"私"的成分。这个私的成分，如果超过了理的界

---

① 《冯友兰全集》第4卷，河南人民出版社1986年8月第一版，第547页。

限,就是恶了。心统性情,就是说,性情是善是恶,均由心(这里当然是指道心之心)加以节制。

至此,我们可以将以上所说的内容给予概括了:人之所以异于禽兽者,是因为人之理;人之理具体实现于实际的人之时,则表现为人之性;从这个意义上说,性即理也;在理学那里,心是形下的,心之理是形上的;在心性问题上,理学家同心学家是有别的;人之心与动物之心不同,在于人心是知觉灵明的;人心之知觉灵明,能对于人的行为、动作有一个自觉的了解,而动物的行为动作是一种本能;人对于自己如何生活,对于人生的意义是自觉的。因此,人的生活是觉解的生活。真正有意义的人生,是有觉解的人生,人对于人生觉解得愈多,人生对于他则愈有意义。

四、境界的层次

这个题目好写得多了。这是因为冯先生的"人生境界"说已经被高中语文课本以节选的形式收进去了,这说明冯先生的《新原人》中的主要思想已经被广泛地传播开来了。我看了一下所节选的内容,感到有些简略,为了使我们更好地了解人生的境界,我还是有必要在此将冯先生人生哲学体系中的重要部分重新梳理。

我们在前一节中已经说了,人对于宇宙人生的觉解程度越高,宇宙人生对于他也就越有意义。而事实上,人对于宇宙人生的觉解的程度是不同的,正是由于这种不同,才构成了人生的不同意义,宇宙人生对于人的不同意义,就构成了人所有的某种境界。冯先生说:

> 各人有各人的境界,严格地说,没有两个人的境界,是完全相同底。每个人都是一个体,每个人的境界,都是一个个体的境界。没有两个个体是完全相同底,所以也没有两个人的境界是完全相同底。但我们可以忽其小异,而取其大同。就大同方面看,人所可能有底境界,可以分为四种:自然境界、功利境界、道德境界、天地境界。①

---

① 《冯友兰全集》第4卷,河南人民出版社1986年8月第一版,第550页。

接下来，冯先生用了《新原人》的70%的篇幅以论说这四种境界。他分别将这四种境界的基本特征给予概括说明：

> 自然境界的特征是：在此种境界中底人，其行为是顺才或顺习底。此所谓顺才，其意义即是普通所谓率性……"行乎其所不得不行，止乎其所不得不止"；亦或顺习而行，"照例行事"。无论其是顺才而行或顺习而行，他对于其所行底事的性质，并没有清楚底了解，此即是说，他所行底事，对于他没有清楚底意义。就此方面说，他的境界，似乎是一个混沌。例如古诗写古代人民的生活云："凿井而饮，耕田而食，不识不知，顺帝之则。""日出而作，日入而息，不识天工，安知帝力？"

冯先生对于在这种境界中的人又作了进一步地说明：

> 严格地说，在此种境界中底人，不可以说是不识不知，只可以说是不著不察。孟子说："行之而不著焉，习矣而不察焉，终身由之，而不知其道者众也。"朱子说："著者知之明，察者识之精。"不著不察，正是所谓没有清楚底了解。
>
> 在此种境界中底人，并不限于在所谓原始社会中底人。即在最工业化底社会中，有此种境界底人，亦是很多底。他固然不是"日出而作，凿井而饮，耕田而食"，但他却亦是"不识不知，顺帝之则"。在此种境界底人，亦不限于只能作价值甚低底事底人。在学问艺术方面，能创作底人，在道德事功方面，能作"惊天地，泣鬼神"底事底人，往往亦是"行乎其所不得不行，止乎其所不得不止"，"莫知其然而然"。此等人的境界，亦是自然境界。

功利境界中的人是什么样子的呢？冯先生写道：

> 功利境界的特征是：在此种境界中底人，其行为是"为利"底。所谓"为利"，是为他自己的利。凡动物的行为，都是为他自己的利底。不过大多数底动物的行为，虽是为他自己的利底，但都是出于本能的冲动，不是出于心灵的计划。在自然境界中底人，虽亦是为自己的利底行为，但他对于"自己"及"利"，并无清楚底觉解，他不自觉他有如此底行为，亦不了解

他何以有如此底行为。在功利境界中底人,对于"自己"及"利",有清楚底觉解。他了解他的行为,是怎样一回事。他自觉他有如此底行为。他的行为,或是求增加他自己的财产,或是求发展他自己的事业,或是求增进他自己的荣誉。他于有此种种行为时,他了解这种行为是怎么一回事,并且自觉他是有此种行为。

在此种境界中底人,其行为虽可有万不同,但其最后底目的,总是为他自己的利。他不一定是如杨朱者流(杨朱是前期道家人物,可能先于老子,其事迹所记极少,散见于有关典籍中——作者注),只消极地为我,他可以积极奋斗,他甚至可牺牲他自己,但其最后底目的,还是为他自己的利。他的行为,事实上亦可是与他人亦有利,且可有大利底。如秦皇汉武所作底事业,有许多可以说是功在天下,利在万世。但他们所以作这些事业,是为他们自己的利底。所以他们虽是盖世英雄,但其境界是功利境界。

道德境界中的人又是怎样的呢?冯先生接下来继续写道:

道德境界的特征是:在此境界中底人,其行为是"行义"底。义与利是相反亦是相成底。求自己的利底行为,是为利底行为;求社会的利底行为,是行义底行为。在此种境界中底人,对于人之性已有觉解。他了解人之性是涵蕴有社会底。社会的制度及其间道德底政治底规律,就一方面看,大概都是对于个人加以制裁底。在功利境界中底人,大都认为社会与个人,是对立底。对于个人,社会是所谓"必要底恶"。人明知其是压迫个人底,但为保持其个人的生存,又不能不需要之。在道德境界中底人,知人必于所谓"全"中,始能依其性发展。社会与个人,并不是对立底。离开社会而独立存在底个人,是有些哲学家的虚构悬想。人不但须在社会中,始能存在,并且须在社会中,始得完全。社会是一个全,个人是全的一部分。部分离开了全,即不成其为部分。社会的制度及其间底道德底政治底规律,并不是压迫个人底。这些都是人之所以为人之理中,应有之义。人必在社会的制度及政治底道德底规律中,始能使其所得于人之所以为人者,得到发展。

在功利境界中,人的行为,都是以"占有"为目的。用旧日的话说,在道德境界中,人的行为,都是以"贡献"为目的。用旧日的话说,在功利境界中,人的行为的目的是"取"。在道德境界中,人的行为的目的是"与"。在功利境界中,人即于"与"时,其目的亦是在"取"。在道德境界中,人即于"取"时,其目的亦是在"与"。

第四种境界,也就是冯先生终生所备爱有加的境界——天地境界。他在说天地境界的特征时,这样写道:

> 天地境界的特征是:在此种境界中底人,其行为是"事天"底。在此种境界中底人,了解于社会的全之外,还有宇宙的全。人必于知有宇宙的全时,始能使其所得于人之所以为人者尽量发展,始能尽性。在此种境界中底人,有完全底高一层底觉解。此即是说,他已完全知性,因其已知天。他已知天,所以他知人不但是社会的全的一部分,而并且是宇宙的全的一部分。不但对于社会,人应有贡献;即对于宇宙,人亦应有贡献。人不但应在社会中,堂堂地做一个人;亦应于宇宙间,堂堂地做一个人。人的行为,不仅与社会有干系,而且与宇宙有干系。他觉解人虽只有七尺之躯,但可以"与天地参";虽上寿不过百年,而可以"与天地比寿,与日月齐光"。①

我们在这一节中,用冯先生自己对于此四种境界的人生特征的描写,以说明境界的不同层次。我们从中发现,对于人生觉解程度的高低,决定了人生境界的高低。在最低的层次中的境界,是自然境界。在这种境界中的人是极其淳朴的。这种淳朴从表面上看很是与道家精神合,是人与自然的一种天然之和谐,与世无争,与人无争。那纯粹是一首和谐的田园牧歌。那种"凿井而饮,耕田而食"的人生状态,的确可以用陶渊明的诗以歌吟之:

---

① 《冯友兰全集》第4卷,河南人民出版社1986年8月第一版,第551—554页。

> 结庐在人境,而无车马喧。
> 问君何能尔?心远地自偏。
> 采菊东篱下,悠然见南山。
> 山气日夕佳,飞鸟相与还。
> 此中有真意,欲辨已忘言。

我们应当在这里给予说明:陶诗所吟者,只是从表面上看来,同冯先生所说之自然境界大有异曲同工之妙。从境界的层次上来说,两者是不可同日而语的。陶诗的境界是极高的,正是因为它高,它因此而达到了极高层次上的向自然境界的回归。这正如我们对于某种事物的概念一样,我们不去对之言说,我们对之保持沉默,但这种沉默是建立在对其有深刻认识的基础之上的。此深刻认识之后的沉默,用冯先生的方法以说之,就是"负的方法",用冯先生的境界说以说之,它岂止是自然境界,它要比前三种境界都高,它实际上已经达到了天地之境界。这就是说,自然境界同天地境界尚有某种意义上的暗合(这一点,相当深奥,我们留待以后再说)。《易·系辞传》云:"天下何思何虑?天下同归而殊途,一致而百虑。"最低层次的人生境界可以同最高层次的人生境界达到一致之效果,真可谓殊途而同归,事实上就是这样。

实际上,我们对于这一问题的看法,并没有曲解冯先生的意思。我们看冯先生的这一段话:"先秦底道家所谓纯朴或素朴,有时是说原始社会中底人的生活,有时是说个人的有似乎浑沌底境界。他们要使人返朴还纯,抱素守朴。他们说:'素朴而民性得矣。'他们所谓性,即我们所谓才。人顺其才,道家谓之得其性。"①尽管自然境界和道家的境界看似是一样的,都是一个浑沌。但是,此浑沌不同于彼浑沌。《庄子·在宥》中说:"万物云云,各复其根。各复其根而不知。浑浑沌沌,终身不离。若彼知之,乃是离之。"庄子又在《应帝王》中讲了一个十分风趣的故事:南海之帝为儵,北海之帝为忽,中央之帝为浑沌。儵与忽时相与遇于浑沌之地,浑沌待之甚善。儵与忽谋报浑沌之德,曰:"人皆有七窍,以视听食息,此

---

① 《冯友兰全集》第4卷,河南人民出版社1986年8月第一版,第567页。

独无有,尝试凿之。"日凿一窍,七日而浑沌死。

这个故事,我们用现代话说之,是这样的:有三个帝王,他们分别是北海帝、南海帝和中央帝。只有中央帝这个家伙是一个浑沌,他没有人所有的那个"七窍",其他两帝认为中央帝很不方便(这实际上是这两帝的无知,人家中央帝实际很方便)。因为中央帝每次在其他两帝到他那里做客时他待之甚好,这两帝为了感谢他,商量着要将中央帝的没有"七窍"的问题给解决了。于是他们两帝就开始动手为中央帝"做手术"了,给他凿七窍。一日凿一窍,工作了七日,中央帝的七窍倒是具备了,像个人样子了。这两帝还没等到高兴的时候,中央帝这个家伙就死了。这件事情,庄子称之为"浑沌之死"。本来这两帝是出于好心,在为朋友帮忙,结果是事与愿违,将一个好端端的浑沌帝给弄死了。这件事情,如果按照我们今天的法律去评判的话,你是好心也不行,这叫做"过失犯罪"。但这事在中国古代是不构成犯罪的,这叫做动机与手段的背离。我们不说这个了。

庄子在这里所讲这个寓言的本意在于:人要保持自然的和谐。这种自然的和谐,在自然境界中的人并不知道,但他们的行为自然地达到了这个目的,这叫做"百姓日用而不知",这叫做"人不能不饮食,但鲜知其味也。"但是庄子是知道的。所以,我们说,道家的境界看似是自然境界,实际上它是远远地高于这个境界的。

冯先生所说的功利境界和道德境界比较好理解。在我们现实社会中,凡是有头脑的人物,没有不求功名的。求名于朝,求利于市,名利双收等等。求官的目的,无非是两个方面:其一是名,其二是利。我们说某某人是个"官迷",嗜权如命。他为什么要权,就是这两个目的。有人说还有一个目的,就是享受。我们说,享受也不排除在名和利之外。当然,我在这里所说的享受,仅限于物质方面的意义,精神方面的意义我们也不能说没有,只是这种在物欲和权欲所包围下的精神与儒、道两家所指向的精神并不是在一个层次上的。比如说周敦颐教二程子去"寻孔颜乐处"、庄子和惠子的"鱼乐之辩"、庄子终身不仕之乐,等等,与在功利境界中的乐不可同日而语。

功名利禄,是一个千古不变的话题。应该说,人们求功名,并不错。正是人们的功名利禄之心，才会有人类社会的发展与进步。但是，我们在这里要澄清一个认识上的"混沌"：简单地说，在我们对于功名利禄进行获取的同时，一定要兼顾道德的作用力，不可突破这个界限。

说到此，我们的话题自然就过渡到了道德境界了。我们已经说过，在道德境界中的人，他的行为是"行义"的。什么是"义"？《论语·里仁》中说："君子喻于义。"在《微子》篇中又说："君子义以为上。"孟子特别强调"义"，在《孟子·梁惠王上》中，开篇即有一段精彩的对话：

> 孟子见梁惠王。王曰："叟！不远千里而来，亦将有以利吾国乎？"孟子对曰："王何必曰利？亦有仁义而已矣。王曰：'何以利吾国？'大夫曰：'何以利吾家？'士庶人曰：'何以利吾身？'上下交征利，而国危矣。万乘之国，弑其君者必千乘之家。千乘之国，弑其君者必百乘之家。万取千焉，千取百焉，不为不多矣。苟为后利而先义，不夺不餍。未有仁而遗其亲者也，未有义而后其君者也。王亦曰仁义而已矣，何必曰利？"

这段话可以说是孟子的关于"仁政"说的核心。梁惠王对于孟子有些不太客气，一见面就直截了当地说：你这个老头儿，你不远千里来到我们的国家，你的思想有没有对于我们的国家有利的东西？孟子也直言不讳地反唇相讥：作为一国之王，为什么一开口就是利？你一说利不要紧，下面的人都跟着说利。大夫说，如何利我家；老百姓说如何利自己。上下都为了"利"，都不讲"义"了，很可能就出现了"弑君"，把你这个国王给宰了。所以说，作为国王，首先是要讲仁义，你为什么要言利呢？我们说，在儒家那里，并不是不要利，而是说首先得讲义，其次则是利。这一点在此从略。

那么，义是什么？孔子并没有给它一个解释。孟子在这里有一个解释，但很简略："义，人之正路也。"（《孟子·离娄》）这实际上只是一个比喻性的暗示，只是说，义是人们行动的准绳。人在行为的过程中，哪些是义，哪些不是义，还需要有一个判断。《中庸》说："义者宜也。"也没有从概念的内涵上给予解释。但是，这个概念已经深入到了中华民族的心中，我们已经在自己的人生实践中无时无刻不在遵循之。

冯先生讲,在道德境界中的人是"行义"的,这就告诉我们,"义"的概念已经被纳入到了道德的范畴之中了。换言之,义的行为就是道德的行为。

那么,义与利是什么关系?根据我们在前面所引孟子的话看,义和利是比较冲突的。事实上,在中国哲学史中,"义利之辨"从来就是一个大问题。荀子主张先义而后利,以义制利。认为人不能完全不讲利而只要义,但是,人们在讲利之时,要以义为上、为主。"先义而后利者荣,先利而后义者辱。"(《荀子·荣辱》)"故义胜利为治世,利克义者为乱世。"(《荀子·大略》)墨家首次将义利二者统一了起来,认为义必须是合人民之大利,合人民之大利者就是大义,凡大义者就必须是符合国家人民之大利的。"义者,正也。何以知义之为正也?天下有利则治,无义则乱。我以此知义之为正也。"(《墨子·天志下》)从这个意义上说:"义,利也。"(《墨经上》)这个问题不仅在先秦有争论,一直到两汉、隋唐、宋明清,可以说这个争论是贯穿着整个中国文化之始终的。

中国社会进入到新时期以后,这个问题仍然是我们在建设有中国特色社会主义的市场经济过程中面对的一个重要问题。冯先生在他晚年的文章中,对此也有论述。他认为,我们建设现代化,中国哲学史中的"义利之辨"就是一个有意义的问题。一个国有企业中的厂长,必须要将企业的营利放在首位,否则的话,这个厂长所带的大企业老是亏损,让国家蒙受损失,这个厂长就不是一名好厂长,他就是一个"败家子"。这个时候的"利"则表现为"义"。你的行为是为利的还是为义的,首先要看你是为谁谋利的。你如果是为国家、为集体而谋利,你的行为就是"义"。当然,这个"义"还要"宜",就是说,你也不能为了一个集团或者部门的利益而干那些伤害他人利益的行为。如果你是为了谋取一个集团、一个部门的利益而不择手段,尽管你所赚的钱并不是装到了你自己的腰包中,你的行为仍然是不义的。张岱年先生也有文章说明这个利与义的问题。张先生也说,我们要见利思义,而决不能见利忘义。

关于冯先生在道德境界中的行为是"行义"的说法,我们在这里必须强调的是一个"应该"的问题。就是说,某一行为是否是道德的,这里面有一个道德价值判断的问题,对此,我们换句话说,就是道德的应该的问题。某件事情我们是应该做还是不应该做,首先所考虑的并不是对我们是否有利的问题,而是首先考虑该行为是否是"义"的问题。这叫做以义为上,利则次之。这就是道德的"应该"。我们试想,如果在社会主义市场经济的条件下,我们在从事一切活动时,能够考虑到做事情时是否是道德的应该,以义为上,利则次之。我们现在的社会环境、经济秩序将会是如何呢?

我们现在再回到原题上来。冯先生当然是不赞成人老是处于自然境界中的。因为人在这个境界中的觉解层次最低,对于人生的意义并不怎么清楚。

在功利境界和道德境界中的人,对于人生是自觉的,但是,冯先生对于在这两种境界中的人的看法也不是太高,尤其是对于处于功利境界中的人。冯先生认为,处于功利境界中的人虽然对于人生有觉解,但其觉解的程度并不高,只是同在自然境界中的人的境界略高一些而已。从行为方面看,在功利境界中的人并没有树立起牢固的道德观念。他们虽明知某事应该作,但由于受到自私的牵扯,而不能去作。出于功利目的,他们也可能作一些合于道德的事,但是,他们作这些事并不能体现出其道德价值,因为他们这样作并不是为了道德而去作的,他们的最终目的还是一个"取"字。从社会效果看,在功利境界中的人,其功业可能很伟大,但其道德品质并不高尚。

在这个问题上,英雄和奸雄可以处在同一个境界层次上。英雄可以流芳百世,奸雄可以遗臭万年。他们之所以是处于同一个境界层次上,我们说,他们的根本动因还是为了名利。

对于处于道德境界中的人的人格,冯先生还是相当肯定的(我们在前文中所说的"不太高",并不是说冯先生对于道德境界中的人不赞成,事实上,他对于道德境界中的人是相当欣赏的,其所以"不太高",是相对于天地境界而言的)。因为他们的行为是"行义"的行为。这种行义的人,在中国哲学中被称为贤人。在中国争论了两千多年的"义利之辨",在冯先生的人生境界说中算是第一次有一个合乎情理的回答。我们应当看到,冯先生对道德境界中的人的评价相当高,但是还是留有余地。在冯先生看来,贤人的境界虽然高,但还不是最高。因为他们仍处于"天理和人欲交战"的阶段,不能时时以"道心"为主,而让"人心"服从于"道心"。就是说,在道德境界中的人,并不是没有欲望,而是在欲望来到时,他们总是首先考虑到道德问题,从道德的角度看是否"应该"。只是"生亦所欲,义亦所欲,如二者不可得兼,则舍生而取义。"①

五、"备受煎熬"的天地境界

我们为什么要设置这样一个题目?天地境界怎么会是"备受煎熬"呢?

我们说,冯先生是一名哲学家,新理学体系是他之所以成为一名哲学家的扛鼎之作,而《新原人》又是"新理学"体系的核心。在《新原人》中,冯先生提出了人生境界说。人依觉解的程度不同而分别有四个境界。这四个境界中的前三个境界,人们对之并没有太多的非议,争论最多、最激烈者就是天地境界。

新中国成立后,冯先生屡遭批判,给他带来灭顶之灾的莫过于天地境界。冯先生在被迫作检讨时,也是反复在这个问题上申辩得最多。在那种"黑云压城城欲摧"的年代里,是"欲加之罪,何患无辞",任凭冯先生如何申辩,除了可以加重对于先生的批判外,并不能给他带来多少可资宽慰的东西。

天地境界是冯先生人生哲学的至境,是冯先生的哲学之"矢"的最终指向。天地境界不能丢。天地之间,什么是最为贵者?我们说是"人"。天地之间,如果没有人,那则是"万古长如夜"。天地间,一旦有了人,就像是一个漆黑一团的宇宙有了灯。在自然境界中的人,是生活在天地间的,但是,由于他们的觉解之层次太低,他们并不认为他们就生活于天地之间。在功利境界和道德境界中的人,他们可以自觉其是生活在天地之间的,他们更能觉解他们是生活在社会之中的。他们对于他们的行为是自觉的。尤其是在道德境界中的人,他们的更为难能可贵之处就在于他们在为社会而尽

---

① 《冯友兰全集》第4卷,河南人民出版社1986年8月第一版,第640页。

伦尽职,他们为社会尽伦尽职是自觉的。从这个意义上说,在道德境界中的人,我们应当对他们怀以十二分的尊敬,因为他们的行为都是道德的行为。我们可以设想,我们的社会,一旦都是有道德的人,我们可以说,我们这个社会根本用不着那严酷的法律了,那简直可以说是一个人间之至境了。我们可以设想,没有盗贼,我们可以路不拾遗,可以夜不闭户;人与人之间,和睦相处,其乐融融。在城市中生活的人,还要那厚厚的所谓的"安全门"干什么?我们说,如果这个社会中的人都是道德境界中的人,那么,我们的社会就是一个十分理想的社会,可以说那真真是人间之至境!

但是,在冯先生的哲学中,人达到了道德境界,只是说明人在社会中作一个堂堂的人,还没有达到人在宇宙间作一个堂堂的人的境界。人的觉解不能仅仅停留在社会之中,人还必须觉解自己不仅是社会中的人,还要觉解自己是宇宙中的人。我们看冯先生这样一段话:

> 人对于宇宙有进一步底觉解时,他又知他不但是社会的分子,而又是宇宙的分子。从一方面看,此进一步底觉解可以说是"究竟无得",因为人本来就是宇宙的分子,并且不得不是宇宙的分子。不但人是如此,凡物都是如此。说人本来是社会的分子,或者尚有人持异议。但说人本来都是宇宙的分子,则没有人能持异议。所以,从此方面看,此进一步底觉解可以说是"究竟无得"。但从又一方面看,此进一步底觉解,又不是"究竟无得"。因为人虽本来都是宇宙的分子,但他完全觉解其是宇宙的分子,却又是极不容易底。人都是宇宙的分子,但却非个个人都完全觉解其是宇宙的分子。①

我们从这段话中可知:人和物一样,本来都是宇宙中的一分子,只是物不知。物的不知,是其本来就无知,而人并不是不知。事实上,并不是所有的人都知。他为什么不知?是因为他的觉解根本就没有达到如此之程度。而要想达到这个程度,用冯先生的话说,是"极不容易底。"

---

① 《冯友兰全集》第4卷,河南人民出版社1986年8月第一版,第623页。

为什么是"极不容易底"？这要从新理学的"理"说起。人对于宇宙人生有高层次的觉解时，他不仅要知道宇宙间的事物"是"事物，他还要觉解该事物"之所以"是事物者，也就是他必须觉解事物之理。这就是说，人对于事物的认识，必须达到哲学的认识层面。达到了哲学的层面，才可以知道，"宇宙间底事物，虽都是个体底，暂时底，但都多少依照永恒底理。某种事物，必多少依照某理，始可为某种事物；必完全依照某理，始可为完全底某种事物。某理涵蕴有某种规律。依照某理者，必依照某种规律。涵蕴某理者，必涵蕴某种规律。在无量底理中，有人之所以为人之理，其中涵蕴有人所多少必需遵守底规律。人的生活必需多少是规律底。在自然境界中底人，其生活虽亦必多少是规律底，但并不自觉其是规律底；对于人生底规律，他亦无了解。在功利境界中底人，以为人生中底规律（包括道德底规律），都是人所随意规定，以为人的生活的方便者。人生中底规律（包括道德底规律），都可以说是人生的工具。在道德境界中底人，对于人生中底规律，尤其是道德底规律，有较深底了解。他了解这些规律，并不是人生的工具，为人所随意规定者，而是都在人的'性分'以内底。遵循这些规律，即所以'尽性'。在天地境界中底人有更进一步底了解，他又了解这些规律，不仅是在人的'性分'以内，而且是在'天理'之中。遵守这些规律，不仅是人道而且亦是天道。"①

在此四境界中，处于自然境界中的人并不知道他是社会中的人，当然也就更不知道他是宇宙中的人了（这个不知，是从义理上说，是从哲学的层面上说）。在功利境界中的人，他虽然可以觉解人生的规律（即可知人是社会的人，甚至也可以觉解其是宇宙中的人），但这种觉解仅仅是把规律、道德当作人的工具（工具理性），人之所以遵循它，是因为它对人有利、有用。在道德境界中的人，对于人生的规律、道德，是有自觉的认识的，他并不认为这些东西都是人随意而定的，而是一种人之所为人者的当然之则、当然之律（即人之形上学、道德形上学，从价值论说可称之为价值理性）。人对于这些当然之则、之律的遵从，本身就是人的"应该"，就是在人

---

① 《冯友兰全集》第4卷，河南人民出版社1986年8月第一版，第623页。

的"性分"之中的。人这样作,就是"尽性"。在天地境界中的人,对于此之觉解就更高了,对于人生之规律、道德理性的自觉遵守,不仅是"尽性",而且是"穷理"(尽天理)。

在天地境界中的人与其他境界中的人的最大的区别就是"知天"。这里,我们遇到了一个中国哲学中的大问题——"天"。我们可以问:什么是天? 在中国哲学中,天的意义是什么?

在中国哲学中最早对于"天"的认识带有原始宗教的意味:"天命玄鸟,降而生商。"(《诗经·玄鸟》)有时又有人格神的意味:"天何言哉? 四时行焉,百物生焉,天何言哉?"(《论语·阳货》)同时,天还是有意志的,是爱民的:"吾以知天之爱民之厚者有矣。"(《墨子·天志中》)老、庄道家则认为,天则为自然之天:"天地不仁。"(《老子·五章》)"无为为之之谓天。"(《庄子·天地》)儒家中的荀子:"列星随旋,日月递照,四时代御,阴阳大化,风雨博施……皆知其所以成,莫知其无形,夫是之谓天。"(《荀子·天论》)认为天行有常,不为尧存,不为桀亡。天不仅是自然的,而且还是有规律的。到了汉代,在董仲舒那里,认为天与人是同类的,天与人互为感应,人副天数。在唐代,柳宗元、刘禹锡批判了宗教性的"天命说",赋予天以规律性的内涵。在宋明道学中,天被看做宇宙的本原;天被看作是自然的、是心性的根据、是道德的根据。气学家张载认为,天为气,天即是"太虚":"由太虚,有天之名。"(《正蒙·太和》)大程子(程颢)认为:"天者,理也。"(《遗书》卷十一)小程子(程颐)也认为,"自理言之谓之天,自禀受言之谓之性,自存诸人言之谓之心。"(《遗书》卷二十二)在小程这里,天、理、性、心此四者为一。朱熹所说的天,并没有超出小程所说的范围。就是说,天在理学家那里,四者是合而为一的。心学家陆九渊所说就更为简捷:天、心为一。"宇宙便是吾心,吾心即是宇宙。"心学家在明代的著名人物王守仁说:"心即道,道即心,知心即知道、知天。"(《传习录》上)明清之际的王夫之、戴震等人言天,基本上没有超出北宋张载所说的天的物质性(气)。

现在的问题是,冯先生所说的"知天"的"天"同中国哲学史中所说的天是不是一回事儿? 我们先看一下冯先生在《中国哲学史》(两卷本)中对天的概括说明:

在中国文字中,所谓天有五义:曰物质之天,即与地相对之天。曰主宰之天,即所谓皇天上帝,有人格的天。曰运命之天,乃指人生中吾人所无奈何者,如孟子所谓"若夫成功则天也"之天是也。曰自然之天,乃指自然之运行,如荀子《天论》篇所说之天是也。曰义理之天,乃谓宇宙之最高原理,如《中庸》所说"天命之谓性"之天是也。《诗》、《书》、《左传》、《国语》中所谓之天,除指物质之天外,似皆指主宰之天。《论语》中孔子所说之天,亦皆主宰之天也。(上卷,第55页)

我们说,这是冯先生在《中国哲学史》中将前人所说的天给予概括,并没有冯先生自己对于天的看法在其中。因为那是写中国哲学史,并不是在阐述冯先生自己的哲学思想。到了冯先生建立新理学体系的时候,冯先生自然就有了自己关于天的看法。这一看法,表现在他对于"全"的界说中:

> 上文说真际,可从类之观点看,亦可从全之观点看。所谓从全之观点看者,即我们将真际作一整个而思之。此整个即所谓全或大全。我们将一切凡可称为有者,作为一整个而思之,则即得西洋哲学中所谓宇宙之观念。在中国哲学中有时亦以天地指此观念。如郭象说:"天地者,万物之总名也。"(《庄子·逍遥游注》)总名与类名不同。……此说天地或宇宙,是从全之观点以观万物,天地或宇宙是其总名。"万物"亦可用以指此大全之观念;如孟子说"万物皆备于我矣。"(《孟子·尽心上》)此万物即是说一切物。有时为清楚起见,我们亦常用"天地万物"以指此大全之观念。惠施所谓大一,亦是指此观念之很好底名词。惠施说:"至大无外,谓之大一;至小无内,谓之小一。"(《庄子·天下》)所谓大全或宇宙,正是至大无外者。如其有外,则其外必仍有所有,而此所谓整个即非整个,此所谓大全,即非大全。①

我们在这段话中,已经可以知道冯先生所说的天的意思了。他所说的天,是一个"全",或者说是一个"大全"。全或者大全就是

---

① 《冯友兰全集》第4卷,河南人民出版社1986年8月第一版,第29页。

一个"大一",就是凡可称为"有"者。这个"大一",完全是一个纯粹的逻辑的观念,它并没有实指。它已经排除了中国哲学史中有关天的物质方面的内容,只是同中国哲学史中的"义理之天"有一定之关联,但是,也不尽同。因为从逻辑方面讲,它完全是由推理而来,是纯思的结果。用冯先生的话说,这是纯形式的,对于实际无所肯定的。从义理方面讲,是对于实际有所肯定,因此,冯先生在新理学中所说的天,并不是义理之天。义理的东西是可以思议的,而"全"或者说"大全"是不可思议的。

  我们说到这里,可以将冯先生所说的"知天"的"天"同新理学体系中所说的天联系起来。在天地境界中的人的知天的"天",仅仅是一个全,一个大全,一个不可思议,不可言说的众理之全。我们如果将这个众理之全同《新理学》第三章中所说的道或者天道联系起来说,我们也可以说大全就是道,就是天道。这个天道是一个流行,或可说是一个"大用流行"。而大用流行,也就是大化流行,就是生生,就是造化,总而言之,就是万化。所有这些说法,其中有一个关键性的东西,它就是道体。这个道体的流行,用中国哲学中的术语说之,就是一个"无极而太极"的程序。

  在天地境界中的人,正是由于他对于大全、道、天道、道体、太极、理等观念有所了解,因此,他可以知天。正是因为他知天,然后可以事天、乐天,乃至于同天。在天地境界中的人,其之所以不同于前三种境界,用我们的话说,他已经是完全意义上的"天人合一"了。其特点可以从以下五点以说之:其一,有我与无我的统一。"在天地境界中底人的最高造诣是,不但觉解其是大全的一部分,而并且自同于大全。如庄子说:'天地者,万物之所一也。得其所一而同焉,则死生终始,将如昼夜,而莫之能滑,而况得丧祸福之所介乎?'得其所一而同焉,即自同于大全也。一个人自同于大全,则'我'与'非我'的分别,对于他即不存在。道家说:'与物冥。'冥者,冥'我'与万物间底分别也。儒家说:'万物皆备于我。'大全是万物之全体,'我'自同于大全,故'万物皆备于我'。此等境界,我们谓之同天。此等境界,是在功利境界中底人的事功所不能达,在道德境界中底人的尽伦尽职所不能得底。得到此等境界者,不但是与天地参,而且是与天地一。"①其二,有知与无知的统一。在天地境界中的人,因为他已经对于宇宙人生有一个彻头彻尾的了解,懂得了众理之全,从这个意义上说,他是有知,他的这种知,要超过前三种境界中的任何一种境界对于知的了解。但是,在此种境界中的人又是无知的。为什么?因为他已经自同于大全了,而大全是不可思议的,就是说,你不可能对于大全有任何的思,有任何的了解。从这个意义上说,在天地境界中的人又是无知的。但这种无知绝对地与在自然境界中的人的无知不是处于同一个层次上的。正如我们在前文中引陶渊明的诗中所说:"此中有真意,欲辨已忘言。"这种"忘",不是无知,而是在同天之境中的"忘"。其三,有为与无为的统一。大程子说:"天地无心而成化,圣人有心而无为。"又说:"君子之学,莫若廓然而大公,物来而顺应。"朱子说:"廓然大公,只是顺他道理应之。"在天地境界中底人,正是"廓然大公,物来顺应。"事物之来,他亦应之,这是有为。他应之是顺应,这是无为。朱子说:"至于圣人,则顺理而已,复何为哉?"②其四,自然境界与天地境界的统一。我们已经说过,在自然境界中的人,他的觉解层次是极低的,他们对于人生的认识可以说是一个浑沌。而在天地境界中的人,对于宇宙人生有着彻头彻尾的了解,他已经在境界的层次上达到了圣人之境。从理论上说,两者不可能会达到统一。但是,在这里,我们可以用肯定、否定、否定之否定的规律以说之(这是马克思主义哲学中的术语)。在事物的原初阶段,它是一种肯定,但这种肯定是在最低层次上的肯定。而事物是要发展和变化的,事物在发展变化的过程中,并不是对于前者进行全盘的否定,而是在有所肯定中的否定,最终在它发展到最完善的阶段时,有似向原初阶段的回复。我们用这一理论以说此两境界的统一,应当说并不牵强。比如说,在天地境界中的人所做的事情,从表面上看,和在自然境界中的人所做的事情,并没有什么大的不同。在人伦日用之间,大家都是一样的。其五,高明与中庸的统一。我们并不是说,人在天地境界中,就可以不食人间烟火,像神仙一般,具有全智全能的能力。

---

① 《冯友兰全集》第4卷,河南人民出版社1986年8月第一版,第632页。
② 同上书,第638页。

"在天地境界中底人,并不需要作与众不同底事。他可以只作照他在社会中所有底伦职所应作底事。他为父,他即作为父者所应作底事。他为子,他即作为子者所应作底事。不过因为他对于宇宙人生,有深底觉解,所以这些事对于他都有一种意义,为对于在别底境界中底人所无者。此所谓'即其所居之位,乐其日用之常'。"(关于这一点,我们将在以下设专题以说之。)

我们在论说天地境界时,需要澄清一个观念,就是将天地境界同宗教所说的天地境界区别开来。此二者有类同的地方。我们可以看冯先生的这一段话:

> 人由宗教所得底境界,只是近乎此所谓天地境界。严格地说,其境界还是道德境界。因为在图画式底思想中,人所想象底神或上帝,是有人格底。上帝以下,还有许多别底有人格底神,共成一社会。例如耶教以上帝为父,耶稣为子,又有许多别底有人格底神,如约翰保罗等,共成一社会。一个耶稣教的信徒,在图画式底思想感情中,想象有如此底社会,又想象其自己亦是此社会的一分子,而为其服务。在如此底想象中,其行为仍是道德行为,其境界仍是道德境界。不过其所服务底社会,不是实际底社会,而是其想象底社会而已。①

我们通过这一段话,可以将这二者区别开来。就是说,在宗教中,是一个想象的天地境界,这样一种想象,实际上是以人间、以社会中的组织作为蓝本以构画出来一个境界。宗教给予人的是一种"信"(即是信仰),是一种盲目的崇拜。天地境界是一种哲学,而哲学给予人的是一种"知"(即是智慧)。

我写到这里,又想到了冯先生所主张的"以哲学代宗教"的话。人生的问题是哲学尤其是中国哲学中的主要问题。人生活于天地之间,有许许多多的矛盾与痛苦。也就是说,人生是苦的。人与自然的对立是苦的,人与社会的对立是苦的,人与人的对立也是苦的。那么,人生之乐在何处?这就涉及了周敦颐教程子"寻孔颜乐处,所乐何事"的问题。我们也只有在这个地方才能够比较明白地

---

① 《冯友兰全集》第4卷,河南人民出版社1986年8月第一版,第627页。

解释"孔颜之乐"的问题。看来,这个孔颜之乐,是一个精神境界的问题。在那种"一箪食,一瓢饮,在陋巷,人不堪其忧"的环境之中,"回也不改其乐",我们只能用冯先生所说的天地境界以说之。因为这个天地之境界是达圣之境,是具有极高的哲学素养的人的精神之境。周子让二程子去寻孔颜之乐,就是让程子以达此境界。人一旦达到了这种境界。物质的苦,对于他来说,已经不在话下,因为他已经"浑然与物同体"了。我们若用道家的话说,就是在道的前提下"道通为一"了。苦与乐的界限被消融了。

宗教也是这个意思。认为人生是苦的,像佛家所说的"苦海无边"者是也。人认识到这个苦之后,怎么办?这就需要修行。通过修行,以达到一种至高的智慧,其实也是一种境界,就是"般若"之境。这样一种境界,按冯先生所说,它也是一种精神境界。就是说,人们要得到一种精神上的乐,宗教也是可以达到的。只是宗教的这种达乐之境,要人"信"(盲目的信仰和崇拜);而哲学之境(具体地说就是天地境界)给人一种乐,并不是要人去"信",而是要人"知"。这种知的获得,是人对于宇宙人生的觉解后的事情,它根本不需要人们去向神灵进行祈祷,不需要"礼拜"。这种人生至乐之"主",并不在宗教之中,而在于人生之中。也正是从这个意义上说,冯先生断言,可以用"哲学代宗教"。

不过,我们的话又说回来了,用哲学以代宗教的道路是十分漫长的。在学界,对于这个问题的争论也同样是存在的。有的学者认为从哲学的思中所得,哲学终将以代宗教的,但从社会现实中看来,这似乎是不大可能的。因为宗教有着十分广泛的社会基础,不仅在中国,而且在世界范围内,信仰宗教者有着广大的人群。人只能在某些方面可以解读自然,从自然的广大无边而言,人永远不能战胜自然。而宗教所给人们的精神慰藉是其他什么力量都不可替代的。

总之,天地境界是冯先生人生哲学的最终归宿。不仅是冯先生的哲学,而且整个中国哲学都是以讲人、人生作为主线的。从一定意义上说,中国哲学就是人学,在宋明道学那里,尤其是讲人学的。在宋明道学那里,关于人的主体性问题,关于道德的形上学问题,都有一定的精深之见解。毋庸讳言,道学家们尽管在人学、人性、人之理方面的见解,大可超越前人,但是,在冯先生这里,道学家们的这种见解就逊色得多了。概而言之,冯先生在论说人之理、人性、觉解以及天地境界时,不仅将新实在论的方法即逻辑分析法(用冯先生的说法是正的方法)贯穿于其中,并且将负的方法(即中国哲学所固有的神秘主义的方法)贯穿于其中,尤其是讲天地境界中的人自同于大全时,必须用负的方法。否则的话,根本无法达到这种哲学的层次。也就是在这个问题上,冯先生忍受了巨大的压力,承受着来自各个方面的批判。冯先生面对这些,仍以一位伟大的哲学家的心态而泰然处之,表现了一位伟大的哲学家的一种"智勇"。一直到他逝世前的几个月,在他写《中国哲学史新编》的第79章,即《中国哲学近代化时代中的理学(下)——冯友兰的哲学体系》时,对这种人生,仍然给予了肯定。

六、"高明""中庸"非两行

我们在上文中已经说过:《新原人》是"六书"的中心。在《新原人》中,重点是讲人生境界的。在此四种境界中,最高的至境就是天地境界,这种境界是直通圣域之境的。直通"圣域"之境,那是"极高明"的。但是,尽管其是直通圣域的,并不是说在此境界中的人就不食人间之烟火,如神仙一般,而是达到此种境界的人也和平常人一样,"担水砍柴","吃喝拉撒",庸言庸行。关于对这个问题的说明,冯先生以一部书——《新原道》专论之。

《新原道》这部书,实际上是一部中国哲学史,这部书的主线就是"极高明而道中庸"。这部书的写作,原是为当时的中央国立编译馆写的,冯先生在《三松堂自序》中回忆说:

> 在抗战快要结束的时候,当时的国立编译馆,说是要准备一套讲中国文化的稿子,向国外宣传,约我写一本简明的《中国哲学史》。我答应了,就用"极高明而道中庸"这句话作为线索,说明中国哲学的发展的趋势,企图以中国哲学史为例,证明上面所说的道理。写成以后,题名为《新原道》,副题是《中国哲学之精神》。在我正在写这部稿子的时候,有个英国朋

友,牛津大学的讲师休斯,从英国到昆明来了。他向我说,要找一部中国学者在抗战时期的稿子,由他翻译成英文,在英国出版。他是在牛津讲中国哲学的,看见我写的稿子,觉得很合适。我继续往下写,他跟着往下译,随写随译,到抗战胜利,我写完了,他也译完了。我带着稿子回北京,他也带着翻译的稿子回牛津去了。①

"极高明而道中庸"这句话出自《中庸》。我们根据冯先生以"极高明而道中庸"的主线来看,这部书从严格的意义上说,并不能叫做中国哲学史,因为它并不十分合"史"的体例,而是将中国哲学史中凡合"极高明而道中庸"的标准者选取过来以说明之。从这个意义上说,这部书可以作为冯先生哲学体系的一个组成部分。尽管如此,我们说,它毕竟不是纯粹的哲学之作。冯先生在这部书的序中说:

> 此书所谓道,非《新理学》中所谓道。此书所谓道,乃讲《新理学》中所谓道者。《新理学》所谓道,即是哲学。此书讲《新理学》所谓道,所以此书非哲学底书。此书之作,盖欲述中国哲学主流之进展,批评其得失,以见新理学在中国哲学中之地位。所以先论旧学,后标新统。异同之故明,斯继开之迹显。庶几世人可知新理学之称为新,非徒然也。近年以来,对于旧学,时有新解,亦藉此书,传之当世。故此书非惟为《新理学》之羽翼,亦旧作《中国哲学史》之补编也。

茅冥家老先生在《还原冯友兰》一书中说到这一点时,是这样写的:"实际上,说'补编'是谦辞。因为这不是一部一般的哲学史,是一部中国形上学史。这部哲学史,自清末以来,长达近一个世纪,唯一的一部特殊的哲学史,再没有出过相类似的第二部。这部哲学史起点就很高,它从研究形象世界出发,以形象和超乎形象的对立,为全书的主线,归结到'新统',即冯先生的'新理学'。因而全书虽以'极高明而道中庸'为准的,而以三分之二的篇幅畅述'极高明',却以三分之一的篇幅说'道中庸'。原因极其简单,对于能

---

① 《冯友兰全集》第1卷,河南人民出版社1985年9月第一版,第252页。

'了解'来说,了解'道中庸'较容易,而了解'极高明'有较多难度。"①

我们根据冯先生的说法,加之茅先生的分析,我们认为,《新原道》是哲学史,但决非一般意义上的哲学史:"先论旧学,后标新统",这句话实乃画龙点睛之笔。我写作至此,想到在一次学术会议上,有一位哲学博士将《新原道》放在哲学史中以评论,有位学者当场提出质疑。现在看来,双方各有道理。我们说,《新原道》不仅是"述中国哲学主流之进展,批评其得失,以见新理学在中国哲学中之地位",它还有一项功用,就是将《新原人》中的天地境界给予拓宽,给予深化。它不只是《新理学》之羽翼,也不只是两卷本的《中国哲学史》之补编,它同时也是《新原人》的"补编"。

从"史"的角度说,在《新原道》中,冯先生将哲学分作三个类型:其一是极高明而不道中庸,这就是我们通常所说的出世的哲学;其二是道中庸而不极高明,这就是我们通常所说的世间(入世)的哲学;其三是极高明而道中庸,这种哲学所要达到的境界就是天地境界。在天地境界中的人是在人伦日用之中的,但人伦日用对于他则有特别的意义。冯先生用前人的两句诗以说明在此种境界中的人:"不离日用常行内,直到先天未画前。"前一句是表示在世间的人的生活;后一句是说明在出世间的人的生活。此二者合在一起,就是既出又入的人的生活。这样一种人的生活,就是在天地境界中的人的生活。又因为中国哲学就是讲人的学问的,所以,这种"极高明而道中庸"的哲学类型,就是中国哲学的精神。在《新原道》的最后一章《新统》中,冯先生写道:

> 新理学中底几个主要观念,不能使人有积极底知识,亦不能使人有驾驭实际底能力。但理及气的观念,可使人游心于"物之初"。道体及大全的观念,可使人游心于"有之全"。这些观念,可使人知天,事天,乐天,以至于同天。……这些观念,又都是"空"底。他们所表示底都是超乎形象底。所以由这些观念所得到底境界,是虚旷底。在这种境界中底人,是经

---

① 茅冥家:《还原冯友兰》,香港天马出版有限公司2004年3月初版,第105页。

虚涉旷底。在这种境界中底人,虽是"经虚涉旷",但他所做底事,还可以就是人伦日用中底事。他是虽玄远而不离实用。在这种境界中底人,虽"经虚涉旷",而还是"担水砍柴"……而担水砍柴,……对于他就是经虚涉旷。他的境界是极高明,但与道中庸是一行,而不是两行。①

我们得在这里先对于"两行"作点说明。《庄子·齐物论》中说:"是以圣人和之以是非而休乎天钧,是之谓两行。"西晋郭象注:"任天下之是非。"庄子认为,众人皆以其是所是,而非其所非。是与非并没有客观的标准。作为圣人不去辨别其中的是非曲直。我们在这里所见到的冯先生在《新原道》中所使用的"两行"一词,并不是庄子原来意义上的"两行"。这里的"两行",不是不辨是非,而是相互对立的双方在一定条件下的一种统一。具体到天地境界中的人的行为上说,是极高明与道中庸的统一。从统一的角度说,在天地境界中的人,同在自然境界中的人从表面上看,都是吃喝拉撒,并没有什么区别,但他们的境界就是不同。不仅同自然境界中的人比是这样,就是在功利和道德境界中的人,在"道中庸"方面也同样没有区别。我们说,在天地境界中的人同前三种境界中的人在"道中庸"方面并无什么特别,但这里边的学问可是大着呢!你不要以为,你的行为是高明的,就对于那种处于低层次中的人所作的事不屑一顾。圣人也是要吃饭的,也是要睡觉的,也有七情六欲。从生理学的角度说(在新理学中,就是从人之所有之性上说),他也并不比一般人高明。但是,因为他对于宇宙人生有一个彻头彻尾的了解,宇宙人生对于他来说则有一种特别的意义,尽管他也要吃喝拉撒,但他的境界仍是天地境界。

我们说,道家的著名人物庄子在境界上是相当的高,但是根据他的某些表现来看,他并没有达到"极高明而道中庸"的天地境界。何以见得?我们看,庄子一生很穷。穷到什么程度?穿的衣服是补了又补,鞋子是破了又破,没办法走路,只好用一根绳子系着,从国君面前走过去。国君说,先生怎么如此之"惫"也,庄子则答曰:

---

① 《冯友兰全集》第5卷,河南人民出版社1986年9月第一版,第159页。

"贫也,非惫也。"这里面有一种相当高明之境界。物质上的匮乏称之谓"贫",精神上的贫穷则称之为"惫"。我们说,庄子尽管在物质上贫穷,但在精神上是富有的。精神上富有,怎么能叫做"惫"呢?庄子因为贫穷,没有东西吃,只好去向监河侯借一点粮食。但这个监河侯也真不是个东西,人家庄老夫子是什么人?人家是哲学家,精神境界很高的。向你借一点粮食你还给人家"过不去",惹得庄子"操了火",于是一则流传千古的"庄周贷粟"的寓言故事就这样形成了。你说人家庄子穷,那做官可是不穷啊。君不见,世人为做官而无所不用其极。可是庄子则不同,我们在前文中也说过了,楚王请他做高官,被他以严词拒绝。所以从这些方面看,我们说,道家的境界真乃是高明的,可以说是极高明的,但是在道中庸方面似乎有些不够条件。他是"独与天地精神往来"而又"不谴是非以与世俗处"。我们从这个角度来看,道家的境界仍然达不到"极高明而道中庸"的天地境界的标准。这就是"两行",而不是"一行"。这是方内方外的对立,而不是二者之统一。

根据我们以上的简单分析,我们须知,要讲天地境界,就必须将《新原道》同之联系起来。《新原道》共计十章,前九章都是讲"高明""中庸"实为两行的,只有第十章是讲"极高明而道中庸"的。第十章的题目是"新统",由此看来,冯先生所标的"新统"是接着中国哲学史上的"道统"而来的。中国哲学的道统,主要是儒家哲学的道统。这个所谓的道统,按照唐代韩愈的说法,它是从尧、舜、禹、汤、文、武、周公、孔、孟这个顺序传下来的。孟子之后,此道统不得其传焉。韩愈的意思是说,要想将自古传下来的儒家道统再接上"香火",真真是舍我韩夫子而其谁也。我们这样看来,冯先生《新原道》中的"新统",其大气程度可见一斑!

我们说,中国哲学家就得有像冯先生这样的气度和胆略。我们在岳麓书院开会的时候,有机会观瞻书院中的楹联,其中有位清代学者写有这样一副:

> 吾道南来,原是濂溪一脉;
> 大江东去,无非湘水余波。

我看了之后,大为惊骇,立即引数位哲学界的德高望重的学者前来观瞻。他们看罢,异口同声曰:大气! 我们说,冯先生的新统也是大气。冯先生在晚年的回忆中说:"《新原道》的最末的一章,题目是《新统》。这个题目暴露了我在当时的狂妄。它的意思是想说明'新理学'是接着道学讲的。"①冯先生在古稀之年为什么说自己的"道统"是"狂妄"呢? 这是值得我们后学之士深深地"玩味"的。

1983年12月4日是冯友兰先生的88岁生日,这是他手书自寿联("米寿"88岁,"茶寿"108岁)。

---

① 《冯友兰全集》第1卷,河南人民出版社1985年9月第一版,第253页。

第八讲

新作应需代旧刊

在冯先生一生70多年的学术生涯中,前三个阶段都是在旧中国时代度过的。第四个学术活动时期起自建国之初,终于先生的生命终结,长达40年之久。在冯先生的第四个学术活动时期中,先生的学术代表作就是《中国哲学史新编》(七卷本)。我们说,冯先生之所以成为哲学家和哲学史家的著作并不在于《新编》,而是在于两卷本的《中国哲学史》和"贞元六书"。那是先生的学术活动的高峰期。我们如果按照现在的退休年龄标准,新中国成立初期,冯先生已经接近了退休之龄了。但是,作为一名哲学家,冯先生所肩负的学术使命之重,是一般人所不可替代的。我们说,冯先生的生命就是学术的生命,反过来说,学术就是冯先生的生命之所系。如果不从事学术活动,在冯先生看来,他活着是没有意义的。正是如此,在建国后的40年间,几乎有30年的时间,冯先生都是处于被批判的地位,这样的"殊荣"是其他学者所不具备的。正是由于他的学术之情所系,纵使如何批判他,他都加以承受,他不去自杀,他逆来顺受,他可以顺着说,他可以自我批判,他可以把自己说得"一钱不值"、"反动透顶"、他可以如有些学者所说的那样"丧失自己的学术操守",他可以在被批判之时,因患重病而多次被批倒在地而再度爬起,他没有沮丧,他的头脑中一直不间断地在思考他所钟爱的并为之献身的学术……在先生晚年,他曾告诉他的女儿——著名作家宗璞先生说:现在有病还是要治的,因为书还没有写完;等到书写完了,有病就不必治了……

我们在前文中不止一次地说过,冯先生是一位可敬的爱国主义者,他从事学术活动的首要目的就是"旧邦新命"的民族情结,就是振兴中华的民族关切。他就是带着这样的愿望去美国留学的,他也是带着这样的心情去写作两卷本的中国哲学史的,他更是带着这样的心情以创作"贞元六书"的。他去美国讲学,其目的是在海外弘扬中华文化。在国共两党打得不可开交之时,他扔掉了在美国的"长久性的签证",匆匆回国,怕的是"中美一旦断绝交通"而无法回国。他认为,未来的中国不管是谁执政,都是要把中国带入现代化的,都需要文化,需要教育。他要为振兴中华而工作,据此,一颗爱国的赤子之心,昭然可见。

所以在新中国刚刚建立(1949年10月5日),冯先生就给毛主席写了一封信,现摘要如下:

> 在你及中国共产党的领导下,中华人民共和国成立了。你们为中国人民开辟了一个新天地,为中国历史开了一个新纪元……我参加了你在天安门就职的典礼,我感到近几日来群众的欢乐……中国人不但是站起来了,并且一个文化的高潮即将来临,使中国以具有高度文化的民族的姿态出现于世界。……我愿意在自己的岗位上,以努力工作庆贺新中国的诞生。你们对于中国的改造,不但使中国的将来,已经决定,并且使中国的过去,也需要重新解释。我计划于五年之内,如政协共同纲领所指示的,以科学的历史的观点,将我在二十年前所写的《中国哲学史》,重新写过,作为一个新编。

1985年冯友兰先生已是90岁高龄,仍在继续撰写《中国哲学史新编》,还有四册需要完成。

我们说,冯先生要写作《中国哲学史新编》是有历史背景的。从冯先生写给毛主席的信中,我们可以看出,他是以从事哲学史研究的角度为新中国的建设出力的。结果是冯先生在新中国成立之后,前后共遭遇了30年的磨难(多数时候,他是处于政治的风口浪尖)。等到先生正式写作《新编》时,已经是八十多岁高龄的耄耋老者了……

一、难产的《新编》

毫无疑问,冯先生是从旧中国过来的一代高级知识分子,应当说,在思想上的各方面,都不同程度地带有旧社会的痕迹,是需要进行改造的。我们从他于1950年1月22日发表在《人民日报》上的《一年学习的总结》即可见其一斑:"北京解放已经一年了。在这一年中间,中国有了旋乾转坤的变化。社会每天都在改造进步之中。每个人也都在改造进步之中。回头把我自己这一年的学习经验检讨一下,自觉也有一点进步,就是自己开始觉得以前的不进步。""我以前所讲的新理学,可以说是中国旧哲学的回光返照。

……就其社会影响说,是可以作为不愿意变的人的一种寄托。因此其社会影响是与革命有阻碍的。""我之'著书立说',不仅只妨碍了自己的进步,也妨碍了别人的进步。"①

新中国成立之后,在全国范围之内,开展了政治学习运动。当时,这场政治学习运动被称为是"思想领域的解放战争",冯先生的《一年学习的总结》就是在这样的政治背景下产生的。本来知识分子的思想改造是用批评和自我批评的方法确立"五大观点"(注:辩证唯物论的观点、劳动的观点、阶级的观点、群众的观点、组织的观点)。② 打垮思想上的"三大敌人"(自由主义、个人主义、主观主义),而主要又是"改造自己从旧社会带来的旧习惯和坏思想",树立为人民服务的新观点和习惯。应当说,这本来并没有多大的问题。但是,冯先生就不好办了。有一部书中写道:在思想改造运动中,著名哲学家冯友兰教授大概因为曾是国民党员和曾受到蒋介石的青睐,他多次检讨交待,知情人都觉得彻底了,但主持人还是不让过关,最后被宣布"免予处分"。以至冯氏产生一种想法,"觉得不如辞职自谋生活,闭户著书"。当时让作为积极分子的著名哲学家金岳霖教授去冯寓做工作,他一进门就说:"芝生呀,你有什么对不起人民的地方,可要彻底交待啊!"说着说着,就扑上去和冯氏抱头痛哭,在场的人亦无不掉泪。③

我们现在回忆这一段历史,我们认为,中国共产党领导中国人民建设的新中国,在意识形态中的指导思想是马克思主义,而马克思主义的理论核心就是马克思主义哲学。一个新的政权在其建立之后,总是要在思想领域内清除那些与该思想不同的思想,这是人类社会发展的通例。有一位学者曾说:新中国在思想领域中是"罢黜百家,独尊马列"。我们说,这话听起来有些"刺耳",而事实上就是这样。我们从这个意义上说,冯先生作为从旧中国过来的在学术领域中颇有影响的哲学家,他的受到批判和磨难,是在所难逃的。

我们写作到此,可以将冯先生写给毛主席的信的下文——毛

---

① 《冯友兰全集》第13卷,河南人民出版社1994年1月第一版,第885页。
② 李达主编:《社会发展史》,湖南大学1951年版,第44页。
③ 君实:《冯友兰》,《当代中国十哲》,华夏出版社1991年版,第206页。

1963年11月中国科学院哲学社会科学部委员扩大会议期间毛泽东主席接见与会者。因为毛泽东与冯友兰先生亲切握手交谈。右后为当时文化部部长周扬。

主席给冯先生的回信的内容在此给大家展现一下：

友兰先生：

　　10月5日来函已悉。我们是欢迎人们进步的，像你这样的人，过去犯过错误，现在准备改正错误，如果能实践，那是好的。也不必急于求效，可以慢慢地改，总以采取老实态度为宜。

　　此复。敬颂

教祺！

毛泽东
10月13日

　　我们现在将毛主席的信的全文在这里向诸位予以展示。我们从中至少可以得到两点启示：其一，毛主席是非常重视知识分子的，尤其是像冯先生这样的高级知识分子；其二，他认为，从旧中国过来的知识分子是需要改造的，他们是犯过错误的，冯友兰就是其中的一个。

　　我们今天在这里是在写书。这部书中所说的人物——冯友兰、毛泽东都已经作古了；这部书中所反映的事，也都成为历史了。对于已经成为历史的事和已经作古了的人，我们一是要对于他们有一个公正的评判；二是一定要尊重历史。本于这样的指导思想，我们既不能在这里高呼万岁，也不能在这里从政治的高度以批判冯先生。平心而论，毛主席在给冯先生的回信中所说的有些话，在今天看来，我们是不可以接受的。比如说："像你这样的人，过去犯过错误，……"这话就是不好接受的。我们说，冯先生在旧中国，他是一个安分守己的正统的知识分子，你说他犯过错误，这话从何说起？诚然，为旧中国服务的思想和意识形态不可能在不经过改造就可以为新中国服务了，但那并不是叫做"错误"。如我们在前文中所说，在30年代，冯先生从欧洲绕道苏联回国时，用历史唯物主义的观点在北平的大学里作了一个演讲，他并没有反对当局，就被国民政府给稀里糊涂地逮捕了。我们说，在当时，冯先生是在运用历史唯物主义的观点以讲历史，他不但没有反对当局，他也没有反对中国共产党，他是用一个知识分子的良知在观察社会，他做学问并没有考虑到为哪个统治者服务。在全国将要解放的时候，他放弃了在美国的生活条件，匆匆回国，此时，他想到的是：恐怕全国一解放，中美断绝交通，不容易回来了。他所考虑的并不是谁执政的问题，而是我们的祖国。他要用自己的知识为中华民族的振兴服务。新中国刚刚成立，冯先生就给毛主席写信，并没有其他的意思，就是如他在信中所说，用科学的历史的观点，重写中国哲学史，并不是像有些别有用心的人所说的那样，他想谄媚毛泽东，或从那里捞得一官半职（有的人就是以小人之心去度君子之腹，要说冯先生有一点个人想法的话，那也无非是在自己重新写作中国哲学史时，得到毛的一些重视，仅如此而已）。毛主席说他过去犯过错误，并且还要他采取老实的态度者云云。冯先生在后来的回忆中说：

> 我不料毛泽东的回信来得如此之快，并且信还是他亲笔写的，当时颇有意外之感。信中最重要的一句话："总以采取老实态度为宜"，我不懂。而且心中有一点反感，我当时想，什么是老实态度，我有什么不老实。
>
> 经过了三十多年的锻炼，我现在才开始懂得这句话了。

我说我要用马克思主义的立场、观点、方法,在五年之内重写一部中国哲学史,这话真是肤浅之至,幼稚之极。学习马克思主义,掌握马克思主义的立场、观点、方法,谈何容易,至于要应用到哲学史的研究工作中,那就更困难了。①

在当时的情况下,冯先生对于毛泽东在回信中所说的"总以采取老实态度为宜"的话,虽说是有些反感,但他还是按照自己所设定的方案工作下去,这个方案就是他决心用马克思主义的立场、观点、方法以研究中国哲学史。当然,这中间还有许多的政治运动,还有许多的形式主义的东西在浪费着冯先生的中国哲学史的写作时间。一直到了60年代初期,冯先生写了两卷《中国哲学史新编》,分别于1962年、1964年出版。在新编第一卷出版的时候,冯先生有一个《题词》(一首七律)附在书前。其诗曰:

> 望道便惊天地宽,南针廿载溯延安。
> 小言亦可润洪业,新作应需代旧刊。
> 始悟颜回叹孔氏,不为馀子学邯郸。
> 此关换骨脱胎事,莫当寻常著述看。

我先在此将"颜回叹孔氏"作一点解说,《论语·子罕》中有孔子的学生颜回赞叹夫子的话:"仰之弥高,钻之弥坚。"以感孔子人格之伟大,学问之高深。再说一下"馀子学邯郸",这个典故来自于《庄子·秋水》,其中说到:"寿陵馀子学行于邯郸","未得国能,又失其故行","匍匐而归"。冯先生在这里所说,其意指在学习马克思主义这个方面,自己可不去效仿"寿陵馀子"而去当一个学习上的逃兵。以上只是就典故作一点说明,我们要想从根本上弄懂冯先生这首诗的意义,我们还要看先生在该书中所写的自序。他在《自序》中说:

> 我现在写的这部《新编》,无论成就如何,跟解放前写的比较起来,总算前进了一大步。这都是新时代的赐予。
> 我从1915年起就搞中国哲学史。在将近50年的学习和

---
① 《冯友兰全集》第1卷,河南人民出版社1985年9月第一版,第147页。

写作的过程中,凡经历了三个阶段。第一阶段是"五四"以前我在北京大学当学生的时代;在这个阶段所学的主要是封建的学术观点和历史方法。第二阶段从"五四"以后到解放以前;在这个阶段所学的、所用的以至所教的,都是资产阶级学术观点和历史方法。1949年解放后才开始学习马克思主义的学术观点和历史方法。这才走上了真正的科学的道路;走上了为人民服务,为历史进步事业服务的道路。这几个阶段的过程,有点像孔子所说的"齐一变,至于鲁;鲁一变,至于道"。可是,"至于道"谈何容易,又有点像孟子所说的"望道而未之见",只是约略望见一点而已。这个道路就是毛主席的《在延安文艺座谈会上的讲话》为知识分子所指示的道路。今年(注:指1962年)是《讲话》发表的20周年。20年中,在这个道路上,不知开了多少花,结了多少果。这部书,无论成就如何,也是在《讲话》的教育下生长出来的。

我们从1949年算起,到了1962年,前后也有13个年头了。冯先生早年在给毛主席的信中说,将用五年时间,用马克思主义的立场、观点、方法再写出一部中国哲学史出来。看来在时间上是迟后了不少。我们从冯先生的那首七律诗中,可以看出,冯先生当时的兴奋心情。因为不管怎么说,总算是用新的观点和方法将中国哲学的"史"又梳理了一遍(注:这个两卷史只写到汉代以前)。

我们现在不再对这个用马克思主义的观点和立场所写作的中国哲学史作什么评论。因为历史早就有了定论了。冯先生在后来的有关文章中也说,这两卷中国哲学史,自打出版之后,连他自己就感到不理想。为什么?我们在此简单一点说,就是我们当时在各个方面都是照搬前苏联的一套东西,就是前苏联的那个日丹诺夫,那个号称是马克思主义哲学家的人(从某个方面说,日氏很有点像我们当时的所谓的理论家,就是后来当了林彪的黑高参的陈伯达),他是苏联的马克思主义理论家。日丹诺夫给哲学史下了一个定义:哲学史是科学唯物主义世界观孕育、产生和发展的历史。这个定义的特点就是它具有战斗的党性原则。在这个原则之下,以引导苏联的哲学家去批判分析以往的哲学体系。这样一来,就把个好端端的马克思主义给教条化了,简单化了。一切都是"两分法",要么是唯物的,要么是唯心的。我们当时一切都是向苏联老大哥学习,因为它是人类历史上最早的一个社会主义国家。在对待中国传统文化方面,在对于中国哲学史的评析上,我们当然也是这样的两分法:唯物的代表历史上进步阶级的立场,唯心的代表反动、没落的思想和势力,等等。搞得讲中国哲学史无所适从,根本没有办法讲。冯先生在60年代之初的全国政协会上,曾就这个问题给毛主席交换过意见。冯先生的意思是说,我们中国哲学史,如果也按照这个办法去讲的话,那是不好讲的,因为我们的哲学史是太丰富了,如果那样讲的话,就可能将我们的哲学史给简单化了。当时,毛主席是同意冯先生的观点的。毛主席说,那不能简单化,你还是按你的办法去讲就是了。

在冯先生继续用思去运作以后的中国哲学史将怎样写作的时候,在中国出现了一件大的事情:无产阶级"文化大革命"运动开始了。冯先生又面临一个相当大的政治灾难。何谈写作中国哲学史,他甚至连性命都受到威胁。

二、旧邦新命系《新编》

在80年代初,河南人民出版社的同志(后来我才得知,是我的大学同班同学徐东彬)前去冯先生寓所,商谈《三松堂全集》的出版事宜。为了出版之体例的规范化和程式化,冯先生将在60年代之初的两卷《中国哲学史新编》称作《中国哲学史新编试稿》列入《全集》第七卷。《中国哲学史新编》(七卷本)从《全集》第八卷始,到第十卷终。

我们刚刚在上节中说过,冯先生在60年代之初的这个新编,冯先生自己很快就感到不满意了,因为那是受当时政治气候的影响。不仅是冯先生,就是我们当时在各条战线上,都是受到了这样的影响的:将马克思主义教条化、概念化、简单化。有学者在其著作中说:"以《新编试稿》为代表,冯友兰在五六十年代的中国哲学史研究,虽然也取得了一些成绩,但从总体上来说,是失败的、不成功的。但在1980年代初期,冯友兰在反思这一时期的哲学史研究时,他还是首先肯定他所追求的学术方向是正确的,所希望完成的学术工作,是有价值的。"①这个话是中肯的。我们可以看冯先生在80年代以后所重写的《新编》,在《新编·自序》中,冯先生说:

> 在解放以后,我时常想:在世界上中国是文明古国之一。其他古国,现在大部分都衰微了,中国还继续存在,不但继续存在,而且还进入了社会主义社会。中国是古而又新的国家。《诗经》上有句话说:"周虽旧邦,其命维新。"旧邦新命,是现代中国的特点。我要把这个特点发扬起来。我所希望的,就是用马克思主义的立场、观点和方法重写一部《中国哲学史》。
>
> 这种企图,说起来很容易,实际上做起来就困难多了。马克思主义的立场、观点和方法,是要在长期生活、工作和斗争中锻炼出来的。专靠读几本书是不能懂得的,更不用说掌握和应用了。解放以后,提倡向苏联学习。我也向苏联的"学术权威"学习,看他们是怎样研究西方哲学史的。学到的方法是,寻找一些马克思主义的词句,作为条条框框,生搬硬套,就这样对对付付,总算是写了一部分《中国哲学史新编》,出版到第二册,"文化大革命"就开始了,我的工作也停了。
>
> 到了七十年代初期,我又开始工作。在这个时候,不学习苏联了。对于中国哲学史的有些问题,特别是人物评价问题,我就照搬"评法批儒"的种种说法。我的工作又走入歧途。

关于冯先生在这一段自序中所说的话,他的经历之苦,我们还是留待下一讲中去说,在此只说"旧邦新命"的民族学术情结。要是单从《诗经》的"周虽旧邦"说,这个旧邦就是我们古老的中国。这个古老的中国,有几千年的历史了,在新的时代,老树新芽,有了新的生命了。这个问题,十分好理解。如果继续推论下去,一个民

---

① 郁有学:《哲学与哲学史之间》,华东师范大学出版社2004年10月第一版,第243页。

族,必有其文化,而其文化的核心代表,就是这一民族的哲学。因为哲学是一个民族的最高的文化成就。从这个意义上说,中华民族古而又新,其内在的精神就是她的民族哲学。我们这样来说,冯先生所说的旧邦,就是我们民族所固有的文化,就是我们民族所固有的哲学。在1982年,冯先生重返母校——美国哥伦比亚大学,接受大学校长授予他的名誉文学博士的学位时,他有一篇答辞。在答辞中,他重申:"中国就是旧邦而有新命,新命就是现代化。我的努力是保持旧邦的同一性和个性,而又同时促进实现新命。"在这里所说的保持旧邦的同一性和个性,其实就是我们的固有的文化传统,就是我们所固有的民族哲学。所以说"'旧邦'指源远流长的文化传统;'新命'指现代化和建设社会主义。阐旧邦以辅新命:余平生志事,盖在斯矣"①。

　　我们根据冯先生的这些话,不难看出,将中国传统哲学中的民族精华给发掘出来,这是先生平生的志愿之所在。我们也可以由此看出,早在新中国成立之后的第五天,冯先生即给毛主席写信的原因了。那并不是像我们现在的有些学者的一时心血来潮,那是冯先生的学术生命之所系焉!所以,当毛主席给冯先生回信时所说,"总以采取老实态度为宜"时,冯先生有些反感,这个反感并不是没有道理。我们可以这样说,毛主席并不真的清楚当时冯先生的民族文化情结,认为先生有些"哗众取宠"之嫌。其实,这种极深的民族文化之情,只有身陷其中的一代文化托命之人的国学大师们才可以体验得到!

　　经过了全国解放以后的知识分子的思想改造运动;经过了反右斗争(注意:在反右斗争中,冯先生并没有遭到致命的伤害,因为冯先生在此之前就是批判的对象,此时那些积极分子们已经没有什么信心再在冯先生那里找到什么新鲜的内容了);经过了对于"新理学"体系的批判(这个批判在1959年前后达到了批判之高潮);经过了"文化大革命";经过了"文革"后的再批再审,冯先生已经完全地超脱了。我们可以说,这叫做"曾经沧海难为水,除却巫山不是云";这叫做"过了黄洋界,险处不须看"。这个时候的冯

---

① 《冯友兰全集》第13卷,河南人民出版社1994年1月第一版,第535页。

《中国哲学史新编》的版本

先生,可真是"无所谓"了。我们可以看他在《新编》第七卷中的话(自序):

  《中国哲学史新编》第一、第二册于1964年6月印行。很快我就感到不满意,遂又从头撰写。将已出版的两册作为《试稿》。经过二十多年的努力,《新编》七册终于完成了。回顾二十多年的工作过程,不禁感慨系之矣。
  我的老妻任载坤在1979年去世的时候,我写了一副挽联:同荣辱,共安危,出入相扶持,碧落黄泉君先去;斩名关,破利锁,俯仰无愧怍,海阔天空我自飞。在那个时候,我开始认识到名、利之所以为束缚,"我自飞"之所以为自由。在写本册第八十一章的时候,我真感觉到"海阔天空我自飞"的自由了。

我们在这里引冯先生在第七册的开首的这段话,我们先不说第八十一章的事情,我们所要说的就是冯先生的自由和我们在前文中所说的"无所谓"之心境。既为自由和无所谓,那么,许多事情就真是好说得多了,也好做得多了。因为所说、所做的一切,都是从心所欲而不逾矩了。所想的、所说的、所写的,如此等等的一切,都是自己的真实意思的真实流露,没有什么别人所规定的条条框框。这叫做"修辞立其诚",这叫做"不依傍他人"。我们在前节中所说的《新编》之所以难产,问题的关键即在于此。有那么多的条条框框,有那么多的清规戒律,有那么多的紧箍咒,你说你怎么去

"念经"。一旦有一句经没有按照"上边"所指定的意思去念,那么就是:兔子骑驴——马上就是"豁子"!

冯先生在写作第七册《新编》的时候,似乎已经意识到了这一点,因此,先生说:"在写第八十一章的时候,我确是照我所见到的写的。并且对朋友们说:'如果有人不以为然,因之不能出版,吾其为王船山矣。'船山在深山著书达数百卷,没有人为他出版;几百年以后,终于出版了,此所谓'文章自有命,不仗史笔垂。'"我们在这里还是要说,我们先不慌着说"有人不以为然"的原因,我们还是要说,冯先生此时之心境已经是"无所谓"了。我们不要认为,那个"无所谓"是一个比较"消极"的词,其实非然也!有许多时候,正是这种无所谓,反而可以做出伟大的惊人之举!这不,冯先生的第七卷真的是做出了一个学术上的惊人之举(它是什么,我们先不要忙着去找)。

正是冯先生这样的旧邦新命之民族文化情结,所以才有冯先生的如此巨大的写作动力,才使得先生在八十多岁之后,以一位古稀老者之残躯,去完成那部长达150多万言的学术巨著,这在人类历史上,我看是"前不见古人,后不见来者"(关于这一点,我们还是留在下一讲中去说之)。

20世纪70年代冯友兰先生与夫人任载坤

三、抽象继承法

我们为什么在写关于《新编》代旧作的过程中,要将冯先生在上世纪50年代的著名的"抽象继承法"在这里给穿插进来呢?欲知其情,我们还是先看冯先生在回忆文章中的话:

> 在解放以后,我也写了一些东西,其内容主要是忏悔,首先是对我在四十年代所写的那几本书的忏悔。并在忏悔中重新研究中国哲学史,开始写《中国哲学史新编》。但是在有些时候,也发表了一些不是忏悔的见解和主张。这些见解和主张刚一提出来,就受到了批判。其中比较大的有两次。一次是关于哲学遗产的继承问题,另一次是关于理论与实践的问题。①

冯先生所说的比较大的两次批判的第二次,我在这里不准备多说,只是三二句话一带而过。那个关于"理论与实践"的问题,是在1958年教育革命的时候,先生在《光明日报》的哲学副刊上发表的一篇文章:《树立一个对立面》。在文章中,冯先生认为,从社会的职业分工说,必须得有人专门搞理论研究……那个当时号称是马克思主义理论家的陈伯达在同年7月16日出版的《红旗》上,把冯先生的话歪曲为"理论—实际—理论",说这是与毛主席的《实践论》唱对台戏,应该把它改为"实际—理论—实际"(注:这个陈伯达,年轻人并不太知道他;40多岁的人大抵都是知道他的,在"文革"期间,他跳得相当高,后来粉碎"四人帮"时,他一并被提交"特别法庭"接受审判,此人属于"林陈反党集团"的骨干人物)。

我们以下要说"抽象继承法"了。1957年1月8日(注:《全集》1985年9月第1版误为7月8日),《光明日报》发表了冯先生的文章:《关于中国哲学遗产的继承问题》,现摘要如下:

> 我们近几年来,在中国哲学史的教学研究中,对中国古代哲学似乎是否定的太多了一些。否定的多了,可继承的遗产

---

① 《冯友兰全集》第1卷,河南人民出版社1985年9月第一版,第261页。

也就少了。我觉得我们应该对中国的哲学思想，作更全面的了解。

在中国哲学史中，有些哲学命题，如果作全面了解，应该注意到这些命题的两方面的意义：一是抽象的意义，一是具体的意义。过去我个人，对中国哲学史中的有些哲学命题，差不多完全注意它们的抽象意义，这当然是不对的。近几年来，我才注意到这些命题的具体意义。当然，注意具体意义是对的，但是只注意具体意义就不对了。在了解哲学史中的某些哲学命题时，我们应该把它的具体意义放在第一位，因为，这是跟作这些具体命题的哲学家所处的具体社会情况有直接关系的。但是它的抽象意义也应该注意，忽略了这一方面，也是不够全面。

什么是命题的抽象意义和具体意义呢？比如：《论语》中所说的"学而时习之，不亦说乎"，从这句话的具体意义看，孔子叫人学的是诗、书、礼、乐等传统的东西。从这方面去了解，这句话对于现在就没有多大用处，不需要继承它，因为我们现在所学的不是这些东西。但是，如果从这句话的抽象意义看，这句话就是说：无论学什么东西，学了之后，都要及时地、经常地温习和实习，这就是很快乐的事。这样的了解，这句话到现在还是正确的，对我们现在还是有用的。可是，也不是所有命题都有这两方面的意义。有的话只有具体意义，抽象意义不多。如：《论语》说："有朋自远方来，不亦说乎。"有人把朋作"凤"字解，如果这样，它的抽象意义就不多了。……

这个问题，说实在话，我真不想在这里过多地去进行渲染，因为没有太大意义。在今天看来，冯先生这样的文章纯是正常的学术讨论之范畴。可是，在那种学术"掺和"着政治的非正常情况下，冯先生又是学界备受关注的大人物，在蒋介石和毛泽东两位世纪巨人那里，冯先生都曾是一个大人物（这个问题，我们还是将留待下个题目再说）。冯先生在政治遭受批判，那些想靠在政治上捞点资本的人物，你看谁的脑袋削得最尖，想靠批冯而竞相表现自己，唯恐其上司说他不卖力。我在这里说这个话，还有我的另一个证据:1953年9月11—18日,梁漱溟先生在中央人民政府委员会扩大会议上同毛主席发生争执。在后来的回忆中,梁先生说:在1953年那场急风暴雨中,除了何香凝、陈铭枢两位老人说了几句公道话或提出几个问题外,所有发言人都是一面倒,把梁漱溟说得一无是处,甚至言词难以入耳。为什么?因为一边是中共的权力大人物毛泽东,一边是无权无势的梁漱溟!我们将这个事情同冯先生的被批联系起来看,冯先生会对那些将头削得挺尖的批判者有什么用处?他一无职务,二无权力。那些想靠批冯而获得一官半职者能不卖力吗?

关于"抽象继承法"的研究,我在这里向大家推荐两篇文章(当然,凡研究冯学者,在这个问题上都是专家):河南社会科学院的高秀昌博士的《"抽象继承法"研究》和清华大学的羊涤生先生的《冯友兰及其"抽象继承法"》。(《冯友兰先生纪念文集》)

四、"共殊"一线贯《新编》

1979年10月,我正在大学读书,有位中国哲学方面的著名学者到我们郑州大学哲学系作了一个学术演讲。他演讲的题目我记不起来了,但我仍清楚地记得,这位先生在演讲中曾多次提到了冯先生,他说,冯先生并没有什么新的东西,还是在那里讲他的"抽象继承法"。(我从《冯友兰先生年谱初编》中查得:1979年10月,北大哲学系、中国社会科学院哲学所在太原举行一个哲学学术讨论会,冯先生原准备前往参加,朱伯崑先生前往冯寓给他的老师说,会上可能是批"抽象继承法",劝冯先生最好不要前去参会。冯先生还是去参加了这个学术会议。给我们作学术报告的那位著名学者是从太原会议回来后,给我们作的报告),现在回想起来,这位著名学者当时给我们所作的报告中说到的唯心主义是"不结果子的花",恐怕就是专指冯先生而说的。我现在是在写关于冯学的书,在这里将这段历史旧话重提,根本没有在这里埋怨这位学者的意思。因为在那个时候,冯先生仍然是处于"背时"(这是我们老家的地方话,其意就是如鲁迅先生在他的诗中所说的"运交华盖欲何求,未敢翻身已碰头"的境况)运。大家群起而攻之已经有些年头了,责任并非某一个学者的个人问题。

我们现在要问:这个时候,冯先生已经是 80 多岁高龄的老者了,为什么还如此之拼命?还要从头再来,重新写作中国哲学史呢?(在当时,冯先生的许多学生都担心先生年事已高,恐怕不可能完成如此大分量的新编,建议将前边的加以修改即可了,但冯先生坚持从头来。)我们说,这里除了冯先生认为在 60 年代的新编试稿中所用的方法有问题之外,恐怕还有一个原因,就是冯先生要对中国文化负责,要对读者负责,要从学术创作的体例上力求首尾一贯之。有学者认为,冯先生之所以如此,就在于他的"旧邦新命"的情结。这一点,我并不否认,因为冯先生的所有学术活动都有这个原动力。但在我看来,对于《新编》,其主要的动力还在于学术体例上的首尾一贯。因为大凡一位哲学家,其著作一般说来,都是"一以贯之"的(这个问题,在冯先生这里,比较特殊,有学者认为,冯先生的学术在解放前后判若两人,我不这样认为,我有一篇学术文章:《变与不变的哲学——冯友兰哲学与中国哲学之精神》,被收入国际文化出版公司出版的《冯友兰研究》中,在拙著——《传统文化时述》一书之后,我特将这篇文章附上,就是因为它的重要,我才如是为之)。

那么,这个首尾一贯的东西到底是什么?我们在这里可以说:共相和殊相的关系,是贯穿新编七卷的一条主线。我们看到,在《新编》的前两卷中,冯先生基本上还是采用阶级分析的方法以处理中国古代的哲学思想的。随着政治气候的宽松,环境日趋看好,在冯先生的思想深处,那种有着深厚情感的固有的哲学观时时都在显露出来,这种情况,也可以认为是他的"新理学"体系在先生晚年的一种回归。不过这种回归在概念的表达方式上有一些变化,其基本性质仍然是新理学的。关于这个问题,我们还是留待下一讲中去说之。在我的印象中,2005 年 11 月在北京大学的学术会议上,胡军教授说到了这个问题。他说,冯先生在讲共殊关系的问题上,以建国前后为分期,49 年之前,讲共相和殊相;之后讲概念的内涵与外延(原意我记不得了,是否是这样,有待于胡先生说明)。在我看来,在建国之后,冯先生在讲概念的内涵和外延的同时,他在这个问题上常用的还有另外一组概念:抽象与具体。我们说,冯先生在1957年所写的关于哲学的遗产继承问题的文章,所用的就是后者。但从根本上说,这仍然是一个共相与殊相的关系问题。冯先生在《三松堂自序》中这样说:

> 人们对于抽象和具体这两个词,有混乱的理解,但是对于一般和特殊这两个词的理解还是比较清楚的。可以简单地说,抽象的就是一般,具体的就是特殊。说抽象的是虚无缥缈,说它是"虚无"倒是可以的,因为一般寓于特殊之中,离开了特殊,一般就不存在;但是它并不"缥缈"。比如说"红",这是个抽象的东西,离开了特殊的红的东西,例如红旗、红衣服之类,不可能有一个"红"独立存在。从这个意义上说,"红"是虚无的,但是它并不缥缈,如果它是缥缈,红旗、红衣服等特殊的红的东西,就不可能存在,说红旗、红衣服等也就没有什么意义了。①

这话是冯先生在晚年的回忆中说的。凡比较熟悉《新理学》的人,一般都可以从中看得出来,这明显地是说新理学中的"理"。从这里,我们已经看出,冯先生是多么地喜爱他的《新理学》!我们在《新编》的后来的几卷中,越来越多地看到先生的新理学在新编中的影子。我们说,冯先生晚年的定论之作,可以说是向早年的哲学体系的回归。

我的这个说法,并不是我个人的看法,在学界具有广泛的基础。2002年10月,学界在我们南阳召开了一个冯学研讨会,我仍清楚地记得,在这个会议上,钟肇鹏先生曾经明确地说,冯先生的《新编》自始至终,都有这样一个主线:共殊关系。我记得钟先生当时对这个问题还是有些困惑,意思是说,冯先生作如此处理,是不是将中国哲学给简单化了。我记得所有与会者并没有对这个问题另提什么别的看法,至于说,是否认同冯先生的这样处理,我看恐怕还是另外一回事儿。我当时对于《新编》并没有系统地读。这里边有许多原因,其中一个比较重要的原因就是我当时并没有冯先生的新编中的最后三卷(因为河南人民出版社出版的《三松堂全

---

① 《冯友兰全集》第1卷,河南人民出版社1985年9月第一版,第265页。

集》缺少一个第十卷,而第十卷中正好收录了新编的第五、六、七卷),所以,对于在第五卷之后越来越向新理学回归的问题,我当时并没有发言权!现在看来,冯先生在新编中的共殊一线贯穿其中的思想,是我们学界所共同的认识。这个并没有争论,因为这是一个公开的事实。在这个问题上分析和说明得最好的文章,我看还是收录于《冯友兰先生纪念文集》中的张学智教授的文章:《简析冯友兰〈中国哲学史新编〉中的一般与特殊》。

张先生认为:《中国哲学史新编》是冯先生的最后的著作,可以说是他的晚年定论。一般和特殊的关系问题,是贯穿本书的一条主线。他引了冯先生的话说:

> 一般和特殊的关系是中国哲学史中的一个传统问题。先秦诸子哲学中的名实问题,魏晋玄学中的有无问题,宋明道学中的理气问题,都是围绕这个问题而发展的。这个问题好像一条线贯穿于中国哲学史的发展过程中的。

冯先生所说的这一段话,正是出现在《新编》第五册中。我后来对冯先生的宋明道学以来的著作进行研读,又看张学智教授的文章,那可真是对极了。

依照我的看法,如果用共殊关系作为衡量中国哲学史的一个标尺的话,那么,在先秦哲学中,真正有哲学意味的就是两大家:名家和道家。在魏晋时期,哲学上表现为玄学,我们说,玄学是对于道家文化的一个继承,玄学的体系并不是凭空而产生的,它是建筑在先秦道家哲学的丰厚的根基之上的文化,主要是郭象的哲学。其实,郭象的哲学思想就是他对于道家文化的《注》,当然主要是对于《老》、《庄》之注。我们不可小看这些注,这些注并非简单的解释,而是首尾贯穿了郭象的哲学思想。冯先生在《中国哲学简史》中说:如果有人觉得,任何话语都不宜说得太透,暗示比明确更堪玩味,就会同意从前一个禅宗和尚所说:"曾见郭象注庄子,识者云:却是庄子注郭象。"①冯先生在这里作如是说,就是说,玄学自有自己的哲学体系。我们说,宋明道学也同样更具有哲学形上学的

---

① 赵复三译:《中国哲学简史》,新世界出版社 2004 年 1 月第一版,第 196 页。

意味,主要的还是宋明理学一派的"理",其抽象、思辨的意味特别重。

冯先生在新编中将共殊关系贯穿其中,这是在情理之中的事情。我们说,冯先生的哲学本身就是理性主义的哲学,他的新理学就是"接着"宋明以来的理学一派讲的。这种接着讲,又是将西方的"理念说"引入中国来,并将之同中国固有的哲学相结合的一个成功的范式。早在上个世纪的40年代,先生就建立了自己的新理学体系,之后,冯先生去美国讲学,用英文重写中国哲学史(就是后来有两位学者所翻译的《中国哲学简史》),我们现在读这部简史,语言简练,思想明达,言简意赅,史论互释,珠联璧合。冯先生真乃是驾驭语言的能手,那种深邃的哲学思想,熔儒、释、道文化为一炉;那种富于诗意的语言,传达给读者的是一种艺术的享受。

冯先生在晚年用他一贯心仪的"共相说"以述说中国哲学。从85岁到95岁,一位耄耋老者,在耳目失其聪明的情况下,完成了这部皇皇巨著。我们说,这是一部"前不见古人,后不见来者"的旷世之作。这种说法,至少在我自己看来并无过分溢美之嫌!

我们已经在这一节中说,冯先生所写《新编》有一个一以贯之的思想——共殊关系。这并不是说,冯先生在解说所有的中国哲学家的思想时都是用共殊关系以"一以贯之"的,而是在冯先生看来最有哲学意味的(按照西方的新实在论的观点以观中国哲学)那几家哲学,是可以将之予以共殊理论以分析和说明的。比如说,在道家哲学的"有""无"问题上,可以说是同共相说大有异曲同工之妙!冯先生在《新编》第十一章《道家哲学体系的形成和发展》中,有一节是专谈《老子》的宇宙观的。他说:

> 在《老子》中,有一句话,可以把《老子》有关宇宙观的各章都贯穿起来。"天下万物生于有,有生于无"(40章)。从这句话的字面上看,各章都是这样说的。"道"就是无,也是各章都承认的。这样说起来,《老子》的宇宙观当中,有三个主要的范畴:道、有、无。因为道就是无,实际上只有两个重要范畴:有、无。不仅在《老子》中是如此,在后来的道家思想中也是如此。(《全集》第八卷第315页)

这就是说,在《老子》哲学中,有两个核心观念:有和无。这两个观念(范畴)最能代表老子哲学。对于"有""无"存在着三种解释:第一种解释有原始宗教的性质。就是说,从人的生育推导出天地万物的生成。其证据来源是:"谷神不死,是谓玄牝,玄牝之门,是谓天地根。"冯先生是这样解释的:在原始宗教中,有对于男性和女性生殖器的崇拜。这里所说的"牝"就是指女性生殖器官。天地万物的生成,就好像是女性之生殖器官,将这一切都从"玄牝"中生育出来了。第二种解释是:尽管"有"生于"无",但是,"有""无"是两个高度抽象的概念,这种说法要比第一种说法进步得多,可是,如果继续推论下去,也会出现困难。第三种说法是:"有""无"乃异名同谓。"有"是一个最概括的名,因为最概括,也就最抽象,它的外延是一切事物,它的内涵是一切事物所共有的性质。事物所有的那些非共同有的性质,都得一一抽去,以至于抽得不能再抽,其内涵也就小得不能再小,以至于小到"无"的地步。换句话说,"有"这个概念,其外延大得很,包括一切事物;但其内涵小得不能再小,以至于小到了"无"。达到这个地步,我们说,"有"也就是"无";反过来说,"无"也就是"有"。这就叫做"异名同谓"。

在《新编》中,冯先生尽管认为,用第三种解释以说《老子》似乎有些拔高老子哲学的宇宙论之嫌,但是,如果不这样理解的话,这个"有""无"关系就没有办法摆平。而这样一种解释,正是冯先生在"新理学"体系中所用的"共相说"。冯先生也是这样下断语的,他说:"总的说起来,《老子》确实是对于一个真正的哲学问题有所认识。这个问题就是一般和特殊,共相和殊相的分别和关系的问题。《老子》所讲的道、有、无,都是一般、共相;它所讲的天地万物是特殊、殊相。它能看出来一般和特殊,共相和殊相的分别,这说明它的思辨能力是很高的。"①

其次,我们再看冯先生在《新编》中关于名家的解释。对于先秦的名家,学界一般认为,其代表人物就是公孙龙和惠施。惠子是庄子的好朋友,但他们在思想境界上截然不同,这个问题我们在前文中也有所说明。在这里,我们主要说惠子是一位辩者(即名家),

---

① 《冯友兰全集》第8卷,河南人民出版社1991年6月第一版,第322页。

在《庄子·天下篇》中列举有关于惠子的十件事情。其一是:"至大无外,谓之大一;至小无内,谓之小一。"这是讲事物的绝对与相对、有限与无限的关系问题的。其二是:"无厚不可积也,其大千里。"说的是一个科学的问题:面积和体积。其三是:"天与地卑,山与泽平。"是说高与低的相对性问题。其四是:"日方中方睨,物方生方死。"讲的是升与降、生与死的相对性问题。其五是:"大同而与小同异,此之谓小同异;万物毕同毕异,此之谓大同异。"是说事物之间的联系与差别的问题。其六是:"南方无穷而有穷。"是说方位的相对性问题。其七是:"今日适越而昔来。"是说"今""昔"的相对性问题。其八是:"连环可解也。"是说事物本身包含有其自身的同一性和差别性的问题。其九是:"我知天下之中央,燕之北,越之南是也。"说的是中央与旁边的分别的相对性问题。其十是:"泛爱万物,天地一体也。"这个境界就很高喽。总之,冯先生对于惠子十事的评价是高的。这里面,冯先生主要说惠子的辩证法思想是值得肯定的。我们在这里还看不到与共殊关系说有多少联系。

真正与共相说联系起来的是公孙龙子的思想。公孙龙很是讲"一般"的。关于这一点,冯先生在他的回忆中是引以为自豪的:

> 就我的《中国哲学史》这部书的内容说,有两点我可以引以自豪。第一点是,向来的人都认为先秦的名家就是名学,其主要的辩论,就是"合同异,离坚白"。认为这无非都是一些强词夺理的诡辩。战国时论及辩者之学,皆总而言之曰:"合同异,离坚白",或总指其学为"坚白同异之辩"。此乃笼统言之。我认为其实辩者之中分两派,一派主张"合同异",一派主张"离坚白"。前者以惠施为首领,后者以公孙龙为首领(关于第二点所引以自豪的是,将程门中的兄弟两人作了不同的哲学派别的划分,大程乃心学之先驱,小程乃理学之前导,以开宋明道学中的两大派——作者注)。①

冯先生在这里的回忆,主要是说在两卷本中国哲学史中的学术成就,其中说到了名家的两大派别。我们在前文中已经说到了

---

① 《冯友兰全集》第1卷,河南人民出版社1985年9月第一版,第210页。

惠子的"十事"。冯先生对于惠子的总体评价是说他具有辩证法的思想,而他的辩证法思想还主要是强调同一的,也就是"合同异"。对于公孙龙子就不同了,冯先生认为这先生是强调"分"的。他的著名命题就是:白马非马;坚白石三。按照常识,白马是马。但是,通过公孙龙的分析,问题就出来了:马、白、白马,这是三个不同的概念;在"白马非马"这个命题中,白马是个别,是特殊,是具体,而马是一般,是共相。同样道理,坚白石三(又可称为"离坚白")也是可分的:这是一块石头,我们用手一摸,它是坚硬的;用眼一看,它是白色的;用思去思之,它是石头。这样,问题就来了:坚、白、石是三个不同的概念,三个不同的概念当然并不是一回事儿。

如果说公孙龙子的这两个命题,经过我们这样一分析还是可以理解的话,那么,他的《指物论》就不是那么轻易可以理解了。凡名都有所指,公孙龙所谓"指",就是名之所指。就一方面说,名之所指为个别:"名,实谓也。"名所以实谓,实是个别。就另一方面说,名之所指为一般。一般亦称共相或要素。从认识论方面说,就是概念。严格地说,有抽象的名,有具体的名。具体公共的名,指个别而涵蕴一般。其所指的个别,即其外延;其所涵的共相,即其内涵。我们写作到此,可以将我在前文中所说的北大胡军教授在那次学术会议上所说的"冯先生在解放前是讲共殊的,而在解放后改为内涵和外延"的说法重提,即可清楚地知道:内涵就是共相;外延就是殊相。金春峰先生在他的研究冯学的著作中也曾说到,先秦名家思想,尤其是《指物论》,还真是得靠冯先生用新实在论的观点讲不可,否则的话,是说不清楚的(《冯友兰哲学生命历程》第69页)。从这个意义上说,正好印证了像冯先生所说的名家哲学更有哲学意味的话。

在冯先生看来,魏晋玄学和宋明道学中的哲学思想,更是合新实在论的观点。我们已经分析了老子的"有""无"观念,所以在这里,就把玄学中的分析给予略去。关于宋明理学的问题,我们在这里就更不用多说了,因为我们在前文中讲冯先生的新理学体系之时,已经将这方面的内容讲得不少了,所以在这里也可以从略。

总体上说来,冯先生在晚年所写七卷本的《新编》,的确是有一条主线:共相和殊相之关系。有学者认为,冯先生在晚年写《新编》

时,与其说是写中国哲学史,不如说是在用中国哲学史以讲自己的哲学。我看这个话是可以这样说的,是有道理的。这大概就是中国古人所说的"六经注我"吧!

"六经注我"是一种哲学,冯先生的《中国哲学史新编》可以说是中国哲学史的一个发展。事实上也是这样,我们看冯先生的第七册《中国哲学史》,其中的第79章的题目是:中国哲学近代化时代中的理学(下)——冯友兰的哲学体系,从这个题目中我们即可得知。冯先生的哲学本身就是中国哲学发展史中的一个阶段。

五、关于《新编》的总结

冯先生大约是在1980年代开始重写《新编》的(注:我是在这年的暑假从郑州大学去北大燕南园看望先生的,晚上我就住在先生的书房中,我当时就见他正忙于《新编》的写作。确切地说,关于《新编》的写作在此之前就已经着手了),到了1990年的暑期,七卷本的《新编》写完了。冯先生在后来的写作中,由于年事已高,体弱多病,频频住院。在最后写作全书《总结》的时候,还是在医院里构思的。关于这个问题,先生晚年的博士生张跃(在冯先生去世后,张跃因患病也随先生而去了)有文章,最可说明这一点。请允许我在这里将张跃博士文章中的一段话予以引用:

一九八九年下半年起,冯先生的身体状况日渐不佳,生病住院的次数也较以往多起来。这时他想的仍然不是延年益寿,而是如何加紧完成《新编》的最后一册。一九九〇年四月,第七册初稿写完,冯先生又勉力作了修改,终于在七月上旬定稿。这时冯先生已是心力交瘁。九月三十日冯先生又病重住院。亲友们都希望他能尽早康复,再回到他住了近四十年的燕南园57号寓所,再过一次生日。哲学界同仁也期待着十二月四日聚会,庆祝他的九五华诞。可是这一次人们的愿望竟没有实现……(《冯友兰学记》第51页)

据有关同仁说,关于《新编》的全书总结,冯先生原计划是要写两章的,张跃博士向冯先生提了一个建议,让后两章合为一章。张跃博士之所以这样说,主要是考虑到冯先生的身体状况,最后两章是学问的关键之关键,如果这最后的《总结》一旦出现空缺,那才是一个学术上的永远之遗憾。大概是冯先生也已经感觉到了自己的大限已到,实在是力不从心了,所以他也就接受了张跃博士的建议,将总结的两章合为一章。这就是《中国哲学史新编》全书的总结——第八十一章:《〈中国哲学史新编〉总结》。

冯友兰先生与关门弟子博士生张跃在一起

这个《总结》,在我个人看来,它并不只是《新编》一书的总结,它同时也是冯先生对于"三史"的总结;进一步说,它不仅是对于"三史"的总结,它更是对于"六书"的总结;甚至还可以说,它是对于冯先生一生所从事的哲学活动的一个总结,我们甚至可以统而言之,它就是对于中国哲学的总结。我们将话说到这个程度,实际上其意并没有尽,它不仅是冯先生对于自己学术活动的总结,它更是冯先生对于中国哲学未来的一个瞻望。它的意义实在是太重大了。但是,令我们十分遗憾的是,它太简略了。

《总结》共有两个部分:第一部分为从中国哲学史的传统看哲学的性质及其作用,第二部分为从中国哲学的传统看世界哲学的未来。

我们从这两个部分的题目来看,已经十分清楚了:第一部分是总结哲学的本身的,是说哲学是什么?它的性质是什么?它的作用是什么？这种"说"是要通过"史"去说。第二部分是说中国哲学是什么的问题，并由此而以中国哲学为基础、为核心、为导向、为旗帜，以预测世界哲学的未来。

关于从中国哲学史的传统看哲学的性质及其作用。

冯先生首先说哲学的方法：

> 中国传统的画月亮的方法有两种：一种是在天空中画一个圆圈子，说这就是月亮；另外一种画法是不画圆圈子，只是在月亮可能出现的天空中，涂以一片云彩，在云彩中留一块圆的空白，说那就是月亮。后一种画法称为"烘云托月"。这种表达事物性质的方法，我称为负的方法。用这一种方法表达事物的性质，不是先说事物的性质是什么，而是先说这种事物的性质不是什么。

关于哲学的方法，冯先生在《总结》中就说这么多。就这么几句话，在上世纪的40年代，可是一部书的内容，它就是"贞元六书"之一的《新知言》。学界一般都认为，《新知言》主要是讲哲学的方法论的（当然，讲哲学方法不仅限于《新知言》，在两卷本的中国哲学史中，在《中国哲学简史》中也有论说）。

还是让我们回眸一下历史：在冯先生看来，哲学的方法主要是两种，其一为正的方法，其一为负的方法。我们说，在冯先生学术活动的前期，他基本上是用的正的方法，这个时期，他对于负的方法并不信任。我们且不说他在学术活动的第一时期，我们就说他在创作两卷本的《中国哲学史》时，他在本书的《绪论》中说：

> 近人有谓研究哲学所用之方法，与研究科学所用之方法不同。科学的方法是逻辑的、理智的；哲学之方法，是直觉的、反理智的。其实凡所谓直觉、顿悟、神秘经验等，虽有甚高的价值，但不必以之混入哲学方法之内。无论科学哲学，皆系写出或说出之道理，皆必须以严刻的理智态度表出之。凡著书立说之人，无不如此。故佛家之最高境界，虽"不可说，不可说，"而有待于证悟，然其"不可说，不可说"者，非是哲学；其以严刻的理智态度说出之道理，方是所谓佛家哲学也。故谓以直觉为方法，吾人可得到一种神秘的经验则可，谓以直觉为方

法,吾人可得到一种哲学则不可。①

在这里是很明白的。冯先生是不同意将负的方法作为中国哲学的研究方法的。那么,是什么时候他将负的方法作为哲学方法的呢?这个问题我们在前边的文字中也有过说明。我并没有得到比较确凿的信息,但我们可以肯定地说,冯先生在创建新理学的哲学体系的时候就已经在运用负的方法了,而且将负的方法的地位抬得相当高。这个问题不仅在《新知言》中作如是说。我们看,冯先生在1946年去美国讲学之时,他在用英文所写的《中国哲学简史》中,对于负的方法是大赞有加。我们从这两者的对比中可以看到一个相当有趣的现象:在《中国哲学史》(卷上)中,冯先生说,"不可说,不可说"者,并不是哲学。到了"新理学"体系建立之后,冯先生在《简史》中对于"不可说,不可说"反倒是大为赞赏。我们于此可知,冯先生在哲学方法上的变化,对于他所建立的哲学体系的重要程度。

那么,真正的哲学又是什么?

哲学不是初级阶段的科学。在人类知识发展的过程中,哲学曾经被认为是人类知识的总名,后来由其中分化出来部分的知识称为科学。由这个意义说,哲学是初级的科学。有许多人提到少数民族的哲学史的时候,就提到它们的原始的宇宙发生论。这些人所了解的哲学,就是这个意义。

又有一派人认为,哲学是人类知识发展到现在的最高的产物。由这个意义说,哲学是太上科学,毛泽东就是这一派的最突出的代表。他说:"什么是知识?自从有阶级的社会存在以来,世界上的知识只有两门,一门叫做生产斗争知识,一门叫做阶级斗争知识。自然科学、社会科学,就是这两门知识的结晶,哲学则是关于自然知识和社会知识的概括和总结。"(《整顿党的作风》)他用垒宝塔的方法,一层一层地把哲学提高到太上科学的地位。在中华人民共和国建国初期,主持教育的人把全国各大学的哲学系集中到北大,成立一个统一的

---

① 冯友兰:《中国哲学史》卷上,中华书局1961年4月新1版,第4页。

哲学系,要建立统一的哲学。当时的哲学工作者根据毛泽东的思想,认为要学习哲学,必须以自然科学和社会科学为基础,规定哲学系的学生在一、二年级必须先学一点自然科学或社会科学。这一点自然科学或社会科学怎样学呢?于是就开了一些课,讲授一些类似某种科学大纲或概论的课程。可是,某种科学大纲或概论并不能代替某种科学,学生也不能从其中得到对于某种自然科学或社会科学的全面的认识,更不能从其中总结出什么哲学。这种制度,从实践上证明是行不通的。

这一段话,尽管没有从正面说出什么是哲学,但已经用排除法(也可以说是负的方法)讲出了哲学不是什么。哲学不是初级阶段的科学。认为哲学是初级阶段的科学者,在中西方哲学尤其是在西方哲学界很是有一些市场。关于这种看法,冯先生在《新理学·绪论》中就已经给予了说明:"就西洋历史说,各种科学都是从古人所谓哲学中分出来者。因此有人认为,若现在所谓哲学者,或现在所谓哲学中之某部分,亦充分进步,则亦将成为科学。此即是说:哲学是未成熟底科学,或坏底科学。照这种说法,哲学与科学是一类底学问,其分别在于其是否成熟,是好是坏。若现在所谓哲学,完全成熟,则将只有科学而无哲学。若其将来永不能成熟,则适足以证明哲学是坏底科学。其中之问题是不当有者。这种说法,我们以为是不对底。我们承认有上所说之历史底事实,但以为古人所谓哲学,可以是一切学问之总名。各种科学自古人所谓哲学中分出,即是哲学一名的外延之缩小。现在所谓哲学一名的外延,或仍可缩小,但其中有一部分可始终称为哲学者,是与科学在种类上底不同。"①哲学不是初级阶段的科学,这一思想,在冯先生的哲学体系中是一以贯之的。

这一段话,也十分肯定地说出了哲学不是太上科学。什么是太上科学?说穿了,就是一切学问的最高统帅,就是一切学问的总的指导思想!就是毛主席所讲的那种哲学,也就是我们现在大学

---

① 《冯友兰全集》第4卷,河南人民出版社1986年8月第一版,第6页。

课堂上所讲的马克思主义哲学的定义。

那么,哲学是什么?冯先生在《总结》中说:

> 真正的哲学不是初级的科学,不是太上科学,也不是科学。这是它的性质所决定的。真正哲学的性质,如我在《新理学》中所说的"最哲学的哲学",是对于实际无所肯定,科学则是对于实际有所肯定。科学的性质,是对于实际必定有所肯定。任何一个科学命题,无论其是一个大发明,或是一篇小论文的题目,都必须对于实际有所肯定。如其不然,它就不能称为科学命题了。反过来说,如其对于实际有所肯定,它就不能称为哲学了。

这一段话,还是没有给我们传达出从正面给哲学下一个定义的信息,只是更进一步地说明了哲学与科学是"类"的不同。它们的不同的关键点就是对于实际有或是没有肯定。我们看下面的话:

> 在本书的《全书绪论》中,我说:"哲学是人类精神的反思。所谓反思就是人类精神反过来以自己为对象而思之。人类的精神生活的主要部分是认识,所以也可以说,哲学是对于认识的认识。对于认识的认识,就是认识反过来以自己为对象而认识之,这就是认识的反思。"《新知言》也说过这个意思:"假使我们要只用一句话,说出哲学是什么,我们就可以说:哲学是对于人生底,有系统底,反思底思想。每一个人,只要他没有死,他都在人生中,但不是每一个人,都对于人生有系统底,反思底思想。这种思想,所以谓之反思,理由有两点。就第一点说,反思底思想,是以人生为对象底。以人生为对象底思想,仍是在人生中。在人生中思想人生底思想,是反思底思想。就第二点说,思想亦是人生中底一种主要底活动。以人生为对象而思之,不免也要以思想为对象而思之。这就是思想思想。思想思想底思想是反思底思想。思想是人生中底光。反思底思想是人生中底光底回光返照。"

我们写作到此,已经知道冯先生的哲学体系之中的哲学了。

在他的学术活动的第一时期,他认为:"哲学者,求好之学也。"我们说,这个哲学的定义,并不是冯先生的"新理学"体系中的定义,但是它可以作为"人生哲学"的定义。从人生哲学的角度说,冯先生的哲学还说不上是讲"理"的哲学;从新理学的哲学系统来说,人生哲学本不可以同冯先生的哲学体系为一完整的系统。或者可以这样说,人生哲学中的哲学定义不能反映冯学哲学体系的本质。若问理由是什么,我们可以用极其简单的话作答:在人生哲学中,那种哲学是对于实际有所肯定的。从这个意义上说,冯先生的哲学就是最哲学的哲学,而最哲学的哲学就是对于实际无所肯定的哲学。

我们写到这个地方,倒是还有一个问题需要做出交待,就是冯先生在其晚年所写的《三松堂自序》中给哲学的定义问题。我们看这样一段话:

> 哲学是对于人类精神生活的反思,人类精神生活所涉及的范围很广,这个反思所涉及的范围也不能不随之而广。这个范围,大概说起来,可以分为三部分:一部分是自然,一部分是社会,一部分是个人。自然就是中国传统哲学中所说的"天";社会和个人,就是中国传统哲学中所说的"人";人和自然之间的关系就是中国传统哲学中所说的"天人之际"。人类的生活,无论是精神的或物质的,都是和"天人之际"有关系的,所以中国哲学认为"天人之际"是哲学的主要对象。①

在《自序》中,冯先生对于哲学的定义并不像在《总结》中所说的哲学定义那样,对于实际是一点也没有予以肯定,语气十分坚定。你如果是对于实际有所肯定,你所讲、所说就不是哲学,而是科学。但是,在《自序》中,这个哲学的定义还是对于实际有所肯定的。这个问题如何看待之?这个地方涉及关于冯先生的学术思想的晚年定论问题。就我所知道的这些问题,就目前来说,在学界尚存在有争论。这个争论之焦点在于其晚年的定论是放在冯先生写作《自序》之时,还是以冯先生在对于全书的最后《总结》中。如果

---

① 《冯友兰全集》第1卷,河南人民出版社1985年9月第一版,第230页。

从时间上说,根本不用争论,当然是以《总结》为最后定论。现在的问题是,《自序》一般说来,是冯先生对于自己一生学术的总结和定论,或者可以称作"盖棺定论"。我们说,对于历史上的学者们来说,像这种《自序》就是他们的"盖棺定论"。但是,这个问题在冯先生这里表现得就比较特别,这种特别,正像我们说冯先生这位哲学家不同于其他任何一位哲学家那样的特别,这种《自序》就是不能作为冯先生哲学的最后定论(在这个地方,我只将之限定在哲学定义的范围之内)。当然,如果在《自序》中的思想同全书总结中、同全书81章的思想没有冲突的话,这一切争论则可以休矣。问题似乎就在这个点上,第81章中的思想同《自序》存在有不统一之处。这就要看冯先生在写作《自序》时的政治气候和社会环境了。

简单地说,冯先生在写《自序》时,政治环境对于他来说并不宽松。"十年动乱"虽然已经结束了,但是对于冯先生的所谓"审查"并没有结束。在当代中国,学术和政治曾几何时是互为影响的。由于冯先生当时仍然处于政治的磨难之中(我从《年谱》中查到:1979年2月上旬,北大哲学系中国哲学史教研室主任张岱年、教研室秘书兼党支部副书记许抗生、支委兼工会组长魏常海来找先生谈话,要先生再写一检查,在"群众中说清楚",说事情可以就此了结,以后仍可出书、见外宾),在学术上,势必也当然地受到影响,而且这个影响还不是无足轻重的,我们可以说这个影响是致命的。比如说,我们在前文中说到的1979年的太原会议,冯先生的"抽象继承法"仍然是众矢之的。这个抽象继承法到底有多少错?退一步说,就是它在学术上有一定的漏隙,能犯得着批判长达数十年之久吗?你就是说它在学术上确实有很大的毛病,但是,为什么在现在我们的学界对之又是肯定有加呢?我们写到此,其实大家也比较明白了,冯先生年事已高,再也经不起折腾了,他有这么多学术工作、有这么多著作需要在耄耋之年去完成,他要用80多岁高龄的老残之躯同上帝所给予他的有限的一点点生命时间赛跑。为了避去那些不必要的纠缠,在对于哲学的定义上,冯先生还是采取了两可的说法。但是,我们如果仔细看一下,这个哲学定义还是有它的奥妙之所在。冯先生开首即说:哲学是对于人类精神生活的反思。只是这个地方所用的不是一个句号,而是一个逗号。这个地方是有一定的学问的。

哲学的功用又是什么呢？我们看这一段话：

>金岳霖在英国剑桥大学说过："哲学是概念的游戏。"消息传回北京，哲学界都觉得很诧异，觉得这个提法太轻视哲学了。因为当时未见记录，不知道他说这句话时候的背景，也不知道这句话的上下文，所以对这个提法没有加以足够的重视，以为或许是金岳霖随便说的。现在我认识到，这个提法说出了哲学的一种真实性质。试看金岳霖的《论道》，不就是把许多概念摆来摆去吗？岂但《论道》如此，我的哲学体系，当时自称为"新统"者，也是如此。我在《新原道》中，自称我的哲学体系为"新统"，是由四组概念组成的：第一组是理，第二组是气，第三组是道体，第四组是大全。金岳霖在《论道》中所摆出来的概念就很多了，但也不外乎这四组。他所说的"可能"，相当于我所说的"理"；他所说的"能"，相当于我所说的"气"，这是显而易见的。我们两个人的体系，显然都是"概念的游戏"。金岳霖在剑桥的提法，不过是用简单的话说出了一个公开的秘密。我不知道当时剑桥的人对于这个提法有什么反应。中国哲学界所以感到诧异者，认为这个提法太贬低了哲学的价值。金岳霖用"游戏"两个字，也许有解嘲的意思。其所以如此，因为金岳霖没有说明，人们也没有认识到，哲学在实际生活中可能发生的功用。就人的实际生活说，哲学中一组一组的对于实际无所肯定的概念，看着似乎是无用，但可能是有大用。哲学不能增进人们对于实际的知识，但能提高人的精神境界。我在《新原人》中指出，人的精神境界可能有四种：自然境界，功利境界，道德境界，天地境界。天地境界最高，但达到这种境界，非经过哲学这条路不可。

在冯先生诞辰100周年之时，国际学术界在清华大学召开了一个纪念先生华诞暨冯学学术研讨会。在会上，还有不少学者对于冯先生所引金岳霖关于"哲学是概念的游戏"感到茫然。我当时也看得出来，有相当高层次的著名学者、教授们，在说到这个问题时的眼神。看来，这个说法，的确是"语惊四座"，真乃是"一石击破水中天",一个本来有些死气沉沉的哲学水平面被这样一击,倒真是荡起了无数的涟漪,和着日光,五彩缤纷,煞是好看!

这么多年过去了,我们也已经召开了数次冯学学术讨论会了,现在看来,学者们对于这个问题是明白过来了,认为冯先生所说真乃是一位哲学家的经验之谈。我们可以看冯先生在《总结》中对于这一问题的继续说明。冯先生说,哲学家和哲学教授是有不同的。作为一个哲学教授,他只是从文字上去了解哲学概念,而一个哲学家则对于哲学概念的了解和对于它的体认二者是融合在一起的,这是中国哲学中的传统。这种融合叫做"身体力行"。从"身体力行"说,哲学是供人们"受用"的。冯先生说:"受用的意思是享受。哲学的概念是供人享受的。"

在接下来的文字中,冯先生将宋明道学家们的哲学和他自己的人生境界说的核心——天地境界,合而论之。以史论学,为天地境界学说开掘出一片中国哲学的丰厚的土壤,以至于让"新原人"之至高之境直通圣域。

如此说来,从中国哲学史的传统来看哲学的性质和功用,哲学乃达圣之学。这种"达圣"在冯先生看来,就是"提高人们的精神境界",而提高人们的精神境界本身就是一种"受用"。这种"受用"就是周敦颐教二程子的"寻孔颜乐处"。在《总结》中的第一个部分的最后,冯先生说:"中国哲学的传统认为最宜为王的人是圣人,因为有圣人之德的人是大公无私的。程颢说:'天地之常,以其心普万物而无心;圣人之常,以其情顺万物而无情。'大公无私,只有最高精神境界的人才能如此。所以,只有圣人才最宜于为王。这就是'内圣外王'之道的真正意义。"

我们于以下再说冯先生在《总结》中的第二部分:从中国哲学的传统看世界哲学的未来。冯先生说:

> 客观的辩证法有两个主要范畴:一个有统一,一个是斗争。马克思主义的辩证法思想认为,矛盾斗争是绝对的;统一是相对的,有条件的,这是把矛盾斗争放在第一位。

接下来,他大段地引用了毛主席在《矛盾论》中的关于辩证法的话:

> 原来矛盾着的多方面，不能孤立地存在。假如没有和它作对的矛盾的一方，它自己这一方就失去了存在的条件。试想一切矛盾着的事物或人们心中矛盾着的概念，任何一方能够独立存在吗？……一切对立的成分都是这样，因一定的条件，一面互相对立，一面又互相联结、互相贯通、互相渗透、互相依赖，这种性质，叫做同一性。一切矛盾着的方面都因一定条件具备着不同一性，所以称为矛盾。然而又具备着同一性，所以互相联结。列宁所谓辩证法研究"对立怎样能够是同一的"，就是说的这种情形。怎样能够呢？因为互为存在的条件。这是同一性的第一种意义。

又继续引用：

> 事情不是矛盾双方互相依存就完了，更重要的，还在于矛盾着的事物的互相转化。这就是说，事物内部矛盾着的两方面，因为一定的条件向着和自己相反的方面转化了去，向着它的对立方面所处的地位转化了去。这就是矛盾的同一性的第二种意义。

冯先生在作了大段地引证以后，正式开始讲自己对于辩证法的看法：

> 客观的辩证法只有一个，但人们对于客观辩证法的认识，可以因条件的不同而有差别。照马克思主义的辩证法思想，矛盾斗争是绝对的，无条件的；"统一"是相对的，有条件的。这是把矛盾斗争放在第一位。中国古典哲学没有这样说，而是把统一放在第一位。理论上的这点差别，在实践上有重大的意义。
>
> 在中国古典哲学中，张载把辩证法的规律归纳为四句话："有象斯有对，对必反其为；有反斯有仇，仇必和而解。"这四句中的前三句是马克思主义辩证法思想也同意的，但第四句马克思主义就不会这样说了。它怎么说呢？我还没有看到现成的话可以引用。照我的推测，它可能会说："仇必仇到底。"
>
> 显而易见，"仇必和而解"的思想，是要维持两个对立面所

处的那个统一体。就张载当时说,他是要维持中国封建社会那个统一体。"仇必仇到底"的思想,则是要破坏两个对立面所处的那个统一体。就马克思主义说,是要破坏西方资本主义社会那个统一体。马克思是革命家,他所组织和领导的共产党是革命的政党,马克思主义当然要主张"仇必仇到底"。毛泽东是革命家,他所组织和领导的中国共产党是革命的政党,毛泽东思想也当然要主张"仇必仇到底"。毛泽东常说:"将革命进行到底",就是这个意思。问题在于什么叫"到底"?"底"在哪里?

任何革命都是要破坏两个对立面所共处的那个统一体。那个统一体破坏了,两个对立面就同归于尽,这就是"底"。革命到这个程度就"到底"了。这是一个事物的总发展过程中的一个段落。就一个社会说,这是它的总发展的一个段落。一个革命"到底"了,作为这个革命对象的那个统一体被破坏了,共处于这个统一体中的两个对立面同归于尽了,可是这个社会仍然存在,不过它就要从一个统一体转入到另一个统一体。社会转变了,作为原来统一体的两个对立面的人仍然存在,人还是那些人,不过他们转化了。革命家和革命政党,原来反抗当时的统治者,现在转化为统治者了。作为新的统治者,他们的任务就不是要破坏什么统一体,而是要维护这个新的统一体,使之更加巩固,更加发展。这样,就从"仇必仇到底"的路线转到"仇必和而解"的路线。这是一个大转弯。在任何一个社会的大转变时期,都有这么一个大转弯。……

在中国古典哲学中,"和"与"同"不一样。"同"不能容"异";"和"不但能容"异",而且必须有"异",才能称其为"和"。……客观辩证法的两个对立面矛盾统一的局面,就是一个"和"。两个对立面矛盾斗争,当然不是"同",而是"异";但却同处于一个统一体中,这又是"和"。

我们再看冯先生在全书总结中的最后两段话:

"仇必和而解"是客观的辩证法。不管人们的意愿如何,现代的社会,特别是国际社会,是照着这个客观辩证法发展的。第一次世界大战刚刚结束,就出现了国际联盟。第二次世界大战爆发，国际联盟失败，跟着就出现了联合国。联合国比国际联盟组织更加完善。虽然其成绩距人们所期望的还很远，但在国际社会中，已成为一支道义的力量，影响越来越大。……

……现代历史是向着"仇必和而解"这个方向发展的，但历史发展的过程是曲折的，所需要的时间，必须以世纪计算。联合国可能失败。如果它失败了，必将还有那样的国际组织跟着出来。人是最聪明、最有理性的动物，不会永远走"仇必仇到底"那样的道路。这就是中国哲学的传统和世界哲学的未来。

1990年11月26日，冯友兰先生在完成了他的《中国哲学史新编》之后不久与世长辞，享年95岁，安葬于北京万安公墓。图为墓碑。

鉴于本人的学思水平，我没有能力在这一节中多说。正是因为这样，我在这一节中，将冯先生在对于自己终生所从事的学术事业所作的最后总结的全部主要内容给照录下来，让诸位读者朋友自己去评判。

第九讲

"冯学"与"冯友兰现象"

在以上的几讲中,我们按照冯先生一生所从事的哲学活动的四个时期,系统地对冯学进行了解读。我们之所以说是系统的,是因为我们按照冯先生从事哲学学术活动的时间顺序以梳理他终生的哲学创思。

毋庸讳言,这种解读不可能是全面的。这是因为,在冯先生的一生中,其全部的生命都用在了哲学上,他的生命就是哲学的生命。70多年来,其哲学创作以"三史""六书"为核心,著述达600余万言。我们完全可以用古人所说的那句成语以说之:著作等身。从这个意义上说,用本书的几十万字企图将冯先生的学术思想包揽无遗是不可能的。更何况,冯先生是一位比较特殊的哲学家。我们说他特殊,其一是说,他一生经历的社会时代特殊,他出生于封建社会的末年,中经辛亥革命、袁世凯复辟、北洋政府的军阀混战、中华民国、中华人民共和国等不同的历史时代。他是一位跨世纪的学人。其二是说,他的学术思想相当复杂。有学者认为,冯先生的哲学思想在新中国成立前后判若两人。其三是说,他的学术地位特殊,他是中国哲学史学科的重要奠基人;同时,他又是"西学东渐"以来极少建立自己的哲学体系的享誉国内外的大哲学家;还有,他的哲学思想,不仅在中国尤其是在海外的影响力超过了他同时代的任何一位哲人。

鉴于此,在上世纪的80年代之后,也就是说,在冯先生还健在于世的时候,海内外学术界就已经基本上形成了一个思维态势:"冯学"与"冯友兰现象"。在他逝世之后,学界的这种思维态势越来越明朗化、强烈化了。

1990年,学术界达成了一个共识,准备在冯先生95岁生日的时候,在北京举行一个国际型的冯学学术讨论会,以为先生95华诞贺。遗憾的是冯先生没有等到这一天,在距其生日的一个礼拜的11月26日,永远地离我们而去。一颗学术巨星陨落了。自冯先生逝世后,据本人所知,学界先后召开了数次冯学学术讨论会(我们如果把1995年12月在清华大学召开的"中西哲学暨文化的融合与创新——纪念冯友兰先生诞辰100周年"作为第一届会议的话,据我所知,到2007年9月,中国冯友兰研究会南阳分会受中国哲学史学会冯友兰专业委员会之委托,由市政府出资在南阳召开的冯学论坛会议当是第8次会议了)。研究冯学的专著,据本人所了解,可有8部之多,这并不包括数部冯友兰哲学学术论文集,还有一些博士生尚待出版的博士论文。我们已经知道,冯先生早年的两卷本的《中国哲学史》(学界称之为"大史")和他于1946年去美国几所大学讲中国文化所写的《中国哲学简史》已经有多种文字在海外流传。2005年11月,在冯先生诞辰110周年的北京大学的冯学讨论会上,研究中国文化的美国学者欧迪安教授向大会报告说,她们已经组织了一个译作班子,用3年的时间,将冯先生在建国后长达40年所写的七卷本的《中国哲学史新编》译成英文……

所有这些表明:"冯学"已经成为一门学问。研究冯学也像我们研究孔学、老学、易学一样,成为一个历史的定势。实际上,据本人所了解,在我们国内的一些大学里,有一些攻读中国哲学的博士生,他们的博士论文就是写冯先生的哲学思想的。同冯学紧密相

1990年12月4日中国文化书院主办冯友兰哲学思想国际学术研讨会,开幕式在北京图书馆举行。

关的"冯友兰现象"也已经成为中国大地上的一种蔚然壮观的文化现象。

非常巧合的是,在我刚刚开始写作这一讲的时候,报社的工作人员给我送来了当天的地方报纸——《大河报》和《南阳日报》。打开一看,非常高兴,《南阳日报》刊载了一篇长文:《"冯学"与"冯友兰现象"》,这正是本讲的题目。还有,在《大河报》的"厚重河南"栏目里,有一个关于冯友兰先生的系列报道——"小镇走出的大家"系列之一:《从小布贩到书香门第》(首席记者:姚伟)。现将姚文的前言摘录于下:

> 唐河县祁仪乡,对一般读者来说,这是一个遥远而陌生的名字。这个乡位于唐河县城南约26公里处,境内"一平三山六丘陵",因地处豫鄂两省交界处,俗语说是"一脚踏两省,鸡鸣闻四县"。在人们感觉中,这样的山乡,应该是文化上的"穷乡僻壤",是"希望工程"重点关照的地方。但上个世纪前半叶,一个文化奇迹却在这里生根发芽——祁仪的冯氏家族人才辈出,成就卓著,名闻全国。
>
> 冯氏家族最杰出的人物,是大名鼎鼎的"三冯":哲学家冯

友兰、地质学家冯景兰和文学史家冯沅君(恭兰,后改名淑兰、叔兰),他们是亲兄妹。中国现代史上,三同胞在学术上都是驰名中外大家的,大约只有绍兴的鲁迅(周树人)、周作人、周建人三兄弟,与唐河的冯氏三兄妹。

"三冯"兄妹早年先后考入北京大学,已令人称奇不已,后来他们又先后走出国门,留学欧美,归国后终身勤奋,不仅在各自的领域卓有建树,其人其事更是被传为佳话。冯景兰,1916年考入北京大学预科,此后毕业于美国科罗拉多矿业学院、哥伦比亚大学研究院。学成归国后,冯景兰走遍中国大地,在地质、地貌等方面进行过大量开创性工作,提出"封闭成矿学说",是中国矿床学的重要奠基人之一。"丹霞地貌"就是由他提出,得到国内外学术界认可,一直沿用到现在。在中国地质学界,冯景兰声誉卓著,他从事地质教育50多年,培养了几代地质人才,可谓"桃李满天下"。

冯沅君,1922年考入北京大学国学研究所,成为中国历史上第一位女研究生。在"五四"新思潮中开始小说创作,很快蜚声文坛,得到鲁迅的高度评价,时有"黄(庐隐)、凌(叔华)、冯(沅君)、谢(冰心)"之称。随后,冯沅君转型进行古典文学研究,著有《中国诗史》、《南戏拾遗》、《古剧说汇》、《冯沅君古典文学论文集》等,新中国成立后,成为第一位女一级教授。在她生前任教的山东大学,"冯沅君"是至今仍令人景仰的名字。

"三冯"中,成就最大、声誉最卓著的,还数大哥冯友兰。他1915年考入北京大学文科中国哲学门,随后赴美留学,获哥伦比亚大学博士学位。归国后,冯友兰刻苦勤奋,一生著述甚丰,中、英文著作近五百万言(学界定论认可的,冯著600余万言——刘注)。他的《中国哲学史》是第一部系统完整的中国哲学史,用英文写成的《中国哲学小史》(即1984年由涂又光先生译的《中国哲学简史》——刘注)被翻译成10多种语言,至今在西方仍流行不衰,是西方人了解中国文化的重要著作。抗战期间,冯友兰完成"贞元六书",创立新理学思想体系,成为现代中国影响最大的哲学家之一。

不仅"三冯"享誉学术界,冯氏家族可说是人才辈出,同辈堂兄妹中,培兰、瀛兰、丰兰、让兰、静兰等也都学有所成;下一代中,冯钟芸是北京大学中文系教授,冯钟璞(宗璞)是著名作家,钟辽、钟越、钟鲁、钟豫、钟燕、钟广、钟睿等,也都是有成就的专家、教授。

毫不夸张地说,从山乡祁仪走出来的这个家族,创造了一个文化奇迹,构筑了中国学术界一道亮丽的风景线……

一、从中国哲学史的角度以看"冯学"

冯友兰先生出生在中西文化剧烈的冲突时代。从历史发展的大势上看,东方的文明同西方的文明相比,我们明显地有逊于西方。也就是说,西方是先进的,我们是落后的。西方用他们的"船坚炮利"的所谓"文明"打开了落后的中国的大门。中国文化遇到了有史以来第一次前所未有的大冲击,这一炮将我们打蒙了,打得我们晕头转向,一时不知所措。一代进步的、爱国的知识分子、志士仁人,开始了"救亡图存"的艰难探寻,开始了向西方寻找真理的长途跋涉……

新文化运动高擎民主与科学的大旗,向代表中国文化的"孔家店"进行了猛烈的炮轰。中国文化真的是不行了吗?中国真的要亡国亡种吗?文化是一个民族的灵魂。中华民族的灵魂就是中国文化。在人类历史进入近代以来,我们的文化为什么跟不上时代前进的步伐? 这是包括冯先生在内的那一代士人所必须思考和回答的问题。冯先生在他晚年的回忆性的著作——《三松堂自序》中曾说,新文化运动的发源地是在北大,其中一个重要的历史时间点就是1919年的5月4日。可惜他已经在1918年就毕业了,他"没有赶上1919年火烧赵家楼的那一天"。冯先生从北大毕业后,回到了河南开封,在一所学校里教书。可他身在学校,而心却系在我国家民族的命运上。他虽然没有赶上火烧赵家楼的那一天,但他在河南开封同一批学界精英办起了一个推动新文化运动的刊物——《心声》。在《心声》的《发刊词》中,冯先生写道:

"学如逆水行舟,不进则退",此常人之恒言也。虽然,庸独个人之为学而已;吾人对于世间一切事业,皆作如是观可也。

　　何以故?吾人所谓"进"者,变动不居,日新又新之谓也。"不进"者,一成不变,因袭老套之谓也。平心而论,凡一种老套,在其当时,固亦自有其价值;但吾人所承认者,乃其历史上之价值,而非现在之价值也。夫老套本先王已陈之刍狗,适于古或不适于今,如水陆舟车,各有其宜,此层易瞭,姑不必论。即退一步而承认有古今可以通用之老套,如日本之仁丹、中国之如意油者,然传统既久,真意全失,精神既亡,惟余流弊。是故法老套者,必不能得老套之利而反受其弊……

　　凡社会之进步,必有少数之人立于大多数之前,为真理而战,以打破老套。……破老套而促进化,此本杂志之所以作也。……本杂志之宗旨,在输入外界之思潮,发表良心上之主张,以期打破社会上、教育上之老套,惊醒其迷梦,指示以前途之大路,而促其进步。……

　　我们从《年谱》中可知,冯先生执笔所写的以推动新文化运动的时代刊物——《心声》的《发刊词》,它的思想是新的,是进步的。所说的"老套"者,就是在当时的"大多数所执之真理"。这个"真理"是什么?实际上就是旧文化,就是阻碍中国走向进步的中国传统文化,就是在中国占据统治地位长达两千多年的儒学文化。我们从冯先生所写的《发刊词》中已经看到了一个为推动中国社会进步的青年知识分子的光辉形象。

　　冯先生在河南开封教书时间很短,从1918年9月起到1919年9月,只有两个学期。这期间,他于1919年5月参加了河南省教育厅选派留美学生考试,同年6月,他又赴京参加教育部组织的选派留美学生考试的复试。于同年12月底赴美。我们在前面的有关文字中已经讲到,冯先生是带着"问题"去留学的。这个问题就是中国为什么落后,为什么事事不如人?他到美国之后,首先是从中国文化中寻找这个落后的原因。他果然找到了:中国人同西方人相比,是两者对于"幸福"的理解不同;对于幸福的追求方式不同。

这种不同的文化内因就是中国传统文化,确切地说就是中国哲学。为此,才有他在美国的那篇著名的学术论文:《为什么中国没有科学?》

顺此穷追下去,他发现,自己在那篇文章中所说的中国之所以没有科学的原因并不是仅仅将过错责任归之于中国固有的文化上,西方文化也有这种情况。这样的追寻,也就成就了冯先生的博士论文——《天人损益论》。这样看来,中国传统文化并不是中国没有近代意义上的科学的原因,那么,她对于中国走向现代化(当时在冯先生那里称之谓近代化)肯定仍然是有意义的。这样,在冯先生学成回国后,就有了他创作《中国哲学史》的原动力了。当然,按照冯先生的本来意愿,他是想把西学介绍到中国来的,由于客观的机遇,他在燕京大学和清华大学讲了中国哲学史这门课程。一位深谙中国传统文化同时又通西方文化的学者,鉴于胡适之先生的半部《中国哲学史》的经验与教训,冯先生写作《中国哲学史》当是一个历史的最好选择。

我们在前文中尽管写了他的《中国哲学史》的贡献,但并没有从"冯学"的深刻内涵上给以挖掘,现予以补充之。冯先生在两卷本的《中国哲学史》中,从学理的高度,将中国哲学划分为两个时代:子学时代和经学时代。用"释古"的方法,以还史料的本来价值和意义;用"宋学"的方法,以注重哲学义理的了解;以"同情的态度"与古人处于同一个思想境界;用阐明的立场,以达不同学说的共融。任继愈先生说:旧著《中国哲学史》分为"子学时代"和"经学时代"。子学时代的断限为四百年,经学时代断限为两千多年。没有对中国哲学的真知卓识,是不敢这样处理的。冯先生的真知卓识表现在什么地方?我们且看冯先生对于孔子的说明:

> 中国之文化,至周而具规模。孔子曰:"周监于两代,郁郁乎文哉!吾从周。"在孔子心目中,周之典章制度,实可以"上继往圣,下开来学"。孔子一生,以能继文王周公之业为职志。周之文化,周之典章制度,虽有可观,然自孔子以前,尚无有私人著述之事。……
>
> 哲学为哲学家之有系统的思想,须于私人著述中表现之。

孔子之前无私人著述之事,有无正式哲学不得而知。孔子本人虽亦未"以文字为一人之著述",然一生竟有未做官不做它事而专讲学之时;此在今虽为常见,而在古实为创例。就其门人所记录者观之,孔子实有系统的思想。由斯而言,则在中国哲学史中,孔子实占开山之地位。后世尊为唯一师表,虽不对而亦非无由也。以此之故,此哲学史自孔子讲起,盖在孔子以前,无有系统的思想,可以称为哲学也。①

我们可以说,中国哲学思想的上限,是从孔子开始的,这就是冯先生的一大真知卓识。在此之前,学界对于中国哲学思想的起源,可以说是相当混乱的。我们在前文中也已经说过,给冯先生他们讲中国哲学和中国哲学史的老先生们,可以从传说中的三皇五帝讲起,讲了一个学期,才讲到周公。我们不能说,在冯先生之前,在中国学界对于中国哲学的"史"的界限是清楚的。当然,在冯先生之前,还有胡适之先生的《中国哲学大纲·卷上》,胡适之先生并不是从三皇五帝开讲,他是将中国哲学的"史"定位在老子那个地方。在当时,学界也是颇有争论的。争得胡先生急了,说了一句很幽默的话:反正那个老子也不是我的老子!其意是说,你们并不认为中国哲学的"史"从老子那个地方开始,也就算了,我用不着这样去维护他,我跟他又没有血缘关系。

冯先生则是这样看的:在孔子之前是没有个人著书立说的情况出现的。孔子个人虽然没有著书,但是,他的弟子和再传弟子们将他的言论记录下来了,这个就行。我们可以说,孔子是有他自己的哲学思想的,他的哲学思想并不是通过个人的著书立说而表现出来的。而老子就另当别论了,为什么?我们看《道德经》,它是明显地个人所著之书,看它的语言文字是多么的优美,那简直就是一部散文诗。从这个意义上说,《道德经》成书肯定在《论语》之后。因此,我们讲中国哲学的"史"只能从孔子那个地方开讲,而不能从老子那个地方开讲。我们说,这就是冯先生的真知卓识。

那么,子学时代与经学时代的分野在什么地方?在冯先生看

---

① 冯友兰:《中国哲学史》卷上,中华书局 1961 年 4 月新 1 版,第 29 页。

来,在秦汉之际。具体地说,自董仲舒提出"罢黜百家,独尊儒术"之时,年轻的汉武帝采纳了这个建议后,经学时代就从此开始了。为什么会是这样?冯先生自有他的说法。简单地说,此时是思想归于一统了,而思想之所以归为一统,是当时的社会形势使之然。换句话说,由于当时社会的形势使得思想文化归于一统,因而也就没有了先秦时期那种热闹非凡的百家争鸣的学术局面了。

问题又出来了,为什么在先秦时代会有那种局面?这其中的原因也可能是多方面的,但是,毋庸讳言,纵然有千万种理由,千头万绪,一句话:礼崩乐坏,天下无道。贵族的政治崩坏了,社会解体了,由贵族所把持的文化开始向民间流落,地方豪强纷纷养"士",百家蜂起,竞相陈说。在这个问题上,冯先生是不同意胡适之先生所说的百家蜂起的原因的,这一点,我们在前文已经讲了,此处略而不论。我们就此而论,这也是冯先生的真知卓识。

我们再看冯先生对于孔子的看法。

> 向来所谓经学今文家以六艺为孔子所作,古文家以六艺为孔子所述。其说虽不同,要皆以为孔子与六艺有密切关系也。今谓所谓六艺乃春秋时固有之学问,先孔子而存在,孔子实未制作之。①

这一段话是说孔子与六艺的关系。也就是说,在冯先生写作《中国哲学史》之前,在中国的学界,存在着两大观点:今文学家认为,六艺是孔子所作;古文学家认为,六艺为孔子所述(所谓述而不作,信而好古)。在冯先生看来,这两派意见实乃是一回事儿。"述"与"作"在孔子之前可以说就是一回事儿。这样看来,他们都认为六艺是孔子的创作了。其实不然,冯先生并不是这样认为的。他认为:关于孔子不曾作六艺的事儿,已经有许多证据,冯先生当然也有自己关于这方面的证据。在一个问题上,学界的认识是一致的,就是孔子用六艺以教弟子。在教弟子的过程中,对于六艺有所选择,有所删改,这一点是不可否认的。在冯先生看来,孔子教弟子并不是要让弟子们成为某一家学派的人,而使其成为"人"。

---

① 冯友兰:《中国哲学史》卷上,中华书局1961年4月新1版,第68页。

成为某一学派的人和成为"人",这二者是有区别的。我们说,关于这个问题的看法,也是冯先生的真知卓识的地方。冯先生说:

> 孔子是中国第一个使学术民众化的、以教育为职业的"教授老儒",他开战国讲学游说之风;他创立至少亦发扬光大中国之非农非工非商非官僚之士之阶级。①

冯先生在这里对于孔子的点评,我们认为,是符合当时的情况的。在接下来的文字中,他又写了两点:孔子的行为,与希腊之智者相仿佛;孔子的行为及其在中国历史之影响,与苏格拉底之行为及其在西洋历史上之影响相仿佛。这是冯先生在《中国哲学史》中对于孔子的评价。在这部书成书之前的1927年,他有一篇文章:《孔子在中国历史中之地位》(刊于《燕京学报》第2期),在该文中,冯先生对于孔子的点评和在我们以上所引的点评完全一样,甚至连字都不差一个。我们如果借用金春峰先生的说法,这叫做"三个第一":第一个私人办学;第一个以私人的资格提出一个思想体系;第一个创立学派的人。胡适认为,冯先生的思想是正统派的尊孔的。但是,作为冯先生的学生的金春峰先生则不是这样认为的。他认为冯先生并不是尊孔的。冯先生是否尊孔,我们在此不论。我们在这里的主要意思是说,冯先生在他的《中国哲学史》中,对于孔子的定论、定位是相当地准确的。在我们看来,这也是冯先生对于中国哲学史的一个真知卓识。

在《中国哲学史》中,冯先生对于孔子的哲学核心——"仁",对于他对于传统制度的信仰,对于人性的定位,对于"正名"的观点,对于"义利之辨",对于"为仁之方"以及孔子学说对于后世的影响,都作了十分重要的学术定位。在许多方面,为我们后来的中国哲学史的研究提供了一个范例。

至于说,我们在前文中所说到的冯先生在回忆中对于《中国哲学史》在学术领域中的贡献的那些方面(冯先生主要讲了两点:先秦的名家和二程的学术区分),我们在前文中已经作了交待。故此处从略。其他方面,在此限于篇幅,一概从略。

---

① 冯友兰:《中国哲学史》卷上,中华书局1961年4月新1版,第70页。

在"大史"之后,第二部中国哲学史就是1946年冯先生在美国讲学时用英文所写的《中国哲学简史》了。我们在本讲前面所引《大河报》记者姚伟所写的序文中,他说的《中国哲学小史》就是指的这一部书(因为在上世纪前半叶,冯先生曾写过一个更为简短的中国哲学史,定名为《中国哲学小史》,为了不至于在名字上重复,这部译作就定名为《简史》了)。我们已经说过,冯先生的这部《简史》是在他的"新理学"体系建立之后的作品,它的语言的简练,思想的深邃,学术的系统,并不比两卷本的中国哲学史逊色。同前者相比,它更有一个显著的特点,就是在讲哲学方法上与前者不同:两卷本中国哲学史并不同意将所谓神秘主义的负的方法作为哲学的方法,但在《简史》中就不同了,他给负的方法以很高的地位,只不过冯先生并不是像在《新知言》中所讲的那样,而是将对于负的方法的肯定放在"史"中给予说明。这一点很好理解,因为《新知言》本身就是讲哲学的方法的书,而《简史》本身是讲中国哲学的"史";再者,《简史》的听众对象是美国人,对于美国人来说,主要是让他们了解中国文化的。尽管这样,我们在读《简史》的译作本时,已经从字里行间看到了冯先生那种对于负的方法的至爱。

我们现在要说到在全国解放以后,冯先生用了后半生的时间打造的七卷本《中国哲学史新编》了。这个问题真是不好说,也真是不好写。我们在前一讲中讲了《新编》的艰难,那是冯先生在建国后长达40年时间所研究的成果,他反复写,反复改,终于在他生命的最后10年,从85岁到95岁,将七卷本的《新编》给写出来了。就是这样一部《新编》,学界对于它的看法,到目前还不能达成统一。有人认为,它的学术地位不如两卷本的大史,也有人认为,"共殊关系"贯穿中国哲学史的始终未必可以,海外的学者有人认为,冯先生用马克思主义的观点以写中国哲学史不可取,凡此种种,不一而足。关于《新编》的大概情况,我们已经在本书的第八讲中说了,在这里,我们还是从"学"的角度作一些阐发。

在这里,我必须指出,生活在中国内地的学者和生活在海外的学者是不一样的。在新中国成立之后到改革开放之前,我们在学术上从事研究工作,必须用马克思主义、毛泽东思想作为我们的指导思想。其实,岂止是学术界,在我们生活的各个方面,包括政治、经济、思想、文化的一切领域,概莫能外。就如我们在前文中所引某位学者所说,我们在建国以后,是"罢黜百家,独尊马列"。记得我们在一次冯学讨论会上,有一位博士生导师大发感慨:我们现在回忆一下过去,除了冯先生们那个时代,哪里还能产生什么哲学家?你的思想必须在一个既定的范围之内思考问题。在这种文化专制的情况下,不可能产生哲学家!你充其量只不过是一个哲学工作者。你只能是一个"者",你不能成为一个"家"。作为一名哲学家,必须得有自己的哲学体系,没有自己的哲学体系,焉能成"家"。如果用这个标准来衡量,我们今天的许多在哲学领域内耕耘的学者,其成就是有目共睹的,但是如果没有自己的体系,也只不过可称为著名的学者,而未必能可称之为哲学家。这一点,我们不说。

我们现在要说的是,冯先生在《新编》中有哪些是在旧史中所未发者。

从社会时代上说,新编与旧史肯定是不同的,它不可能同。因为时代变了,时代的不同决定了新编与旧史的不同,这是无可非议的道理。以毛泽东主席为代表的中国共产党领导中国人民推翻了一个旧的制度,建立了一个新中国,新中国必须有新的制度,新的制度必须有新的思想,这是符合事物发展的规律的,也就是说,客观的辩证法就是这样。从这个意义上说,中国共产党用马克思主义作为我们的指导思想是不错的。冯先生用马克思主义的立场、观点和方法,以重新写作中国哲学史,其本身也是天经地义的,是无可非议的。冯先生这样作是对的,是不应该受到指责的。至于说海外的学者们对冯先生说三道四,那就让他们说去吧。我们管不了他们,我们也没有必要去管他们,我们也不能管他们。制度不同,所生活的环境不同,不能不让人家去说。

现在的问题是,我们在建国以后,对于马克思主义的理论、观点的理解存在有不全面的地方。曾几何时,我们一切都是按照前苏联的模式去办,我们把马克思主义给教条化了,给固定化了,给神秘化了。正是由于此,我们的许多工作出现了偏差,出现了失误,走了许多弯路。冯先生是一位哲学家,但他决不是一个社会实践型的哲学家,因此,他所了解的马克思主义,只有两个途径:一个是书本中的,一个是中共的政策。在这两个途径中,当然有所侧重,他侧重于政策方面。这样一来,冯先生在建国以后,所写的中国哲学史,不可能不走弯路。这就是冯先生在五六十年代所写的中国哲学史新编反复写、反复改的根本原因之所在!当社会进入了正常的运行轨道以后,学术同政治的紧密结合出现了裂隙以后,学术活动的环境相对地好了一些,冯先生已经是耄耋老者了。我们说,冯先生不同于他人,他的生命就是学术的生命,学术也就是冯先生的生命。因此,他要同上帝所赐予他的有限的生命时间赛跑,用生命的最后去冲刺他建国后40年的学术终点——《中国哲学史新编》。

关于《新编》与旧著《中国哲学史》的区别,我们在这里将以陈来教授的《冯友兰中国哲学史研究的学术贡献》为蓝本给予扼要的述说。依照陈先生的看法,第一点也就是我们在前文中所反复说到的"共殊关系"成为《新编》中整个中国哲学发展的基本线索。他所说的第二点就是"把考察阐述中国哲学的精神境界作为一个基本着眼点"。根据陈说,冯先生在20年代就注意到了中国哲学中的神秘主义的问题。关于这一点,我们在前文中也说到了,冯先生在创作两卷本的中国哲学史的时候,是注意到了这个问题,只是他当时并不认为这是获得哲学的主要方法。这个方法,在后来建立体系的时候成为主要的哲学方法了。在《新编》中,这个方法更是得以应用。在30年代冯先生对于孟子的"养浩然之气"有相当的注意,这一点很重要,因为从这个方面我们可以看到他在后来建立体系的时候的先导作用,同时,在《新编》中,也认为这是对于中国哲学的一大贡献。我们从历史分期上以述说《新编》的贡献的话,大体可以这样来说:

先秦部分,《新编》提出了一些与旧著不同的学术见解。如《新编》区分了晋法家与齐法家,并且分章加以论述。

在玄学部分,冯先生将"新理学"的方法加以了充分的展示。一方面,冯先生用逻辑分析法以分析魏晋玄学的"有""无"问题,另一方面用"新理学"中的"四境界"说以把握玄学的精神境界,由此而得出一些新的结论。从这个角度对于玄学进行分析,冯先生将玄学分为三个阶段:以何晏、王弼为代表的贵无论;以裴頠为代表的崇有论；以郭象为代表的"无无论"。这个见解是十分独到的，发前人所未发。这三个阶段之间，有一个"肯定—否定—否定之否定"的辩证过程。也就是在这一点上，表现出了冯先生在其学术活动的晚年开始了向"新理学"的回归。这一点，我们认为，不仅是陈来先生的个人观点，而且已经为当今学术界所肯定。

在道学部分，冯先生特别注意提出自己在解放以后长达数十年的学术思考所获得的新观点。他认为，道学是讲人的学问，可以称道学是人学。陈先生不愧为冯先生的高足弟子，他的看法是抓着了问题的要害，对于我们研究冯学的人来说，起到了一个"纲举目张"的作用。在学术界，大家已经形成了一个共识，在《新编》中，宋明道学部分是冯先生写得最为出彩的部分。当然，这其中有它的历史原因，冯先生的"新理学"体系就是"接着"宋明以来的理学一派讲的，冯先生是新理学的主要代表人物。我们看第七册中的关于"新理学"部分，有两个代表人物，其一是金岳霖先生，其二是冯先生本人。应当说，冯先生说道学就是人学，就是学界的定论，这种定论，从一定意义上说，相当于冯先生在两卷本中对于先秦名家、二程的分析一样，自成一家，且是颠扑不破的"金石之论"。我们且看《新编》第5册的第49章——《通论道学》，冯先生在这一章的开首写道：

> 本书上册的47章说："如果担水砍柴就是妙道，何以修道的人仍须出家？何以'事父事君'不是妙道？这又须下一转语。宋明道学的使命，就是下这一转语。"下转语，并不是简单地否定原来的语，而是比原来的语更进一步。禅宗常说："百尺竿头，更上一步。"一个人爬杆子，杆子的长有一百尺，爬到了百尺就是到头了，还怎么往上爬呢？这就需要转语。陆游有两句诗："山重水复疑无路，柳暗花明又一村。"已经山重水复没有路了，怎么前进呢？可是转一个弯，就是"柳暗花明又一村"，别有天地，别有一番景象。道学对禅宗所下的转语，就有这种作用。

这段话，听起来很是平常，读起来也很一般，并没有像有些哲学家的文章那样，艰涩难懂，佶屈聱牙，但是其中含有非同一般的哲理。我们从字面上来说，禅宗所求达到的境界是相当的高,高到后来,必须同世俗决裂。同世俗决裂,那就只好出家了。但是,尽管是出家了,看起来好像是不与世俗处了,但出家的人也不是神仙,他也需要吃饭。他既需要吃饭,他就得"担水砍柴"。而担水砍柴的活儿,也就是世俗中的人所干的活儿。你既然是也干世俗中的活儿,你在家中干不就得了,又何必去出家呢? 所以,这里就出现了一个矛盾。这个矛盾就是冯先生在写作第47章中所提出的: 你既然认为担水砍柴就是妙道,那么,事父事君就为何不是妙道? 你为什么要出家呢? 这个矛盾到了道学这里将会有一个很好的解决。这就是冯先生在《通论道学》中所说的道学为禅宗所下的一个转语。这个转语告诉人们,你要达到相当高的境界,不必去出家,在世俗中也同样可以达到之。从这个意义上说,道学就是人学。因此,冯先生在这一节的结尾处说:

> 概括起来说,道学从人生的各个方面阐述了人生中的各种问题。这些问题归总为两个问题:一个是什么是人,一个是怎样做人。道学是讲人的学问,可以简称为人学。

陈来先生在他的文章中这样写道:冯先生认为,个人既是一个个体,其中又寓人的共相;个体是主体,他人是客体。共相与殊相、主体与客体的关系,体现了人的矛盾统一。对于这种矛盾在哲学上有三种解决的路向。第一种是本体论的路子,如柏拉图,把共相看成本体,而视人的感情欲望为殊相,加以排斥。第二种是认识论的路子,如康德,主体只能通过它自己的形式和范畴才能认识,而主体所认识的只是加上了它自己的形式的东西,对事物本身无法认识。第三种是伦理学的路子,即道学。道学认为殊相与共相不是对立的,殊相可以是共相的实现,共相不能离开殊相而存在,人通过道德行为的积累,就可在殊相中实现共相,以达到二者的统一。关于道学的发展过程,冯先生提出,道学分为两期。前期中二程是肯定,张载是否定,朱熹是否定之否定。在后期,朱熹是肯定,陆王是否定,王夫之是否定之否定。在发展中,前一阶段作为终点的否定之否定,就是后阶段作为出发点的肯定。从整个道学的发展看,王夫之是道学的集大成者。

为了阐明道学的精神境界，冯先生对什么是"孔颜乐处"和道学"气象"作了明确的回答。

我们可以看冯先生在《新编》第一册的《绪论》中关于哲学的定义，他说：

> 研究哲学史必须先弄清楚什么是哲学。哲学是人类精神的反思。所谓反思就是人类精神反过来以自己为对象而思之。人类的精神生活的主要部分是认识，所以也可以说，哲学是对于认识的认识。对于认识的认识，就是认识反过来以自己为对象而认识之，这就是认识的反思。①

我们现在十分高兴地看到了冯先生的这个关于哲学的定义。我们为什么要这样说呢？难道这个定义在其他地方就没有看到吗？我们说，我们是在其他地方看到了这个定义，在《中国哲学简史》中我们的确是看到了这个定义了的："哲学是对人生的系统的反思。"对于人生的系统的反思，就是人类精神的反思。"人类精神的反思是人类精神生活达到很高的阶段的产物。对于认识的认识，即认识的反思，是人类认识达到很高阶段的产物。"②我需要在这个地方多说两句：对于认识的认识，就是以认识作为对象而反思之，前一个"认识"在这里作名词，后一个"认识"在这里就是动词了。赵复三先生在他的翻译中用的是"关于思索的思索"，而涂又光先生的翻译是"思想思想"。哲学就是对于思想进行思想，也就是思想思想，思想思想而得的思想就是反思的思想，这种思想思想的思想就是哲学。不管怎样说，我们在《新编》中又看到了关于"哲学是人类精神的反思"的话，是十分亲切的（在《三松堂自序》中，冯先生也说到了关于哲学的定义，那个定义还不能算作晚年定论，其中还可以看到对于实际有所肯定的成分）。

冯先生已经说了，人类精神的反思是人类精神生活达到很高的阶段的产物，这就是说哲学的功用在于提高人们的精神境界。既然是提高人们的精神境界，那么，它就可以给人们一种"受用"，

---

① 《冯友兰全集》第8卷，河南人民出版社1991年6月第一版，第9页。
② 同上书，第15页。

一种"享受"。因此,冯先生说:

> 用中国的一句老话说,哲学可以给人一个"安身立命之地"。就是说,哲学可以给人一种精神境界,人可以在其中"心安理得"地生活下去。他的生活可以是按部就班的和平,也可以是枪林弹雨的战斗。无论是在和风细雨之下,或是在惊涛骇浪之中,他都可以安然自若地生活下去。这就是他的"安身立命之地"。这个"地"就是人的精神境界。说是哲学给的,实际上是人自己寻找的,自己创造的。只有自己创造的,才是自己能够享受的。中国哲学说,哲学是供人受用的,享受的。学哲学如果得不到一种受用和享受,任凭千言万语,也只是空话,也只是白说。①

精神的享受、精神境界的提高,有一个前提,那就是人必须是哲学的,而不能只是"动物的"。什么意思?就是人必须进行哲学的训练。说到这里,我们再回首看我们在前文中所说的陈来先生在他的文章中所说的冯先生所强调的道学中的"孔颜乐处"和"气象"。冯先生在《新编》第5册第52章第7节中专讲这个问题,第7节的题目就是《二程的"气象"和"孔颜乐处"》。冯先生写道:

> 道学家认为,道学并不是一种知识,而是一种享受品。它不能使人增加知识,而只能予人一种"受用"(享受的意思)。这就是说,这种一般的理解不能增加人对特殊事物的知识,但这种一般的理解越多,人的精神世界就越高。精神世界就是世界观。世界总是有的,总是公共的,但"观"可以不同。所谓"理解"就是"观"。
>
> 道学家认为,人的精神世界虽是内心的事,但也必然表现于外,使接触到的人感觉到一种气氛。这种气氛,道学家称之为"气象"。他们甚至认为,即使古代的人,虽不能与今人面对面地接触,但也可以从他们遗留下来的语言文字中,感觉到他们的气象。……气象是人的精神境界所表现于外的,是别人所感觉的。有某种精神境界的人,他自身也可以有一种感觉。

---

① 《冯友兰全集》第8卷,河南人民出版社1991年6月第一版,第28页。

这种感觉是内在的。道学家认为有了道学所讲的高的精神境界的人,他本身所有的感觉是"乐","乐"是道学所能给人的一种"受用"。《论语》记载,孔子自己说:"饭疏食饮水,曲肱而枕之,乐亦在其中矣。"又记载,子曰:"贤哉,回也!一箪食,一瓢饮,在陋巷,人不堪其忧,回也不改其乐。贤哉,回也!"程颢解释这后一条说:"箪、瓢、陋巷非可乐,盖自有其乐耳。'其'字当玩味,自有深意。"第一条孔子所说,"乐亦在其中矣"的"其"字,也有深意。两条的"其"字都是说,并不是穷有什么可乐,而是说,虽然穷还"自有其乐"。这个乐从何而来?这是道学的一个大问题。①

我们以上引证了冯先生谈"气象"和"孔颜乐处"的一大段话,我们应当对于冯先生所说的哲学是什么的问题有所了解了。我们如果将这个问题同我们在前讲中所说的冯先生在全书第81章中关于哲学教授和哲学家的不同相联系,我们即可从更高的层次以看冯学的深刻内涵。

我个人认为,写作到此,已经将应该说的话都说过了一遍。从中国哲学的"史"以看冯学,我们可以有两点可说:其一,"三史"释古今。就是说,他用中西结合的方法,在中国完成了第一部近、现代意义上的完整的中国哲学史;其二,"六经注我"。就是说,冯先生所写的中国哲学史并不是一个哲学史学者所写的中国哲学史,而是一位哲学家所写的中国哲学史。作为后者,中国哲学史中有哲学家的思想(《简史》和《新编》尤其为著),我们读这后两部中国哲学史,其实也就是在读冯先生自己的哲学思想!

二、从"新理学"体系以看"冯学"

在这个题目下,我们打算少写,因为我们在前文中用了三讲的篇幅写了"贞元六书"了,在前文中已经有的内容,此处略而不论。在这里,我主要说两点:"新理学"哲学的贡献和"新理学"哲学所给

---

① 《冯友兰全集》第10卷,河南人民出版社2000年12月第一版,第117页。

我们的启示。

"新理学"哲学的贡献。

中华民族有着数千年的文明史。一个民族的文明程度的标尺就是该民族的哲学。因为哲学是民族之魂:"一个国家没有哲学,就像一座雄伟壮观的庙中没有神像一样,空空荡荡,徒有其表,因为它没有可信仰的东西,可尊敬的东西。"(《冯友兰研究》第1辑第12页,清华大学张岂之:《从大处着眼——纪念冯友兰先生诞辰100周年》)中华民族的哲学如果从某一个具体的人物说起的话,就是孔子;如果从古典文献资料中看,早在孔子之前就已经有了;如果从历史传说中算起,那就更早了。

《易经》是一部奇书,它是中国古典文化中的两大支——儒、道文化的共同经典。当然,《易经》成书比较晚,但是,我们如果从传说中的伏羲氏画卦时说,那这个原始的卦象的历史是相当地早,它可能有六千年的历史了;就是从"文王拘而演周易"说起,也有三千多年的历史了。我们就不说在上世纪之初,北大的老先生们讲哲学从三皇五帝说起,我们就从周文王说起,中国哲学的产生也至少有三千多年的历史了。按照冯先生的说法,《周易》如果没有《传》,它只不过是用于算命的一个卦书,《易》有了《传》,它才成为哲学。从这个意义上说,《易经》(主要是指其中的《传》)作为哲学的书,它的成书是比较晚的。在这个问题上,学界的看法至今尚未取得一致,有战国说,有秦汉之际说,还有学者认为出现在汉代的。我们且不去为此而劳神。我们就按照冯先生在中国哲学史中将孔子作为中国哲学中的开篇人物算起,那么,《论语》也就成为中国哲学中的比较早的学术论集了。

我们就从这个地方说起。

我们打开《论语》一看,通篇都是在讲道德,说仁义;讲社会,说做人;谈人情,道世故。也就是说,在《论语》中,我们一般不太容易看到哪些是讲纯粹哲学的内容。什么是纯粹的哲学内容呢?这个问题一般来说也是不容易回答的。因为哲学的标准不一样。我们在本书开始即说,有多少个哲学家就有多少个哲学的定义。但一般来说,这个问题也不是不容易界定的,那些对于实际无所肯定的而又带有普遍的意义的理念,那些对于宇宙人生的追考,用中国传统的说法,那种"究天人之际,通古今之变"者都可以将之归于哲学的学问之中。以此立论,《论语》也不能说不是讲哲学的书,但它的确不是讲纯哲学的书。《道德经》在这个方面比《论语》进步得多,它的抽象思维能力是很高的。其中的三个主要观念:道、有、无,颇具哲学思辨的意味。这三个观念,用冯先生的话说,道和无是相通的,从这个意义上说,《道德经》中只有两个观念:有、无。但是,我们如果从其中所说的"有生于无"来看,还不像是讲哲学上的"本体论"的,更像是在讲"宇宙生成论"的。尽管冯先生在他的著作中曾经对这个问题有三种意义的解释。冯先生也说,如果按其像女性之生殖器官说,似乎有些低了;如果从"有"、"无"都是高度抽象的概念来说,如果继续推论,也有一定的困难;如果用西方新实在论的共相说以说明这个问题的话,冯先生说似乎是有所拔高之嫌。但是,如果不这样来分析的话,老子的那个"有"、"无"也真是不容易说得清楚。先秦的"辩者"(名家)按冯先生所说,它可真是具有形而上学的思辨性,再就是魏晋之玄学,其形上学的意味也是比较浓的。到了宋明道学那里,可以说已经达到了中国哲学的体大思精的地步。但从总体说来,中国哲学的形上学程度同西方的形上学程度相比,正如冯先生们那一代哲学家们所说,是有逊于他们的。

中国哲学要现代化(当时叫做近代化),就必须建立我们哲学的形上学。冯先生正是从这个意义上以建构他的"新理学"哲学体系的。冯先生是中国哲学家,既是中国的哲学家,就必须以中国哲学中的丰富的资料为基础,用西学的方法对之进行梳理,使我们的民族哲学能够同世界近代的哲学发展同步。"新理学"体系就是在这样的背景下形成的。我们说到这里,我们即可清楚冯先生为什么称自己的哲学为"最哲学底哲学"了。"最哲学底哲学"就是哲学之形上学。这种哲学的形上学,有四组主要的命题:理、气、道体、大全。这是我们在前讲中已经分析过了的。我们现在所要说的是,这四组主要的哲学概念的得来,有一个方法的问题。首先是正的方法,即逻辑分析法。这种方法的好处在于"辨名析理",使中国哲学中那些比较含混不清的概念得以清晰,使那些具有模棱两可的意蕴的概念得以澄清。但是,这种方法也有它的不足,就是不能达到哲学概念的顶点。所以,冯先生在建构自己的体系之时,就不能不引入负的方法。负的方法是以不说为说,以意体道,以诗的沉默以达哲学情感之满足,用冯先生的话说就是"烘云托月"。这个意义是重大的,其重大的意义就在于可以达到哲学之形上学的顶点,将古老的中国哲学同西方哲学接轨,进而以实现中国哲学的近代化。这是冯先生在中国文化上的卓越贡献。

当然也有学者认为,冯先生这样作并不见得成功。这一派的学者们当然自有其理由。他们的意思是说,冯先生是"接着"宋明以来的理学一派往下讲的,"接着"的本身就是一个发展,这是好的,也是我们所赞成的。冯先生确实是发展了中国哲学,这一点也是没有异议的。现在的问题是,冯先生的发展中国哲学是否成功?有学者认为是不成功的,其主要理由就是说,中国传统哲学中的"理"有着比较丰富的思想内容,有血有肉,是一个活的有机体,冯先生用西方的哲学方法,将一个活生生的中国哲学中的"理"的丰富内容给抽去了,只剩下一个空洞乏味的"理"的躯壳了,这就不是中国固有的哲学中的原味了。

还有的学者认为,尽管冯先生在作为"新理学"体系的总纲的《新理学》中将中国哲学中的丰富思想内容给抽取空了,但是,冯先生在其后的几部书中的论述是非常精彩的。比如说在《新事论》中,从文化的"类"方面,以指出中国走向现代化的必由之路,在《新原人》中所讲四个境界之理论,那都是发前人之未发,说前人之未说。

还有学者说,冯先生在《新理学》中所说的"理",是一个预设的哲学系统,这个预设的系统并没有办法给予证明。没有办法得到证明的预设不具有哲学的意义。后来的几部书写得非常之好,就在于冯先生抛弃了前面所预设的总纲。

总之,冯先生的哲学体系自从建立以来,几十年来,的确引起了学界的许多评说,赞成者是大加赞扬,批评者是批评有加。仁者见仁,智者见智。正像中央民族大学牟钟鉴教授所说,对于冯先生的评判,到现在还没有达到大致上的一致(这一点我们留待下一个题目讲之)。

那么,作为"新理学"体系的总纲的《新理学》中的概念是不是就是空洞得乏味,它同后来的几部书真的就脱节了吗?我们的看法不是这样。诚然不错,冯先生自己也说过,作为最哲学底哲学的形上学,是对于实际无所肯定的,它只是对于真际有所肯定。从这个意义上说,这些概念的确是空的,是没有内容的。但是,不可忘记,冯先生在《中国哲学史新编》第七册的最后所说的话:哲学家不同于哲学教授。哲学教授是从文字上了解概念,而哲学家不仅对于文字有所了解,更为重要的是,哲学家对于概念有着更深入的了解,这种了解就是"身体力行"。例如对于"大全"这个概念,如果仅作字面上的了解,那是很容易的。他可以查字典,看参考书就解决问题。如果要身体力行,就不那么容易了。哲学教授所作的,就是中国旧日所谓"口耳之学"。口耳之学固然容易,但并不能对于人的精神境界起什么作用。哲学的概念,如果身体力行,是会对于人的精神境界产生提高的作用。这种提高,中国传统哲学叫做"受用"。"受用"的意思是享受。哲学的概念,是供人享受的。例如"大全"这个概念,就可以使人得到很大的受用。柏拉图在《理想国》中说了一个比喻:一个人从小的时候就处在一个洞穴里,一旦被释放出来,他忽然看到天地的广大,日月的光明,必然感到豁然开朗,心中快乐。柏拉图指出,这是人初次见到"善的理念"的时候所有的感觉。人对于"大全"这个概念,如果有真正的了解,他所得的享受也会如此。

冯友兰先生(右)和研究生陈战国(左)在一起

照这样说来,冯先生在新理学中的概念,你看起来是空的,但这个"空"是从"实"中通过逻辑分析而得来的。这个空,尽管它是从逻辑分析而来,但它并不是纯粹的逻辑命题,它是一个哲学的概念,它虽说不讲所指的对象的具体内容,但并不认为所指的对象没有内容。它虽说不对实际有所肯定,但对于真际却有所肯定。它不求知道理的完全的内容,尤其是不求知道一切理的完全的内容,但却需要知道人之理的内容、心之理的内容。冯先生在自己的哲学中明确肯定:人之理是道德,心之理是觉解。并且在《新理学》和《新原人》中详细论述了什么是道德,在《新世训》中专门论述了什么是理性。冯先生在形上学中不讲理的完全内容,因为这不可能,也不必要。哲学是提高人的精神境界的学问,所以只需识得宇宙人生之理就行了。①

正像冯先生自己所说的那样,《新理学》是讲纯哲学的书,我们看冯先生几十年来一以贯之的观点,哲学不能对于实际有所肯定,如果它对于实际有所肯定了,那么它就不是哲学而是科学了。一直到冯先生在写《新编》的最后一章时还是这样说的。科学的东西,哪怕是一个论文的题目,你就必须得对于实际有所肯定,否则的话,它就不是科学。反过来说,对于实际有所肯定,就不是哲学。《新理学》中的那些主要的观念,根本不能对于实际有所肯定。正是对于实际无所肯定,我们才可以说《新理学》是纯哲学的书。是纯哲学的书,它就是哲学的形上学,就是最哲学底哲学。有的批评者是站在科学哲学的立场上以评说冯先生的《新理学》的,我们说,他们的评说自有人家的道理。为什么?因为我们在前文中已经说过了,有多少个哲学家就有多少个哲学体系。人家能够站在科学哲学的立场上说出冯先生的哲学是空的,这正好说明了冯先生的哲学是对的,是符合冯先生自己创立哲学体系的标准的。我们不应当为此而辩驳,我们应当为此评说而感到高兴才是。这就是我要在这里向大家述说的一个方面。

《新理学》是纯哲学的书,以后的几部书就不是纯哲学的书了,它们是什么?我们用冯先生自己的话说,就是它们是《新理学》的一种应用。我们如果用马克思主义的哲学以说之,《新理学》是哲

---

① 参见《冯友兰研究》第1辑,第153页,陈战国:《冯友兰先生的形上学》。

学理论,其他几部书就是在这种理论指导下的实践,这个实践当然就是社会实践了。既然是社会实践,它就不可能不同社会实际接触,这当然要说到"事",说到"人"了。学界的朋友们在这个问题上说,冯先生后来的那几部书写得十分精彩。这话是说对了。但是,如果说这后几部书同作为它们的总纲的《新理学》没有瓜葛,那就不对了。我们可以试想,冯先生在讲中国到自由之路时,如果不是从"类"的观点以分析中国的现状,能得出那样的精彩结论吗?这正是《新理学》的纯哲学思想在社会事理中的运用。同样道理,冯先生在《新原人》中所讲的四种人生境界,正是在《新理学》中对于人之理、人之性的纯哲学的逻辑分析的基础上的一个延伸。我们可以这样说,如果没有《新理学》的"纲"以指示《新原人》之"目",那就不可能纲举目张!从这个意义上说,有的学者所说冯先生正是抛弃了他的哲学形上学的理的预设系统后,才有后来的成就。我们的看法正同他们的看法相反,我们说,正是冯先生建立了哲学形上学的哲学体系后,才有可能在这一哲学的指导下而能有人生四境界的精彩之笔。说到这里,我们说有的学者认为,冯先生的四境界的前三种境界是有的,而第四种境界即天地境界,那是冯先生的虚构。过去在冯先生被批判的时候,冯先生是承认那是自己的虚构。可是到了学术环境好的时候,冯先生特别对于天地境界备爱有加,大加呵护。这说明什么问题?这正好说明了冯先生看重天地境界的哲学意蕴,它说明了冯先生的一以贯之的哲学思想。因为天地境界同《新理学》的纯理性的思想紧密相关,同《新原道》中的"新统"首尾一贯,同自同于大全的通向圣域之境有关。说到底是一句话,它是冯先生的哲学核心之所在,它就是:"极高明而道中庸。"

我们以下说"新理学"哲学给我们的启示。

在冯先生诞辰100周年的时候,在清华大学的会议上,加拿大的中国文化书院院长梁燕城博士在会上有一个发言,他所讲的内容是一篇他提交给大会的论文:《中国哲学与量子力学宇宙观——后现代中国哲学的探讨》。我在这里将梁文的前言抄录如下:

冯友兰先生在1938年完成《新理学》一书,是现代中国哲学少有的系统哲学著作。里面提出了"全"和"太极"两个概念,点出了一个整全宇宙的架构。

所谓"全",是对"真际"的整体思考,"真际"是事物之所以为事物之形式,"全"是一切真际之总体,是宇宙之总名,此"全"是至大无外,不可言说,不可思议。冯先生由此打开了一种整体思维,而以万事之形式的总体来撑起宇宙整体观,超乎经验而又不离经验。

冯先生又提到"理"的概念,指事物形式所依照而所以然的,就是理,为事物之共性,而为客观的。

对理之全体思考,这全体即是太极,为众理之全,具备万理。在《新知言》中,冯先生自述其新理学的方法时,提到存在是一流行,是气实现理之流行,流行是道体,就是"无极而太极"之意。即由混沌到清楚,由潜到显的变化过程,是一日新又日新之大化流行。

大全是存有的整体,太极是理之整体,宇宙存有与理之整体合而为一变动之大化流行。

这是整全思考的框架,而这思考正与当代科学有关量子力学的新理论,特别是波亨(D. Bohm)的观点十分接近,可见冯先生的思想有超出其时代的一面……

梁文在接下来的文字中,讲了量子力学中的奇诡世界,讲了整全理论,讲了量子力学的因果解释,讲了量子力学与宇宙流化,讲了信息的宇宙,讲了量子力学打破虚无主义,讲了太极、生生与易的本体,讲了易经与量子力学的隐涵与阖辟概念。他在文章的最后说了这样一句话:"难怪当代一些西方科学家也开始注意中国哲学的宇宙观及世界图式,虽然有不少古老和过时的成分,但其基本思路是与波亨这类量子本体论相一致。"

我们在这些方面曾不止一次地说过,哲学和科学是种类的不同。一个是对于实际无所肯定,一个是对于实际必须有所肯定。梁博士在这里将冯先生的哲学形上学的思维模式与量子力学的科学思维合而论之,我不知道这样做到底怎么样,因为我并不懂梁先生所讲的量子力学。但是,有一点是我们予以肯定的,就是纯粹的哲学思维可以为我们思考整个宇宙打开一个缺口，可以开阔人们的思维空间。从这个意义上说，哲学是智慧之学，大概是没有问题的。

几年以后的2000年，在第四届冯友兰学术思想研讨会上，瑞典学者沈幼琴博士向大会提交了一篇文章：《中国哲学和可持续发展——冯友兰"天地境界"研究》。她在文章中说：

"天地境界"是属于形上学哲学，形上学所研究的主要范畴是人与自然。天地境界是超道德价值的，把人们的视野从对道德的关怀开拓到对宇宙的关怀。就这个意义上来讲，DN（瑞典最大的报纸——DN，在2000年9月26日刊载了沈博士的博士论文《人与自然》答辩通过的消息和论文的主题思想，其主题思想就是讲冯先生的"天地境界"和可持续发展的关系——作者注）的题目用得是很恰当的。作为宇宙的一员，我们所要做的是让全体生命都蓬勃发展，人与宇宙同一。用挪威哲学家Arne Naess的话是"Selfrealization"，这个自我用大写字母表示的，代表的是"我"的全体，而不是"我"的个体。"我"作为个体已经融化到整个宇宙间的"大我"之中去了。个体的"我"必须要去帮助所有生物圈内的全体生命都实现他们的潜能，那么这个世界就是一个完美和谐的世界。

从70年代开始，西方的哲学家开始运用生态伦理，开始形成一门新的学科：生态哲学……然而我们回顾历史，环境伦理观念的形成，源于20世纪中期。东西方尽管文化不同，社会制度也不同，但是所面临的问题大致是相同的。值得注意的是冯先生在20世纪40年代就开创了他的天地境界，意义深远。今天我们要诠释天地境界，必须回顾历史，站在历史的角度上去分析研究天地境界产生的背景。

那么，沈博士所说的"天地境界"的历史背景是什么呢？我们联系沈博士文章的下文，不难看出，她所说的这个背景就是中国传统哲学的精神：天人合一。这种精神，不仅仅是中国哲学的传统，而且更是新儒家的思想精华之所在。这种哲学的主旨在于：力求宇宙间的和谐。宇宙间的和谐，应当包括人与自然的关系、人与社会的关系和人与人之间的关系。而这些内容,正是我们构建和谐社会的不可多得的精神资源。

还是在这次会议上,我们也见到了卢风教授的文章:《"天地境界说"对生态伦理的启示》。卢教授在文章的开首即说:

> 冯友兰先生的人生四境界说堪称中国人生哲学的集大成者。冯先生借鉴现代西洋哲学的意义理论,将中国传统的儒、道、释三家融为一体,从而将中国传统的人生哲学推到一个崭新的阶段。细细研读冯先生的《新理学》、《新原人》、《新知言》等著作,可帮助我们体悟很多人生哲理,再联系当代人类的生存境遇,更可发现冯先生的人生境界说对现代生态伦理的建构有很深刻的启示。笔者认为最重要的启示有三点:人不仅应对人类社会承担责任,而且应对宇宙承担责任;人类不应一味地征服自然,而应该顺应自然;人应有对世界之神秘性的体验,有了此种体验才会对自然心存敬畏,从而作自然的守护者,而不作自然的征服者。

卢教授在以下的文字中,将冯先生的思想放在中西文化的比较中以阐述"天地境界"的生态伦理的意义:

> 处于天地境界的人顺应自然。冯先生以程朱理学说明这种人生态度。"程明道说:'天地无心而成化,圣人有心而无为。'又说:'君子之学,莫若廓然而大公,物来而顺应。'朱子说:'廓然大公,只是顺他道理应之。'在天地境界中的人正是'廓然大公,物来顺应。'事物之来,他亦应之,这是有为。他应之是顺应,这是无为。"中国哲学并无明确的主客体区分,但并不意味着没有对人的主体性的张扬。人到了天地境界便是"尽性至命",也便是将人之潜能发挥到极致,也便是取得做人的最高成就,从而成为圣人。圣人努力应对世事,从而是有为的,但圣人不恣意妄为,即他在应对世事时总是顺应天理,所以是无为的。总起来说,他是"有为而无为底"。有为而无为的人所表现的主体性是亲和与顺应的主体性,而不像现代西方人所表现的是扩张性、宰制性的主体性。
>
> 抑制扩张性、宰制性的主体性,张扬亲和与顺应的主体性

正是现代生态伦理学的任务之一,就此而言,冯先生的天地境界说可成为生态伦理的重要理论资源。

卢教授在其文章中所论,本书作者非常赞同。科学技术的突飞猛进的发展,使得我们人类共同生活的"地球村"显得"捉襟见肘"了,人类要想可持续的发展,应该回首看一下我们的文化。在西方的近代,崇尚的是科学,是自然科学,在西方人看来,知识是什么?知识就是力量,就是征服,就是"竞",就是同自然开战。他们向自然开战了,他们的物质生活的确是比发展中国家好得多。在世界的东方,中国文化是什么?是和谐的文化,是人与自然的和谐,是人与社会的和谐。用我们南阳一位中年学者的话说,就是"禅"。《中庸》说:"中也者,天下之大本也;和也者,天下之达道也。致中和,天地位焉,万物育焉。""万物并育而不相害,道并行而不相悖,小德川流,大德敦化,此天地之所以为大也。""诚者,天之道也;诚之者,人之道也。""唯天下至诚,为能尽其性;能尽其性,则能尽人之性;能尽人之性,则能尽物之性;能尽物之性,则可以赞天地之化育;可以赞天地之化育,则可以与天地参矣。"

"人与天地参"是什么意思?冯先生的解释是:"参"就是"三"。他说:"中国文化有一个特点,就是对人的评价很高。人在宇宙中间占了很高的地位,人为万物之灵。中国还有一个说法,就是'人与天地参',这个'参'就是'三',与天地参就是人与天地并立为三。所谓三才,就是天地人。"[①]由此可以看出,冯先生尽管将人的地位说得很高,但决不是将人的地位凌驾于天地之上,而是"并立"为"三"。冯先生通过对于中国文化的解读,将天、地、人三者给予了一个和谐的统一。很显然,中国传统文化中的人与自然的和谐相处的思想,是与西方文化的扩张性、宰制性截然有别的。人类要在未来的世纪中能够可持续地发展,就不能不将冯先生的天地境界的哲学思想作为我们对待自然、对待社会、对待人类的智慧资源。

哲学,从其内在的品格上来说,我们没有理由不服膺于冯先生

---

① 《冯友兰全集》第13卷,河南人民出版社1994年1月第一版,第539页。

对于哲学的界定:真正的哲学不是初级的科学,不是太上科学,也不是科学。这是它的性质所决定的。"最哲学底哲学"(即哲学形上学)是对于实际无所肯定。它的意义就在于可以提高人们的精神境界。正是从这个意义上,我们说,冯先生的哲学就是人生哲学,就是人学,就是自宋明道学之后的人学形上学。我们看安继民教授的文章:《冯友兰境界说的人生意义追思》。安先生在文中说:

> 冯友兰根据中国传统的致思倾向,把哲学限定为人生哲学是确当的。在冯友兰看来,哲学就是对人生作系统的反思。这种哲学虽不提供积极的知识,也没有实际的用处,但它可以提高人的境界。从广义功利原则上说,能提高人精神境界的学说,不仅不是"无用",而且是"无用之大用",随时随地造福于有幸接近它的人。因此,我们把以《新原人》为主而多方论证了的境界说,看作冯友兰新理学体系王冠上的明珠。①

凡是对于冯先生的思想有相当深入研究的学者如安先生者一般都认为,《新原人》是"新理学"的核心。这核心就是人生境界说,而人生境界说之中最具哲学意味的就是天地境界。这是没有问题的。

全国解放以后,"人生境界说"尤其是其中的"天地境界"给冯先生带来了致命的打击。回首既往,我们真地感到那是多么的无知!写到此处,我想起了这样一句话:世界上最可怕的东西是什么?两个字:无知!今天我们已经意识和正在意识到无知对于一个民族来说,那是多么的可怕!它可以将我们的祖先几千年来所创造的灿烂文化当作"牛鬼蛇神"给以一扫光。结果扫光了没有?我们说,它不可能扫光,它反而给我们的历史抹上了一层阴影。在科技高速发展的今天,我们的物质生活比以往任何时候都好,都优越。可是,我们的精神将如何安顿?这里有一个例子:有一位老教育工作者,谈到她的孙女参加工作之后精神上没有寄托,感觉到人生并没有多大的意义。也不是这个年轻人的工作不理想,更不是嫌自己的薪水少,可以说在物质生活方面,比起她的奶奶那个时代

---

① 胡军主编:《传统与创新》,北京大学出版社 2002 年 4 月第一版,第 202 页。

好多了。可她的奶奶像她那样的年龄时,其精神状态要比孙女为好。这是为什么?这并不是一个个案,它带有一定的普遍意义,个中原因相当复杂,但是有一点在我看来是需要提出来给予说明的:就是一个信仰的问题,一个精神的诉求问题。这个问题,既是物质文明高度发达的西方人所面临的问题,同样也是我们东方世界所面临的问题,它是我们现代人所面临的共同问题:人的生存危机,一个精神家园的觅寻的问题。安先生在他的文章中从"生命意义面前的理性顿挫"、"生命意义的目的性"以追寻冯先生的理性的人生意义。在安先生那里,他追寻到后来,发现了冯先生所一贯坚持的秘密:以哲学代宗教。

人生那个"苦"啊,在物质相当匮乏的时候,人们为了糊口而穷于奔命。现在的物质生活条件好了,人们的精神上那个"苦"啊,于是乎,开始在宗教的层面上以寻找安顿。我们现在不是见到有些在物质方面相当富裕的人出家以寻找精神的家园吗?

西方世界的人们的物质条件比我们要好,但西方人的宗教兴趣的浓厚程度远比我们为高。这是为什么?其实,这是一个既旧又新的永远的话题。我们现在长话短说,人们在现代化的今天(在西方社会,有的学者称之为后现代),要寻找我们的精神家园,是不是就一定将我们的命运交给宗教呢?我见到了一个报道:著名学者文怀沙先生在他的一首诗中,将宗教的地位抬高到哲学之上。他是这样说的:"科学最高峰通向哲学,哲学最高峰通向宗教,因而,人类的最高学问是谦虚和无愧,善良和虔诚。"(《大河报》2006年12月12日)当然,文先生在这里所说的话有一个特殊的背景:悼念他心中的"林妹妹"。从悼念亡灵的虔诚以为生者之心灵的慰藉说,文先生的话是不错的。我们如果理性地对待这个问题,哲学的慰藉与宗教的慰藉是不同的。

在一次学术讨论会上,有相当一部分学者是赞同冯先生的"以哲学代宗教"的,但也有一些学者并不同意这个观点。正如安继民先生在他的文章中所重述冯先生的话说,人生就是一个觉解的人生,一个人的境界的高低取决于觉解层次的高低。"产生意义并总括构成境界的核心概念是'觉'。觉是一种心理状态。人可以有目的地做各种各样的事,但仅仅这样盲目机械地做事,这活动对人就仍然不构成有意义的活动。它可以是人的活动,但由于没有目的,它不是有意义的活动。要想使自己的活动成为有意义的活动,就要觉解自己的活动。了解自己在做,做什么,并自觉自己正在做。'正是这种觉解,使他正在做的对于他有了意义。他做各种事,有各种意义,各种意义合成一个整体,就构成他的人生境界。'"当这种人生达到了自同于"大全"的境界,所谓宗教所带给他的一切,统统都失去了它的意义,那个曾经被人们所看重的"命"对于他来说,也就无所谓了。尽管他所做的事同常人并没有什么两样,他和常人一样,照样去"担水砍柴",但我们就是说,他有一种"乐"。这种"乐",是精神境界提高后的一种"乐",是"富贵不淫贫贱乐"的"乐",是"饭疏食饮水,曲肱而枕,乐亦在其中矣"(《论语·述而》)的"乐"。说到底,就是冯先生在他的著作中所常说的周敦颐教二程子所寻的"孔颜乐处"的"乐"。我们与其说这是人本身的一种精神安顿,不如说这是人的哲学化。人不一定是宗教的,但人可以是哲学的。我们可以试想,一旦人是哲学的人的时候,人与自然、人与人、人与社会将是一种什么样的关系?这是一大"和谐"。是人与人的和谐,是人与社会的和谐,是人与自然的和谐。

这就是"新理学"给我们的启示,这也是冯先生特别看重"天地境界"的奥秘之所在!

三、关于"冯友兰现象"

这个题目是相当的大,从一定意义上说,我们完全可以以此为题而写一本书。因为我们说"冯友兰现象",就不能不说中国文化,就不能不说中国社会,就不能不说中国古代的"士"即今天的知识分子同他们所生活的社会时代的关系。这是就一般而论,我们说到个例,像冯先生当然还有其特殊的一面,只不过我们以上所说的问题通过冯先生这个特殊给表现了出来。

本节删繁就简,只说冯友兰现象。说"冯友兰现象"就必须将之与"冯学"联系起来。我们在本书的前几讲中比较系统地解读了"冯学",在此处演说"冯友兰现象"自然就顺理成章了。

在纪念冯先生诞辰100周年的国际学术讨论会上,有几位学者就这个问题发表了专论。蔡仲德教授在《论冯友兰的思想历程》中,将冯先生一生的经历分为三个时期:第一时期,1918—1948年;第二时期,1949—1976年;第三时期,1977—1990年。蔡先生在文章的开首是这样说的:

> 台湾《当代》月刊曾称冯友兰为"最富争议性的人物"。在中国现代知识分子中,冯友兰也许不一定就是最富争议性的那一个,却可以肯定是最富争议性者之一。在所有关于冯友兰的争议中,最关键性的争议就是如何看待冯友兰的思想历程,如何看待他1949年后的思想转变,誉之者认为冯友兰四九年后"认同"于马克思主义哲学,"为马克思主义中国化"而努力,认为冯友兰经历了"脱胎换骨"的转变,这"不是被迫的勉强的转变而是主动的自觉的转变",是"从谬误向真理的转变",表现了"自我超越的理论勇气",表现了"努力追求真理的诚挚愿望";毁之者也认为冯友兰1949年后"接受了马列思想,根本否定了……以前的观点",但认为这是出于"被迫",是"随波逐流","暴露了他那学术生命的脆弱性格,没有真正抓到中国哲学的真髓,亦即'生命的学问',令人惋惜",甚至因此全盘否定他的人格与学术,断言冯1949年后"缺乏任何正面的建树,有之只是负面的影响",断言他的《中国哲学史新编》"是完全没有学术价值的东西",因而将他"排斥在新儒家的外面"。

针对上述种种,蔡先生"从三个时期的比较看冯友兰的转变"、"从与贺(麟)金(岳霖)梁(漱溟)熊(十力)的比较看冯友兰的思想转变"、"析冯友兰思想转变的原因"等方面进行了全面深入的分析。

文章认为:在冯先生的第一时期,自他的学术活动开始之日起,他的思想便与马克思主义有某种联系。这一时期他对待马克思主义的态度,是将马克思主义和古今中外其他思想体系放在平等的地位,既对它有所批评,又有选择地吸取其中某些思想,用以研究中国哲学史,用于创立其新理学思想体系。他所吸取的主要是唯物史观和社会主义、共产主义的理想,他认为这些思想与他的哲学史思想和新理学体系并不矛盾。他所批评的是对"心的现象"的忽视,是空谈政治而不实行产业革命。

在第二时期,冯先生似乎出现了巨大的思想转变,其主要倾向是全盘接受马克思主义,全盘否定自己过去的思想。但是第一,这种转变并非单纯出于自动和自觉,而是有一个从被迫到自愿、从被动到主动的过程,且主动、自愿时也还有被迫的因素,主动、自愿中含有附和的成分。第二,这种转变并不彻底,因而还不是根本性的转变,还不是脱胎换骨的转变。所以他总要利用一切机会,想尽一切办法,提出反主流的看法,为传统思想辩护,如 1956 年发表《关于中国哲学史研究的两个问题》,强调唯物主义与唯心主义之间既有斗争也有渗透,反对将二者的关系简单化庸俗化;1956—1957 年提出所谓"抽象继承法",力图为传统思想保留地盘;1957 年 4 月在北大干部鸣放会上强调"学术问题,……毛主席也不能解决一切问题。……学术问题应由教授决定";1958 年 6 月发表《树立一个对立面》,反对实际上取消哲学系的"教育革命"主张,强调综合大学哲学系的任务是培养专搞或多搞理论的人;1959 年在《四十年的回顾·质疑和请教》中强调《新原人》的境界说仍有其合理性,唯心主义也有其可取之处;1961 年 9 月在《再论孔子——论孔子关于"仁"的思想》一文中提出"普遍性形式"说,认为孔子关于"仁"的学说有进步性,不完全是欺骗;1961 年 11 月发表《论唯物主义与唯心主义的互相转化及历史与逻辑的统一》,强调唯物主义与唯心主义既有互相排斥、斗争的一面,也有互相统一和转化的一面;1962 年发表《再论孔子》,强调孔子思想中的主要一面是新的进步的因素;1963 年 4 月发表《关于一个理论问题的质疑与请教》,为"普遍性形式说"作辩护;1963 年 8 月发表《关于论孔子"仁"的思想的一些补充论证》,提出"君""师"分开论;1963 年 11 月发表《关于孔子讨论的批评与自我批评》,提出"治统"、"道统"对抗说,肯定儒家道统的历史意义,如此等等。这就无怪乎当局会对冯友兰作出鉴定,说"他虽然表面上说愿意并且也作了一些自我批判,但其'新理学'的观点都原封未动。……至于政治立场更没有多大转变,资产阶级学术思想仍然根深蒂固"(注:这个鉴定作于 1960 年,却代表了整个五六十年代当局对冯的基本看法)。

在第三时期，蔡先生的文章中认为，这一时期冯先生努力的根本目的是为中国古典哲学找出与"有中国特色的社会主义"的结合点，找出与"中国的马克思主义"的结合点，以便使中国哲学的根本精神得以发扬光大。这其实也是他毕生奋斗的目的。

1990年12月3日冯友兰先生生平、著作展览在北京大学图书馆开幕，图为冯友兰长子钟辽、冯女钟璞在展览会上。

比较以上三个时期，可以看出冯先生对于马克思主义的态度，第二时期与第一、第三两个时期显然不同；冯先生对待自己1949年前思想的态度，第二时期是在否定中曲折地有所肯定，第三时期是回归中有更正与发展。1949年前后，其思想有变也有不变，变的是枝节，是现象，不变的是根本，是本质，因而不存在所谓"脱胎换骨"的转变。纵观其一生，冯友兰与马克思主义之间的关系有一个自由取舍到被迫认同再到自由取舍的变化；由此相应，冯友兰本人的思想则有一个由形成体系到被迫放弃再到回归体系的过程。

按照蔡先生的评说，我在这里用一个相对简单的说法：冯友兰现象的关键点在于以1949年我新中国成立为重要的时间坐标，之前是冯先生学术思想的肯定阶段；之后又分为两个阶段，1976年以前是既有肯定又有否定的阶段，其中既有自愿的，也有被迫的成分；最后一个阶段是向着新理学体系的回归阶段。

那么，冯先生的思想为什么会是这样的？蔡先生将冯先生的这一现象同和他同时代的几位哲学家作了一个比较。贺麟(1902—1992)于40年代将西方的新黑格尔主义与中国的陆王心学相结合,建立了"新心学"体系。解放以后,他也决心同自己原来的思想决裂,不再有所顾虑,全身心地投入对黑格尔和西方现代哲学的翻译之中去了。金岳霖(1895—1984)主要是将西方的逻辑分析法同中国古典哲学结合,以建立他的"道论"哲学体系,提出了独特的认识论和逻辑思想。解放以后,他照例也放弃了自己的思想。他们二人的放弃是彻底的,在1952年的"三反"运动中,金先生还是积极分子,到冯寓动员冯先生"彻底交待"。总的说来,贺、金受到的压力比冯为少,再加上他二人放弃自己的体系相当彻底,他们两人对于自己的体系毫不留恋,义无反顾。冯先生不同,他对于自己的体系是热爱的。在急风暴雨式的批判中,冯先生采取了一些迂回的战略,所以才会有前文说到的1960年的当局对他的那个结论。

梁漱溟(1893—1988)与冯先生相比则更有不同,他于20年代将儒家思想与西方柏格森生命哲学结合,提出了其新孔学的文化思想。在1949年之前,梁先生主要是一个社会活动家,又是民盟创始人,其立场与国民党远,与中共近。1949年至1953年9月,梁不仅未受到批判,而且还是毛主席的座上客,毛曾亲自过问梁的住房和生活,安排梁住进了颐和园,又曾多次约梁长谈,梁则"深感荣幸",又认为这是毛对他的"耳提面命,谆谆教诲"。要不是1953年9月在中央政府扩大会议上发言说工人生活提高快,农民生活依然很苦而惹怒了毛泽东,且梁生性倔犟,就是不认输,可能会同毛好到更长的时间。在"文革"初期,虽说是梁的家也被抄了,书籍和有关手稿被毁,但是由于他自1953年后就一直"闭门思过",所以与冯先生相比,他相对地说还算是可以过得去。在1973—1974年的"批林批孔"中,梁先生坚决不批孔,在批判他的会上"操了火",脱口而出:"三军可夺帅也,匹夫不可夺志也",你能奈他何!

我们再说一下熊十力先生。熊十力(1885—1968)早年投身辛亥革命,35岁后为对辛亥革命进行哲学反思、理论补课而从事学术著述,于30年代吸收、改造中国传统哲学与佛教唯识学、柏格森生命哲学思想资料,创立了"体用不二"的"新唯识论"哲学体系。此后,他曾拒绝蒋介石的馈赠,而与中共则颇多来往(如曾介绍董必武与鲜英相识,后鲜英住所遂成为中共代表团秘密活动地点)。因而中共对他的态度也就非同一般。1949年10月,董必武、郭沫若曾联名电邀滞留广州的熊十力北上。熊离广州北上时,叶剑英曾到车站送行,到武汉后,林彪、李先念曾设宴款待。抵北京后,其住房、家具均由政府购置。董必武、郭沫若、林伯渠、徐特立、艾思奇等常去看望熊十力。熊有喜欢搬家的习惯,常为择屋、搬迁等事去找董必武,以至董有"我成了你熊十力一个人的副主席了"的戏言。1954年10月底,熊离京定居上海,其在上海的住房由当时的上海市市长陈毅元帅给予安排。陈毅并致函熊十力,说"无论从事著述或作个人修养,政府均应予以照顾和协助,毛主席和党的政策如是订定,甚为合理,我人所应遵办者也。至学术见解不能尽同,亦不必强求其同,此事,先生不必顾虑"。陈还在上海高校教师会上称熊为"国宝",号召人们去向熊求教。一次政协开会,有人反映熊脾气怪,在列车上不准关车窗,使同车厢的人受不了,陈毅却说中国只有一个熊十力,应设法照顾好,给他包一个软卧车厢。除董必武、郭沫若、陈毅外,周恩来对熊十力亦格外关心,每次熊赴京开会,周对熊的坐车、住处,乃至房间内的暖气、窗帘等等均一一过问。张岱年先生在他的文章中说熊先生在解放以后,其学术并没有放弃他的根本的哲学立场,也就是说,他反对唯物主义,但是他拥护共产党。我们说,像这种情况,冯先生怎么可以同熊先生相比?

蔡仲德先生在他的文章中有一个题目:析冯友兰思想转变的原因。他写道:

> 无论如何,冯友兰在其思想历程的第二时期确实出现了巨大的思想转变。本文认为,对这一转变需从主客观两方面加以分析。就客观方面说,冯友兰处于一个罢黜百家,独尊马列的时代,处于一个其领袖集君师于一身的国家。从横向看,罢黜百家,独尊马列,原社会主义阵营各国无一例外,而尤以中国为甚——中国共产党长期认为唯独它高举马列大旗,坚持反修防修,坚持无产阶级专政下的继续革命。从纵向看,中

国历代君、师分开,帝王之政统须尊崇孔孟之道,尊崇"至圣"、"亚圣"之道统(至少在表面上不得不如此),而当代则不然……因此知识分子便必须进行思想改造,思想家、哲学家更必须转变自己原有的思想。所以贺麟、金岳霖、梁漱溟都无例外地受到批判(或公开,或不公开),也都必须进行自我批判,宣布放弃自己的思想体系。至于像熊十力那样能继续出书,坚持并发展自己的思想,则只能说是唯一的例外。……

与熊十力相反,1949年前,冯友兰的著作影响较大,其"贞元六书"每一书的出版,都曾引起热烈的批评与讨论,《新理学》还曾于1940年获当时教育部组织之抗战以来学术著作一等奖。所以贺麟曾说,冯友兰"对于著作的努力,由《新理学》《新事论》《新世训》贞元三书,发展为五书(加上《新原人》《新原道》二书),引起国内思想界许多批评、讨论、辩难、思考,使他成为抗战期中,中国影响最广声名最大的哲学家"。冯友兰又与国民党有一定关系,曾两度加入国民党,为重庆中央训练团、中央政治学校讲中国哲学,又曾出席国民党第六次全国代表大会并任其主席团成员,与蒋介石也有所接触。1949年后,上述影响与声名,上述与国民党的关系,给冯友兰带来了数量最多、持续最久的批判(就哲学界而言)。在此情况下,冯便不得不无数次批判自己,表示放弃自己过去的思想体系,而认同于马克思主义、毛泽东思想。在此转变过程中,毛泽东又直接间接起了巨大作用。1949年10月,毛泽东在给冯友兰的回信中强调冯"过去犯过错误",必须"采取老实态度",改正错误。于是便开始了对冯的批判,冯也开始了自我批判。此后毛对冯说的一切则是对冯转变思想的肯定和鼓励。冯在"批林批孔"中的作为更与毛直接有关。1972年6月,毛曾派谢静宜问候冯;1973年底,毛曾肯定冯的批孔与自我批判文章(《三松堂自序》:"后来在1974年1月25日国务院直属单位批林批孔大会上谢静宜的一篇报告中……说,在有一次会上,北大汇报批林批孔运动的情况,说到我那两篇文章,毛泽东一听说,马上就要看。谢静宜马上回家找着这两篇文章,回到会场交给毛泽东。据说毛泽东当场就看,并且拿着笔,改了几个字,甚至还改了几个标点符号。后来就发表了");约1975年底,毛又曾向全国推荐冯的《论孔丘》……

根据我们在这里所引的一大段蔡先生文章中的文字,我们不难看出,冯先生的确是一个十分特殊的人物。这种特殊首先是和当时的政治分不开。这种"分不开",并不是冯先生主观上愿意这样做,而是实在是没有办法。

我们如果用著名作家、冯先生的女儿宗璞先生的话说:

> 中国学者钱理群在他的《一代学者的历史困惑》一文中说:"那一时代服从政治需要的要求是绝对的,对其任何背离会直接威胁到自身的生存。这是我们考察这一代知识分子的选择时,所必须充分注意并予以理解的。正是为了生存和自救,也部分地为了自己的信仰,……总想努力跟上时代,他们不断地检查自己,在每一次政治和思想批判运动中,都或主动或被动地作种种或违心或半信半疑的表态。"(《读书》1994年第7期)这一段话清楚而概括地说明了那时的情况。
>
> 一个哲学头脑的改造似乎要更艰难一些,他需要思想的依据。就是说假话,也要在自己思想里能自圆其说,而不是不管不顾地照着说。于是便有了父亲的连篇累牍的检讨。他已经给放在烧热的铁板上,只有带着叮当作响的铁铃跳动。①

我们如果再按照蔡仲德先生的分析,除了上述的原因之外,冯先生出现的思想转变当然也与他自身的因素有关:其一就是政治信仰的因素。儒家的信条是"天下兴亡,匹夫有责",处于民族危亡的时代,作为现代新儒家的冯友兰,其对国家命运的关切就更为强烈。冯先生在《中国哲学史》的自序中写道:"此第二篇最后校改时,故都正在危急之中。身处其境,乃真知古人铜驼荆棘之悲也。值此存亡绝续之交,吾人重思吾先哲之思想,其感觉当如人疾痛时之见父母也。吾先哲之思想,有不必无错误者,然'为天地立心,为生民立命,为往圣继绝学,为万世开太平',乃吾一切先哲著书立说

---

① 《冯友兰先生百年诞辰纪念文集》,清华大学出版社1995年12月第一版,第10页。

之宗旨,无论其派别为何,而其言之字里行间,皆有此精神之弥漫,则善读者可觉而知也。'魂兮归来哀江南',此书能为巫阳之下招欤?是所望也。"当然,在其他的书中,冯先生也有类似的序。冯先生对蒋介石的统治早已失去了信心。所以在全国解放前夕,老蒋派专机去清华大学接冯先生们那一批学者时,冯先生断然拒绝之,留在了大陆,参加新中国的文化建设。全国解放后,冯先生也真的看到了中国共产党和毛主席领导中国人民把一个老蒋留下的烂摊子给治理得具有勃勃之生机,心中是高兴的。一次梁漱溟先生说,像毛主席这样的伟大功绩,我们无论怎样溢美之都不为过。冯先生也是这样认为的。因此也就对毛主席非常的敬佩,的确认为自己是相当渺小的。出于这样的一种内心情感的因素,我们说,冯先生放弃自己的某些思想而服膺于马克思主义、毛泽东思想,应当说是顺理成章的事情。其二是学术思想的因素。冯先生常引《诗经》中的话:"周虽旧邦,其命维新。"中国就是旧邦新命,他解释说:旧邦指源远流长的文化传统;新命指现代化和建设社会主义。"阐旧邦以辅新命,余平生志事,盖在斯矣。"冯先生终生所从事的学术活动就是要从旧邦中找出可以为建设新中国的精神营养。(《冯友兰研究》第一辑)

我们再看一下牟钟鉴教授《试论"冯友兰现象"》的文章:

> 冯友兰先生是一直活跃在我国哲学界中心舞台上的大学者,不论在他前半生创立体系、备受赞扬的时候,还是在他后半生另探新路、备受谴责的时候,他都是引人注目的重点人物。他的一生虽不能说富有传奇色彩,却也起伏跌宕,曲折多变,引起各种讨论和争议,直到今天,对他的认识和评价还不能取得大致的同一。引起人们特别关心和争议的人物,必定有两点:一是他的社会影响巨大,人们不能忽略他;二是他的思想行为复杂而有矛盾,不容易看得清楚。现在大家都承认,研究中国哲学可以超出冯友兰但不能绕过冯友兰,他的著作具有里程碑的性质,他的成功经验和失败教训都富有研究的价值,所以一门新的学问——冯学便自然而然地诞生了。冯友兰的学术和经历,具有鲜明的时代性,和国家民族的命运紧

紧交错在一起,可以说是时代的一面镜子。所以,研究冯学,可以通过冯友兰了解中国社会和中国知识分子,了解中国哲学在现代中国的艰难跋涉之途。同时,冯友兰的学术和经历,又具有他自己的独特个性,表现他个人的性情、气质、风格和内心世界。所以研究冯学,又可以把冯友兰作为一个特例,解剖"冯友兰模式",以便向社会提供一些别人提供不了的人生智慧和借鉴,在许多方面,它都是极其宝贵的。①

牟教授认为:"冯友兰现象"有广义和狭义两种理解。就其普遍性而言,它可以与"金岳霖现象"、"贺麟现象"、"汤用彤现象"等联系起来考察,它们有共同的地方。例如,他们都是同时代的中国一流大学者,他们在民国年间都在学术上获得了较高的成就,他们走的都是中西文化融合的道路。在1949年以后,他们都感佩毛泽东和中国共产党使中国赢得民族独立和国家统一,表示拥护新中国,并把中国发展的希望寄托在中国实现社会主义上面。在50年代初期的思想改造运动和各种批判运动中,他们都带有矛盾的心情,在形势压力下,半自愿半被迫地放弃自己过去的学术思想,接受马克思主义,参加自我批判和批判别人。他们都没有了自信,觉得过去世界观是唯心主义的,研究的学术没有价值甚或有负罪感,必须进行脱胎换骨的改造,向工农大众学习,跟上急剧变化了的时代。但是由于这种转变是在急速的带有强制性的政治运动中进行的,不能自然而然地发展,违背了世界观与学术思想演化的渐进性和自觉性,把学术信仰的改变同政治立场的转变混在一起,在突击式的政治学习中对马克思主义的学习只能是生吞活剥、寻章摘句、囫囵吞枣,作简单化的理解,不可能熟练运用。……以冯友兰先生为例,他于30年代初出齐了《中国哲学史》上下册,而后学术创作进入活跃时代。从30年代末至40年代中的不到10年时间里,他的哲学思想自成体系,臻于成熟,连续写作并出版了6部著作,即所谓"贞元六书",平均不到两年就出一本书,而且是高质量的,越写越顺畅,越写越丰富,最后凝为《中国哲学简史》,可谓厚积而薄

---

① 《冯友兰研究》第一辑,国际文化出版公司1997年6月第一版,第590页。

发,故被誉为精美之作,流传全世界。……而1949年之后,冯先生决心用马克思主义作指导重新写一部中国哲学史,但他只是对唯物史观略有领会,而对整个马克思主义理论体系还相当生疏,但又不能不马上去应用,来不及充分消化吸收。同时他对于自己原有的新理学哲学体系仍深有感情,至少有部分地保留和坚持,而这些保留的以往的学说如何与马克思主义相协调,他自己还没有想得清楚。在外部政治和思想环境偏左的强大催迫下,冯先生开始做自己不熟悉的工作,就是写《中国哲学史新编》。写作期间又有不断的政治运动来干扰,这样断断续续、修订、重写,整整花费了40年,如此费时费力,而作品在许多方面仍不能令读者满意,甚至也未能让自己满意。

牟教授认为,假如我们设想冯先生是在学术自由的空气里自觉地运用唯物史观,同时也自由地运用他所熟悉所信服的其他哲学观点,在综合中推出冯先生独具个性的哲学理论模式,用此模式重新整理中国哲学史,以冯先生的思考力、才力和勤奋,一定能写出比现在的《中国哲学史新编》不知高出多少倍的新作品,就是原有的《中国哲学史》和"贞元六书"也要在它面前黯然失色。可惜历史是不能重来一次的。

牟先生认为,"冯友兰现象"就其特殊性而言,只是冯先生一个人独有的现象,很难找到类同者。冯先生真是与众不同,思考问题和处理问题的方式都不同,因而同样的事情发生在冯先生身上,就产生极特别的效果,这是颇令人感兴趣的。牟先生认为,这种独特性至少有五点。

第一,他在国共两党决战而胜负尚不分明的关头毅然决然从美国回到中国内地,从此不再离开,这样的大学者在中国思想史学界大约只有冯先生一人。金岳霖、贺麟、汤用彤等人当时并未出国,一直留在大陆。熊十力走到广州,意欲离开大陆而未果,折返北京。冯先生于1948年3月回到上海,接着回到北京。当时的形势是中国人民解放军由防御转入进攻,国民党军队则由进攻转入防御,国共两党的力量对比开始发生有利于共产党不利于国民党的变化。冯先生在这个紧要的时刻回国,一不是把希望寄托在国民党能够胜利的前途上,因为冯先生对国民党不满,而且国民党已露出败兆;二不是为了投靠共产党,以博进身,因为国共两党谁胜谁负仍不分明,决战尚未进行,谁也无必胜的把握。冯先生当然对共产党和社会主义抱有希望,并不恐共反共,已经设想了共产党可能胜利,但他的主要心思并不在党派的成败上,而是在想:"解放军越是胜利,我越是要赶快回去,怕的是全中国解放了,中美交通断绝。"中美交通断绝,回不了祖国,只有在海外当"白华"。(牟先生所说的,就是我们在前文中所说,冯先生是一个强烈的爱国主义者)

  第二,从50年代到60年代"文革"以前,冯先生长期遭受海外和大陆内部两个方面同时的批判和攻击,其规模和激烈的程度都相当可观,这种情况只有在冯先生身上能看得到,可以说是一种奇特的现象。胡适、梁漱溟在大陆受到猛烈批判,在海外却得到一片赞扬。郭沫若、范文澜在海外备受指责,在大陆却颇得推崇。还有一些学者,如金岳霖、汤用彤、贺麟、陈寅恪等人,似乎处于边缘地带,过分地赞美和尖刻的讥讽都未曾落到他们的头上。最孤独的是冯友兰,几十年来没有多少人真正推崇他,他成了"不受欢迎的人"。这是为什么呢?首先是政治化情绪化的因素在起作用。海外许多人指责冯友兰"附共",吃共产党的饭,接受马克思主义,没有忠实追随国民党到底。大陆有关部门则认为冯友兰与国民党关系太深,作过蒋介石的座上客,始终与党不是一条心,所以政治排队一直是中右。在国共两党激烈的政治斗争背景下,一般的规律本来应该是"凡是敌人拥护的我们都要反对,凡是敌人反对的我们都要拥护",所以凡是反共的都得到国民党的拥护,凡是反蒋的都得到共产党的赞赏。同时,凡是态度不够鲜明而影响又大的人,则往往受到两个方面的指责。冯先生没有去台湾,国民党当然要骂他"附逆";但他不骂台湾,遵守"君子绝交不出恶声"的古训,大陆左派当然认为他的立场有问题,不会信任他。海峡两岸长期的敌对,使海内外人士不能不受到这种政治气候的熏染,在评价一些有争议的人物时,难免不带有政治的偏见。冯先生本来不是一个政治家,他的本色是学者,他既不愿意充当某一党派的政治工具,也不愿意作一个政治的反对派,他只是希望当政者重视他的学术地位,让他以学术的方式来影响社会。所以让他来谈政治,他是外行,不得已只能作个表态,他不会干更多的事情。冯友兰当然有他的政治选择和政治立场,可是在他身上他的爱国情怀和对学术的执著实在要超出对政治的兴趣。我们有些中国人非要用政治眼光来衡量冯友兰,是他们并不知冯友兰,也就必然地误解了冯友兰。其次,冯先生的文化选择走了一条中庸的路线,所以新派旧派都不满意他。再加上他在后来的学术中力图用马克思主义的观点以写作,而我们在极左的年代中所理解的马克思主义有教条主义的成分,冯先生未免不受这种政治的影响。这样在他的哲学史研究中就不可避免地出现偏差,这就是海外骂他抛弃独立信仰,学术生命脆弱的表现的由来。

第三,在"文革"时期一度丧失自我之后,带着病弱高龄的身体,能够及时爬起来,向世人做出诚挚的自我反省,使自己的思想跃入一个新的境界,做到这一点的也只有冯友兰。冯友兰在"文革"大部分时间里是被批斗的对象,住过牛棚,备受摧残。可是在1973年开始的评法批儒运动中他站出来批孔,受到毛泽东的称赞,从而成为"梁效"(北大清华两校大批判写作组)的顾问。冯先生是尊孔的,他刚刚从牛棚里放出来,怕批孔的灾难降临到自己头上,为了自保,他采取了"表面上顺着"的策略,主动批孔。诚如宗璞所说:

> 开始批孔时的声势浩大,又是黑云压城城欲摧的气氛。很明显,冯先生又将成为众矢之的,烧在铁板下的火,眼看越来越大,他想脱身,想逃脱烧烤——请注意,并不是追求什么,而是为了逃脱!——哪怕是暂时的。他逃脱也不是因为怕受苦,他需要时间,他需要时间写《新编》,那时他已经年近八十。我母亲曾对我说,再关进牛棚,就没有出来的日子了,他逃的办法就是顺着说。①

第四,老当益壮,在80岁以后,出现了一个新的学术写作高峰,新的思路逐渐清晰,创作的个性逐渐增强,于是在理论上实现

---

① 宗璞:《向历史诉说》,见单纯主编:《解读冯友兰·亲人回忆》卷,海天出版社1998年6月第一版,第60页。

了一系列重大突破,形成了一个光彩的"冯友兰晚年",由此弥补了他后半生的许多遗憾和缺陷,这在大陆学术界是一个特例。

　　牟先生认为,冯先生的《中国哲学史新编》从总体上说没有他的旧著《中国哲学史》那样的开创性和里程碑的意义及普遍而持久的影响,主要是受到了教条主义的影响,没有充分发挥出冯先生的个性与才能。但是作为一部中国哲学通史著作在当今大陆同类作品中仍然是第一流的。而且《新编》越写越新,越写越奇,越写越能放得开,不断出现惊世骇俗之论,引起社会的震动和争议,这对于"老年趋向保守"的常规无疑是一种突破和超越。如第四册提出玄学、佛教的主题与"三段论"说就是"要言不烦"的独家新说。第五册高度评价王夫之的哲学为"后期道学的高峰",可以与朱熹并驾齐驱,这既是对旧著的突破,也是与众不同的一家之言。这一册还着重阐发了张载的"有象斯有对,对必反其为;有反斯有仇,仇必和而解"的思想(注:我们已经在前讲中对于这个思想有过说明)。在第六册中重新评价了太平天国和曾国藩,认为太平天国如果成功,将使中国倒退几个世纪,而曾国藩镇压了太平天国,阻止了中国的中世纪化,他是有功的。在这里冯先生打破了史学界评价农民战争以"造反有理"为标准的单一的平面的视野,另立一"现代化"的评价标准,这不仅为重新评价太平天国,也为重新评价一系列近代事件和人物,开辟了一个新的视域,并且确也符合时代的精神,所以引起相当大的轰动。第七册从辛亥革命一直写到1949年以后,要触及许多重要事件和人物,问题的难度既大,又十分敏感,聪明的人都避而不谈;尤其是关于1949年以后的历史,难点最多,忌讳最多,一般人避之犹恐不及,况且史家可以不写当代,独独冯先生鲁愚直朴,敢于面对当代重大问题,以自己的理解,秉笔直书,并准备有人责难而不能出版。冯先生到了快95岁的高龄,达到了一种"诚"的至高境界,"举世誉之而不加劝,举世非之而不加沮",令我们这些晚生后辈汗颜不已。在第七册中,对毛泽东进行了评价,认为毛"在中国现代革命中,立下了别人所不能立的功绩,也犯下了别人所不能犯的错误"。毛泽东思想有三个阶段(刘注:这个问题最为敏感,至今冯先生的第七册在这个地方大部分内地版有删节,只有一家出版社没有删节,受到了官方的批评,台湾的版本没有删节)。冯先生写完了自己的书,而不能在他写书的地方出齐,冯先生已经去世了,他留下了这样一个遗憾,也留下了这样一个独特的记录,这样的学者还能找出来几个呢?这大概就是冯友兰之所以为冯友兰的缘故!我认为"冯友兰晚年"向自我回归,是值得赞赏的,有这样的晚年是"冯友兰现象"的重要特征。

第五,他是早期备受赞扬,中期(1949—1978)备受责难,晚期(1979—1990)肯定的评价日渐增多。随着他的年老与去世,随着时间的推移,人们对他的印象不仅没有被冲淡,反而越来越深刻,人们对他的尊重不仅没有减少,反而越来越加强。大陆过去批冯的学者绝大多数都改变了态度,对冯先生表示了应有的敬意和重视。海外的评价虽有不同,也渐趋平实,同情的理解多了起来。冯学正在成为一门新兴的人文学科,受到普遍的关注。这种现象也是"冯友兰现象"的独特性之一。

关于"冯友兰现象"如我在本节开首所说的那样,它的题目是相当于的大,我在这里囿于篇幅,只将中央音乐学院和中央民族大学的两位教授的文章在这里作了一定的引用。在我看来,上述的引用足可以代表中国大陆学者对于冯先生的一般理解。我是非常同意他们的评价的,他们对于"冯学"和"冯友兰现象"的定位也是客观的和实际的。

当然也有一些不同的声音:还是在纪念冯先生百年华诞的学术会议上,方克立教授对于冯先生在《新编》最后的总结的看法就足有一定的代表性。我当时也在会议的现场,能够有幸亲聆他们的学术争论,确属人生一大快事,今回忆起来,仍有道之不尽的精神享受。方教授认为,冯先生对于马克思主义的哲学、对于辩证法有曲解的地方,其所讲的大意是,遗憾的是冯先生在建国后学习了40年的马克思主义的理论,并没有学懂它。马克思主义哲学怎么是只讲斗争性而不讲统一性呢?怎么就是"仇必仇到底"呢?我记得为这种学术的争论在会上吵得火热。10多年之后的2006年11月,我们在安徽大学召开了一个中国现代哲学讨论会,仍然有极少数学者对冯先生的"中期"学术的转变提出异议。我们认为,在学术上有不同看法,这是正常的。学术的争论有利于学术的进步与发展。

四、"冯友兰现象"的反思

本节是对于以上三节的综合与延伸。

本书作者的看法仍然是:"冯友兰现象"与"冯学"不可分割。"冯学",概而言之,就是"三史"和"六书";"冯友兰现象"就是以"冯学"为根基而呈现出来的一种文化现象。对于"冯友兰现象"的解读从本质上说,也就是对于"冯学"的解读;对于"冯友兰现象"的反思从本质上说,也就是对于"冯学"的反思。从这个意义上说,它们之间的关系是本质与现象、内容与形式的关系。

学术界一般认为,研究"冯学"就是研究中国文化;哲学是文化的高度概括,研究中国文化就是研究中国哲学。而研究中国哲学,就不能不研究中国哲学的发展史;研究中国哲学的发展史,我们遇到了一个无法绕开的问题——"冯学"。为了说明这一点,我还是把余敦康先生的序中的话抄录一段:

> 记得上世纪90年代初,李慎之先生在一篇纪念冯友兰先生的文章中说过一句名言:冯先生可超而不可越,意思是,后人完全可能,而且也应当胜过冯先生,但是却不能绕过冯先生。这是因为,自从把四书五经作为基本教材的中国传统教育制度在清末解体以后,中国人要了解、学习、研究中国哲学,一般说来,必须通过冯先生为后来者架设的桥梁。

"无法绕开冯学",这是学术界的一个共识。这是从"冯学"这个意义上来讲的。"冯学"有两个部分的内容:哲学史和哲学。对于"冯友兰现象"的反思,首先必须对于"冯学"进行反思,这个反思当然也必须有两个部分:"三史"和"新理学"。本书就是对于这两个部分的解读,其解读无论得当与否,都在前边讲过了,这里的重点就是对于这两部分的反思。

反思的第一部分:"冯学"与中国哲学的发展;反思的第二部分:"新理学"在中国哲学史中的地位。

先说第一部分。

中华文化,源远流长。我们常说,中华民族上下五千年,这并不是从中华民族这个"人类"兴起的意义上说,而是从中华民族的"文化"上说。从中华民族的文化上说,我们必须把这个时间点定位在春秋战国时代,这是中华民族文化的轴心时代。在中华民族的近、现代,从中国哲学发展的"史"上说,有两个不可能绕开的人物:胡适和冯友兰。在我看来,真正意义上对于中国哲学发展的历史进行第一次完整地梳理就是冯友兰先生。他不仅第一次完整地写作了《中国哲学史》,同时,他和胡适先生一起开创了"中国哲学史"这门学科。我们后来人无论怎样重写中国哲学史,都不能从根本上绕开他们,尤其是不能绕开冯友兰先生。

中国哲学发端于春秋战国时代。胡适先生的贡献在于他"截断众流",把过去人们讲中国哲学从那种半是神话、半是传说中拉向正道,直接从老子那个地方开讲,这一点是蔡元培先生所赞赏的,我们在前文中作过解说。勿庸讳言,胡先生的《中国哲学史大纲》一是半部中国哲学史,二是以《诗经》作为参照系,严格说来,它并不是一部真正意义上的中国哲学史。冯友兰先生与胡适先生相比,一是他将中国哲学史进行到底了,也就是说,冯先生在中国历史上第一次系统地完成了中国哲学史的写作,二是他从"哲学"的角度来写中国哲学史的,三是他在方法上不同于胡适,一改胡先生的"疑古"的手法,而代之以"信古"的手法,在史料的选取上优于前者。至于说是从老子开始讲起,还是从孔子开始讲起,我的看法是:这并不是问题的关键所在。当然,我所说的不是问题的关键所在,并没有别的意思,只是说他们对于中国哲学的起源说。但是,我们变换一下看问题的角度,中国哲学是起源于老子呢还是发端于孔子,其中蕴含一个重要的学术内容,就是中国哲学为什么在春秋战国时代是一个百家竞起的时代,也正是在这一点上,胡、冯存在着严重的分歧。这一点,似乎在学术界还没有引起充分的注意。在这个问题上,本人的看法是,冯先生的分析是对的。我在这里所说的冯先生的观点是对的,并不是说胡先生和冯先生对于时代的看法有什么不同,恰恰在于他们都是从哲学和时代的关系上立论,也就是说,哲学与时代不可分割。在哲学与时代的关系这一点上,胡先生和冯先生并没有原则的分歧。只是在对于这个问题作进一步分析时,他们两人走向了两个方向。胡先生认为,中国哲学之所以在春秋战国那个时代形成了"百家争鸣",在于那个社会是如此的黑暗,战争是如此的频繁,人民是那样的苦难,所以才生出了种种的反动,才有了许多不同的学术思想产生。胡先生在说明这一点的时候,大多是以《诗经》作为第一手资料。冯先生在这个问题上的看法不同于胡先生。在冯先生看来,中国哲学之所以在春秋战国时代形成一个"百家争鸣"的局面,在于"礼崩乐坏"、"天下无道",在于"礼失求诸野"。冯先生在说明自己的观点时,他的分析是到位的,他的理由是足以令人信服的。

如前文所述,冯先生把孔子作为中国哲学史上的开创性人物,他主要强调了孔子的三点贡献:他是中国历史上第一个私人讲学的人,也就是说,孔子是中国第一个教师;他是一个重要的学派的开创人,就是说他是儒家文化的开山者;他是第一个以个人的身份提出了一个思想体系的人。冯先生对于孔子的这三点学术方面的贡献,早在1927年就提出来了。在我看来,冯先生所提出的关于孔子的这三点贡献,概括地说,只是两个方面:孔子是第一个私人办学的人和儒家学派的建立者。

我认为,冯友兰先生之所以把孔子作为中国哲学史上的第一个人物,并不在于孔子是儒家文化的开创者,而是在于他是在中国历史上第一个以私人的身份开始讲学的人。为什么?因为这是说明春秋战国时代为什么是"百家争鸣"的一把钥匙。在那个时代,贵族的政治遭到了破坏。在贵族中的最低阶层是"士",他们是知识分子,他们对于当权的贵族具有人身的依附关系。贵族政治解体之后,也就是"礼崩乐坏"、"天下无道"了,原来的"士"在贵族中的那个最低地位也当然失去了,他们为了生存,离开了他们原来的贵族主子,开始在社会上游来荡去(历史上所说的"游士"一词即从此来),以寻找新的主子,历史上有名的"四君"养士就产生于这个时期。这些知识分子(士)把原来的"学在官府"的体制打破了,此时是"学风下移",由官府之学变为民间之学。在民间讲学就自由得多了,没有原来那个统一的贵族政治的约束,这些士人各讲各的。由社会的大动荡带来思想的大解放,"百家争鸣"的局面于是就出现了。因为孔子是第一个私人讲学者,所以冯先生在他的《中国哲学史》中把孔子作为第一个人物讲起,这是符合情理的。

由孔子开创的儒家学派在春秋战国时代也只不过是"诸子百家"中的一"子",应当说,道家文化要比儒家文化在当时的影响大。除这两家文化外,还有墨家、名家等等。一般说来,"诸子百家"这个提法在先秦时期还没有一个定论,只是在《荀子》和《庄子》中有一个隐隐约约的出现。到了汉代,司马谈在《论六家之要指》中首次提出了六个主要派别:阴阳、儒、墨、法、名、道。后来,刘歆撰写《七略·诸子略》,又补上了其他几家。

　　儒家被定为一尊,那是在汉武帝时期。儒家的最大特点在于它的社会参与意识,这是它优于其他文化的一个主要方面。但此时的儒家并不是先秦时期的儒家文化的原貌。传统的看法是作为汉儒的董仲舒开了儒学经学化的先河,同时他也把儒学神学化了。在冯友兰先生看来,董仲舒对于中国哲学的发展是有大的贡献的,因为他毕竟是顺应了社会时代发展的要求,为汉代的大一统天下创建了一个广泛的哲学体系。随着社会的发展,儒学也是在发生着变化的。在魏晋时期,道家文化大有取儒家文化而代之的倾向,但儒学并没有因此而死掉,这只能说明儒家文化有强大的生命力。历史进入隋唐,此时是佛学文化大昌,但是,道家文化和儒家文化更没有因佛学大昌而衰微,而是呈现出了三家并尊的局面。我们虽然说哲学与社会时代不可分割,但是,作为意识形态的文化——也就是作为观念的文化自有它的相对独立性的一面。这一点,用宋明理学在中国历史上的重要地位去说,更能证明作为观念的文化的相对独立的一面。宋代社会与唐代相比,它并没有唐代昌盛,但在文化建设方面,宋代的哲学(我们称为"道学")可要比唐代为盛。我们大家所熟知的北宋五子,领一代风骚。到了南宋朱熹时,理学发展到了顶峰,甚至可以说,"宋明理学"此时成了宋代哲学的代名词,由此影响中国社会和文化长达七百多年。一直到中国近、现代。

　　如果把中国哲学的重建定位于汉代的话,那么,在我看来,中国哲学第二次的重建应当是宋代的朱熹。从一定意义上说,朱子的重建要比汉代的重建深刻得多,完整得多。换言之,宋明理学无论是从内容上说,还是从体系上说,甚至是从思辨的精度上去说,它都是董仲舒哲学所无法比的。我们研究中国哲学,宋明理学应当是一个"重头戏"。在这之后,随着中国封建社会走向没落,中国哲学再也没有像理学那样的体系了。清代尽管出现了一个"康乾盛世",但在中国哲学的重建上并没有什么大的作为。随着后来所推行的"闭关锁国"的政策,中国同外界的交通显得"比较智障"。这个时候,西方的资本主义得到了充分的发展,我们还在做着"大清帝国"的"舍我其谁"的迷梦。表现在中国文化和哲学的发展方面,"我注六经"已经弄得学子们苦不堪言。"经学"已经失去了它的生命力了。

冯友兰先生的两卷本的《中国哲学史》,将中国哲学的发展脉络梳理得井然有序,让人们一看便一目了然。一部中国哲学史,分为两个时代:子学和经学。正如任继愈先生所说,如果在中国哲学上没有真知卓识,是不敢那样处理的。我们反过来说,冯友兰先生之所以敢这样处理,正是他在中国哲学这门学科中有真知卓识。而且冯先生这样处理的结果,在学术上不但是一个巨大的成功,而且为"中国哲学史"这门学科开创了一个范例。

至于说《中国哲学简史》对于中国哲学"史"方面的独见,我们只强调一点,那就是哲学的方法。当然,这并不意味着它只是对于两卷本的《中国哲学史》的一个"简写",它的优点还是很明显的。为了说明的方便,我在这里把冯友兰先生在《简史》中的自序摘录下来,可见其精:

> 小史者,非徒巨著之节略,姓名、学派之清单也。譬如画图,小景之中,形神自足。非全史在胸,曷克臻此。惟其如是,读其书者,乃觉择焉虽精而语焉犹详也。

需要说明一点,冯先生在这里说的是"小史",而非"简史",实际上说的就是这部《简史》。因为这部简史成于20世纪40年代,一直到80年代才有中译本。在此之前,即1933年商务印书馆曾经出版过冯先生的另一本小书,名曰《中国哲学小史》,作为万有文库百科小丛书之一。《简史》这部书在出版时,为了避免重名,把它改称为《中国哲学简史》了。我们从冯先生的这几句话就可以明白《简史》的优点所在了。但这并不是我在这里所要说的主要意思。我所要说的是《简史》自不同于两卷本《中国哲学史》,在于它的方法。简单地说,两卷本的《中国哲学史》只采用了一个方法,即逻辑分析法,也就是冯先生自己常说的"正的方法",对于他后来所赞赏的"负的方法"在两卷本《中国哲学史》中,他称为中国哲学所特有的"神秘主义",他是不太赞成的。但是,到了后来,冯先生在创作"新理学"时,他越来越感到负的方法的意义了。《中国哲学简史》写于"新理学"之后,我们从中不难看出在该书中负的方法的作用和意义。我们把《中国哲学简史》的最后一章中的有关方法的内容摘要如下,可知他在这个方面上的观点:

> 在西方,康德可说是曾经应用过形上学的负的方法。在他的《纯粹理性批判》中,他发现了不可知者,即本体。在康德和其他西方哲学家看来,不可知就是不可知,因而就不能对于它说什么,所以最好是完全放弃形上学,只讲知识论。但是,在习惯于负的方法的人们看来,正因为不可知是不可知,所以不应该对它说什么,这是理所当然的。形上学的任务不在于,对于不可知者说些什么;而仅仅在于,对于不可知是不可知这个事实,说些什么。谁若知道了不可知是不可知,谁也就总算对于它有所知。关于这一点,康德做了许多工作。
>
> 哲学上一切伟大的形上学系统,无论它在方法上是正的还是负的,无一不把自己戴上"神秘主义"的大帽子。负的方法在实质上是神秘主义的方法。但是甚至在柏拉图、亚里士多德、斯宾诺莎那里,正的方法是用得最好了,可是他们的系统的顶点也都有神秘性质……
>
> 由此看来,正的方法与负的方法并不是矛盾的,倒是相辅相成的。一个完全的形上学系统,应当始于正的方法,而终于负的方法。如果它不终于负的方法,它就不能达到哲学的最后顶点。但是如果它不始于正的方法,它就缺少作为哲学的实质的清晰思想。神秘主义不是清晰思想的对立面,更不在清晰思想之下。无宁说它在清晰思想之外。它不是反对理性的;它是超越理性的。
>
> 在中国哲学史中,正的方法从未得到充分发展;事实上对它太忽视了。因此,中国哲学历来缺乏清晰的思想,这也是中

国哲学以单纯为特色的原因之一。由于缺乏清晰思想,其单纯性也就是非常素朴的。单纯性本身是值得发扬的;但是它的素朴性必须通过清晰思想的作用加以克服。清晰思想不是哲学的目的,但是它是每个哲学家需要的不可缺少的训练。它确实是中国哲学家所需要的。另一方面,在西方哲学史中从未见到充分发展的负的方法。只有两者相结合才能产生未来的哲学。

禅宗有个故事说:"俱胝和尚,凡有诘问,惟举一指。后有童子,因外人问:'和尚说何法要?'童子亦竖起一指。胝闻,遂以刃断其指,童子号哭而去。胝复召之,童子回首,胝却竖其指,童子忽然领悟。"

不管这个故事是真是假,它暗示这样的真理:在使用负的方法之前,哲学家或学哲学的学生必须通过正的方法;在达到哲学的单纯性之前,他必须通过哲学的复杂性。

人必须先说很多话然后保持静默。

冯先生在这里是非常赞赏负的方法的。在我看来,冯先生不但是在给美国的学生们讲中国哲学,他同时也在告诉他们一个哲学的方法论的知识。

"三史"的最后一"史"就是冯先生用了长达四十年的时间所撰就的《中国哲学史新编》。那么,《新编》同旧作相比,它的特殊性表现在哪里呢?我们在前文中对此作了一定篇幅的分析,这里不再赘述。需要补充说明的是,《中国哲学史新编》在其所涉及的范围上更加广泛,一般说来,它并不是一部严格意义上的哲学史,而更像是一部中国政治思想史,一部中国文化史。这是其一。其次,它所使用的方法有别于两卷本的《中国哲学史》。我们甚至可以这样说,冯先生在两卷本的《中国哲学史》中,立说与古人处于同一个境界,可以说是"同情的了解";而在《中国哲学史新编》中,冯先生是用一个哲学家的视角去写中国哲学史。什么意思?也就是说,他在对于古人以了解的同情之外,像"六书"中的《新原道》那样,以一个哲学标准去梳理中国哲学。这就是我们在分析《新编》的那一章中所说的"共殊一线贯《新编》"。

再说"新理学"在中国哲学史中的地位。

中国哲学,发端于春秋战国时代,首次对于它进行一番整理(即上文所说的重建),就是董仲舒,当然这个"重建"是以儒家为主干的;第二次对于中国哲学又进行一番综合整理的应当推朱熹,当然也同样是以儒家作为主干的。以朱子为代表的理学在中国社会作为官方哲学,也统治了长达七百多年。"西学东渐"以来,中国落后于西方。这个落后,不仅是文化的,还有经济的,更有政治的(制度和体制)。当然,文化的落后是一个非常复杂的问题。简单地说,并不是中国文化本身的错,而是它与西方文化相比较不是同一个"类"。这个不属于同一个"类",是说它们分属不同的社会类型。更清楚一点说,西方文化已经进入了资本主义时代,已经进入了"以社会为本位"的时代,中国文化还停留在原地,还在原地踏步,还是"以家为本位"的文化。但这个"落后"并不能说它是错的。我们所说的理学文化在中国占统治地位长达七百多年,并不是说理学文化本身是错的,而是说它适应了中国的"以家为本位"的社会状况。我们常说,中国文化或者说中国哲学是伦理性文化,是自然经济状态下的文化,就是这个意思。

人类历史进入近代,时代发生了变化,作为强大的西方的物质文化(也包括它们的精神文化,主要是宗教文化)打进来了,这是我们所始料不及的。中国人尤其是那些被称为"仁人志士"们开始了向西方学习的历史性艰难跋涉。在这样的大背景下,中国哲学的重建再一次被提了出来。也就是说,在这样的世界背景下,中国人要奋发图强,向西方人学习是必要的,但可不可以从此就丢掉了我们所固有的文化呢?这是一个大的问题,在当时的文化界、学术界、思想界,当然也包括政界在内,人们把它当作一个首要的问题进行思考。有中国文化本位论者,有全盘西化论者,还有一个非常好的提法叫做"中学为体,西学为用"。冯友兰先生的"新理学"体系就是在这样的情况下建立起来的。

我们在这里首次提出,冯友兰先生对于中国哲学的重建是在宋明理学之后的重建。从宏观上去说,这是中国文化或者说中国哲学的第三次大的重建。这样,我们的理路就比较清楚了,中国文化或者说是中国哲学(当然也是以儒家为主干的),有一个一脉相承的关系:先秦(孔子)——汉代(董仲舒)——宋明(朱熹)——中国近、现代——冯友兰。需要特别说明的是,这个历史性的传承与唐代韩愈所说的那个传承有着质的区别,或者说这二者不可同日而语。简而言之,韩氏所说是一个纯粹学理上的述说,其中看不出时代的发展,也就是说并不可能从中看到哲学与时代的关系。后者则是不同的,它强调的是哲学与时代的不可分割。现在要说的是,冯友兰的"接着"宋明理学"讲",为什么不能像旧理学那样在中国继续它的传承呢?我们的看法可以用一句话概括它:时代不同。历史上的那两次大的传承,从中国社会的总体上说,它的社会之"类"并没有发生根本性的变化,冯友兰所处的历史时代是特殊的。封建社会已经或者正在解体,新的社会形态出现了。"十月革命一声炮响,给我们送来了马克思列宁主义",从此中国社会的面貌发生了质变。这个可标示为"新统"的"新理学"当然就退出了这个历史大舞台。从"退出"这个意义上讲,"新理学"哲学在新中国成立后受到批判,这是一个历史的必然。

我们把"新理学"放在这样的历史背景下去反思之,也就非常自然地带出了对于"冯友兰现象"的问题,这就是我在前文中所说的对于"冯友兰现象"的反思离不开对于"冯学"的反思的旨意所在。

关于"冯友兰现象",我在前文中说得够多的了,如果在这里再说,一是没有多少话可说,二是也没有必要再说。需要补充进来的是:对于冯友兰先生本人的是是非非,我们只能把这种"现象"放在"中国哲学的发展"这个背景下去说。从这个意义上说,冯友兰先生是一代中国文化的托命人。薪火相传,一脉相承,是耶?非耶?可读"三史""六书"。

把"冯友兰现象"放在中国哲学发展的大背景下进行反思,可以想见,作为一个真正意义上的哲学家与不是哲学家的学者看问题的角度是不一样的。在一般人看来,哲学家是不可思议的。像古希腊的哲学家苏格拉底,他所思考的并不是自己本人如何,而是一些大而宏阔的不着边际的问题,这一点与冯友兰先生在《新理学》中的思考恰有异曲同工之妙。在中华人民共和国成立之后,冯先生一方面接受新思想、新文化、新哲学,一方面又非常努力地改造自己、检查自己,在他身处逆境之时,他还是在思考,在"纯思"。他要"树立一个对立面",他要提出一个"抽象继承法",他要千方百计为他的"新理学"辩护,在"文革"中,他坚强地活了下来,在"批林批孔"中他要"顺着说"。他要保存他的生命,他保存他的生命并不是"苟且偷安",而是他对于中国哲学的发展的使命还没有完成,所以此时他不能轻易地死去。一旦他的学术使命告成,他也就不再怜惜他的肉体之躯了。他曾经同他的女儿宗璞说过:"庄子说过,生为附赘县(悬)疣,死为决疣溃痈。孔子说过,朝闻道,夕死可矣。张横渠又说,生,吾顺事,没,吾宁也。我现在是事情没有做完,所以还要治病。等书写完了,再生病就不必治了。"

冯先生晚年所写的书,就是他从85岁高龄开始到95岁这十年间所完成的七卷本《中国哲学史新编》。他竟然把这部巨著完成了!

阐旧邦以辅新命;极高明而道中庸。前句表明的是一个爱国者的赤子之心;后句说的是他的哲学。在中国哲学的发展史上,冯友兰先生应当占有一席之地,"冯学"是一座里程碑。

冯友兰先生生平和学术思想研究著作

后　记

　　我在本书的《序》中已经说过,我的"在组织地"研究冯学得益于我们南阳地方上的一位领导魏山友同志的支持,同时,还是在魏主任的亲自协调下,将南阳冯友兰研究会归属于南阳理工学院。恰在此时,南阳师范学院的青年教师王仁宇接受了宗璞先生的委托在北大冯寓修订《冯友兰先生年谱》,我就委托仁宇把归属于南阳理工学院的冯友兰研究会拟作为"中国哲学史学会冯友兰专业委员会"的一个分会的意图向时任冯友兰专业委员会的会长朱伯崑先生和秘书长胡军先生作了汇报,他们同意了。这就是中国哲学史学会冯友兰专业委员会南阳分会(南阳理工学院冯友兰研究会)这个名称的由来。

　　在2007年2月召开的"2007年冯学研究年会"上,南阳市四大班子的有关领导参加了会议,大家一致认为:冯友兰先生是中国文化的缩影,是中国哲学的一个符号,是中华民族上下五千年的文化传人;冯先生是我们南阳人,我们南阳人有责任把冯先生的薪火传承下去,为中国的文化建设尽一份力,为我们建设南阳文化名市做出应有的贡献。作为南阳冯友兰研究会的秘书长，与会的领导同志要求我写一部比较系统地反映冯友兰先生的学术思想和学思历程的著作，首先是让南阳的各级干部对于冯先生的思想有所了解……

《解读冯友兰——中国哲学的发展》就是在这样的背景下写作的。鉴于这部书的写作背景，在书的体例上自不同于同类的冯学研究著作：在学理的探微方面，它不及有关的冯学研究的专著；在历史的系统方面，它不及有关的冯学传记。但是，尺有所短，寸有所长，本书把学理与历史熔为一炉，将玄奥的哲理与风云多变的历史时代结合为一，把"冯学"之"学"与中国哲学史之"史"融会贯通，自有它的一番情趣。需要说明的是，本人的学力不济，对于冯先生的学术思想解读不到位，或张冠李戴，或郢书燕说，或望文生义，或隔靴搔痒，一不小心，可能会在言语之中伤害了某些学界同仁，还望予以海涵。

在本书付梓之际，向关心和支持我写作的南阳市有关领导和朋友表示感谢；德高望重的哲学家余敦康先生为拙著作了热情洋溢的序文；共青团中央的陈立红先生为本书的配图排编而出谋划策；广西师范大学的吴全兰博士通阅全稿并提出了宝贵的修正意见。南阳冯友兰研究会名誉会长王保全先生对本书的出版给予了热情的关注。在此我向他们表示深情的谢意。

刘长城

2007 年 12 月 19 日